原创性教育研究探索

基于 PISA 2018 中国四省市调查数据的学生发展研究

何善亮 ◎著

EXPLORATION OF ORIGINAL
EDUCATION RESEARCH
Student Development Study Based on PISA 2018
Survey Data of B-S-J-Z （China）

科学出版社
北京

内 容 简 介

关注学生发展是教育及教育研究的应有之义。学生发展状况究竟如何，有什么发展需求，人们该如何做出回应，这是教育者及教育研究者必须回答的一些问题。

本书选取学生总体生活满意度、学生学业情绪体验、学生成长型思维表现、学生合作与竞争能力、学生需要怎样的教学支持等具体问题，基于PISA 2018学生调查数据进行分析，大致勾勒出中国四省市（北京、上海、江苏、浙江）15岁学生当下生活质量、学习能力、学习需求等方面的发展样貌，进而探寻学生发展问题的应对之举。本书聚焦于中国学生发展，旨在为深入推进基础教育改革贡献智慧和力量，彰显原创性教育研究致力于本土教育问题的探索与追求。

本书适合中小学教师、教研员、教育管理者、学生家长及教育研究者阅读。

图书在版编目（CIP）数据

原创性教育研究探索：基于PISA 2018中国四省市调查数据的学生发展研究/何善亮著. —北京：科学出版社，2022.11
ISBN 978-7-03-073523-2

Ⅰ. ①原… Ⅱ. ①何… Ⅲ. ①中学生-教育评估-研究-中国 Ⅳ. ①G632.0

中国版本图书馆 CIP 数据核字（2022）第 195201 号

责任编辑：朱丽娜 乔艳茹／责任校对：王晓茜
责任印制：李 彤／封面设计：润一文化

科学出版社 出版
北京东黄城根北街 16 号
邮政编码：100717
http://www.sciencep.com

北京建宏印刷有限公司 印刷
科学出版社发行 各地新华书店经销

*

2022 年 11 月第 一 版 开本：720×1000 1/16
2023 年 6 月第二次印刷 印张：15 3/4
字数：263 000
定价：99.00 元
（如有印装质量问题，我社负责调换）

目　　录

绪论

学生发展问题研究何以必要及可能

　　学生发展问题是教育研究的基础问题和基本问题。学生发展问题研究对促进学生更好发展、改进教育教学实践和提升学校教育教学质量等都有着非常重要的推动作用。学生发展问题研究的首要问题是人们该如何选择研究问题，继而是选择与研究问题相匹配的研究方法。实践中，研究问题的选择与研究方法的采择是一个相互联系、相互影响、不断合理化的循环迭代过程。在学生发展核心素养已经成为人们共同关注的热门话题的时代背景下，学生发展问题研究更需要聚焦于学生发展的核心问题，并且与时代进步、社会变化和思想解放等紧密结合，以产生更多有关学生发展的原创性教育研究成果，充分释放每一位研究者的创新潜能。

无论是自然科学研究，还是社会科学研究以及人文科学研究，都把原创性作为研究的价值取向，同时将其作为研究的最高追求。作为人文社会科学的教育科学①，当然也追求原创性的研究。教育科学研究的是教育问题，而教育是培养学生（培养人才）的社会实践活动，因此，关注学生发展（关注人才培养）便成为教育的应有之义，学生发展问题也就自然而然地成为教育研究的基础问题和基本问题。特别是在人类社会发展已经进入知识经济时代、人的现代化已经成为中国特色社会主义现代化建设的核心命题的背景下，人才、知识、科技、教育等要素在经济社会发展中的重要性日益凸显，学生发展②问题研究的原创性探索便愈加凸显其时代意义。

一、学生发展问题研究的价值阐释

研究学生不仅是教育教学活动的起点和前提，也是相信学生、解放学生、调动学生、发展学生的基础和保证。研究学生实质上就是研究学生的发展问题，亦即研究学生发展内涵、发展目标、目前发展水平、个体发展差异、发展的影响因素、发展机制等，对促进学生更好发展、改进教育教学实践和提升学校教育教学质量等无疑有着重要的推动作用。

（一）学生发展问题研究有助于促进学生更好地发展

学生发展问题研究有助于人们树立正确的学生观，进而促进学生更好地发展。学生是谁？换言之，我们需要树立什么样的学生观？这不仅是教育理论研究的一个重要领域，更是教育实践如何更好育人的一个根本问题。有研究者结合基础教育课程改革实践提出，学生是生活世界中的人，学生是文化境脉中的人，学

① 王鉴，姜振军. 教育学属于人文社会科学[J]. 教育研究, 2013, 34(4)：22-29. 张楚廷. 教育学属于人文科学[J]. 教育研究, 2011, 32(8)：3-8, 12. 王洪才. 教育学：人文科学抑或社会科学?——兼与张楚廷先生商榷[J]. 教育研究, 2012, 33(4)：10-17. 王鉴，姜振军. 教育学属于人文社会科学[J]. 教育研究, 2013, 34(4)：22-29. 项贤明. 教育学作为科学之应该与可能[J]. 教育研究, 2015, 36(1)：16-27. 程天君, 陈南. 中国教育现代化的百年书写[J]. 教育研究, 2020, 41(1)：125-135. 张телеграм名. 走出"人的现代化"理论研究的误区[J]. 社会, 2000(7)：24-25. 邹吉君, 曲卫君. 现代化的内涵及人的现代化[J]. 东岳论丛, 2000(1)：75-77.

② 关于"发展"概念的详细研究与回顾梳理，可以参见陈佑清. 教学论新编[M]. 北京：人民教育出版社, 2011：77-78.

生是时代发展中的人。①也有研究者结合剧场理论认为，学生的生命发展是以角色表演为基础并在表演和观看中实现的，学生具有表演和观看的本能与需要，在自我表演和观看他人表演中形成和发展，理想的学生是能将理想的表演者与观看者合于一身的学生。②这些描述和判断强调了生活世界、文化环境和时代发展之于人的发展的重要影响，拓展了人们对于学生及其发展的认识和理解。从教育的视角看，学生是天然的教学活动的主体，是彼此之间存在个体差异的人，是发展中的和面向未来有无限发展可能性的人。③学生已经达到一定的自我意识水平，不仅能够区分主体与客体，也能够区分主体与主体，因此，在任何条件下都是参与活动的主体。人的发展在现实生活中必然是丰富多样的，遗传、生长环境及个体生活史的不同，使得个体之间存在着先天的以及后天的差异。学生是发展中的人，尤其是中小学生还没有达到生理、心理和社会成熟的水平，是处于不成熟走向成熟阶段的人。毫无疑问，学生发展问题研究有助于人们对学生形成全面而完整的认识。

学生发展问题研究也有助于人们明确学生发展的问题所在，从而有针对性地分析问题和解决问题，促进学生更好发展。就目前而言，人们对学生及其发展问题的认识，无论是在认识的广度上还是在认识的深度上，都还不能满足教育实践发展的需要，特别是对于学生发展的一些关键问题，人们还缺乏深入细致的研究。信息技术以及人类社会的生产、生活方式的变化，也赋予学生发展问题新的内涵及形式，进而呼吁人们关注学生发展问题研究。例如，人们在对学生的社会与情感能力的测评研究中发现，儿童和青少年学生在认知能力、社会与情感能力两方面获得平衡发展才能更好地适应不断调整变化和难以预测的世界，才能灵活应对新时代社会发展所带来的各项挑战，相对于认知能力，社会与情感能力则是一个人事业成功和生活幸福的基础。④在当前深化新时代教育评价改革和"双减"政策背景下，学生社会与情感能力的评估与培养更应该作为政策与实践的重要关切，成为落实教育评价改革和"双减"政策要求的重要内容和现实路径。再

① 郭元祥. 新课程背景下学生观的重建[J]. 天津师范大学学报(基础教育版), 2003(3): 15-19.
② 李政涛. 在表演和观看中生成的生命——表演视角下的学生观[J]. 教育科学, 2004(2): 22-25.
③ 杨开城. 教学设计——一种技术学的视角[M]. 北京: 电子工业出版社, 2010: 45-46.
④ 袁振国, 黄忠敬, 李婧娟, 等. 中国青少年社会与情感能力发展水平报告[J]. 华东师范大学学报(教育科学版), 2021, 39(9): 1-32.

如，信息技术的发展使得网络由原初单纯便利性的"技术手段"向人类社会"生活（新）样式"转变，同时改变着学生的社会性存在。网络依凭其"较弱的社会角色期待、海量的知识信息提供和广延的互动交往空间"的独特文化品性，以及合乎学生"做自己（喜欢做）的事"、"说自己（想说）的话"和"成为自己（想成为）的人"的个体主观诉求，改变着学生既有的社会面貌，重组着学生既有的社会结构，调整着学生既有的社会认同，拓展着"和而不同"的新型师生和谐关系。①在这一背景下，学生发展问题自然呈现出新的样貌，并且呼吁新的相应研究及问题解决对策。

（二）学生发展问题研究有助于改善教育教学实践和提升学校教育教学质量

学生发展问题研究有助于人们将目光聚焦于学生，并且从学生幸福及全面教育质量的高度思考何为教育以及教育何为，进一步改善教育教学实践，提升学校教育教学质量。学生是教育教学活动的最根本的出发点，也是教育教学活动的最根本的归宿。从最终的目标来看，教育教学就是为了学生的幸福，不仅是为了学生未来的幸福，同时也是为了学生当下的幸福，这也是全面教育质量的核心要义所在。那么，何以成就或者说实现学生的未来幸福以及当下幸福呢？这就不仅涉及为学生幸福创造条件的问题，更涉及要让学生理解幸福的内涵，以及发展学生的幸福能力和追求幸福的德性品质②，特别是发展学生应对、适应、驾驭当下这一迅速变化的世界和创造未来的能力，促进学生形成崇美向善的积极生活态度。这样一来，研究学生发展问题更有助于人们明晰教育教学的目标指向，从而进一步根据这一目标指向开展教育教学活动。这只是问题的一方面。另一方面，学生发展问题研究有助于人们精准把握学生的现有发展水平及状况，把教育教学真正建立在学生的现有基础之上。无论是维果茨基的最近发展区理论，还是建构主义学习与教学理论，都强调学生的已有知识经验、学习方式、学习态度、学习能力等对于新的学习的影响，从而了解学生的现有发展水平与状况，如了解学生的能

---

① 白明亮. 学生是谁——信息网络化社会学生社会属性再审视[J]. 教育理论与实践, 2010, 30 (7)：11-14.

② 金生鈜. 教育如何促进人的幸福?[J]. 华东师范大学学报(教育科学版), 2009 (3)：12-19.

力倾向、兴趣点、认知发展、基本观念、学习动机等发展水平与状况等[1]变得至关重要，这或许正是学生发展问题研究的积极教育价值。

学生发展问题研究有助于人们把握学生发展的客观规律，正确处理教育教学与学生发展的关系，进一步改善教育教学实践，提升学校教育教学质量。从本质上说，教育教学活动就是促进学生成长的自觉的社会实践活动，因此，了解学生发展的真正需求，把"教"建立在学生"学"的基础之上，是实现学生发展的内在根据和根本途径。在实践中，人们总是要面对"教"与"学"的关系以及认知与情感的关系等教育教学的基本矛盾，这些矛盾的双方表面上看是相互对立的，实质上却又内在统一，二者相辅相成，相互作用，共同构成学生发展的基本力量。当然，从学生发展的视角看，构成矛盾的对立面也并不是完全对等的，例如，在"教"与"学"的关系上，学生是自身学习与发展的主体，只有学生自身的能动活动才具有促进自身发展的作用[2]，而教导只能通过作用于学生的活动间接地影响学生的身心发展[3]。明乎此，我们也就不难理解，学校教育教学为什么要聚焦于学生的学习行为，亦即为什么要将课堂转型到以学生学习为中心的课堂，因此也就不难理解教育教学为什么特别关注学生学习及发展的研究。

二、学生发展问题研究的主题选择

学生发展问题研究的核心是"问题"，而所谓问题，就是要求人们回答或解释的题目，是人们需要研究讨论并加以解决的矛盾与疑难。在人类生活与进化的过程中，人们或许一直生活在困境或矛盾之中，整个人类或许也一直生存在困境与矛盾之中，而对于"困境"与"矛盾"这一类"问题"的思考、反思、追寻答案也就一直缠绕着人们和整个人类。关于学生发展（儿童发展，以及人的毕生发展），人们也存在许多认识上以及实践上的"困境"、"矛盾"或"问题"，这些"困境"、"矛盾"或"问题"构成了学生发展问题研究的基本主题。

---

① 杨开城. 教学设计———种技术学的视角[M]. 北京: 电子工业出版社, 2010: 85-86.
② 陈佑清. 教学论新编[M]. 北京: 人民教育出版社, 2011: 91-92.
③ 陈佑清. 教学论新编[M]. 北京: 人民教育出版社, 2011: 300-301.

（一）学生发展问题研究的相关内容

提起学生发展，人们最容易想到的可能是学生发展核心素养（或者说学生关键能力）。学生发展核心素养是教育理论与教育实践领域的一个热门话题，也是教育为未来培养人的根本目标和具体着力点。学生发展核心素养，读起来虽然没有"学生核心素养"更为顺畅，但是它表达的是学生应该具备的、能够适应终身发展和社会发展所需要的必备品格和关键能力。研究学生发展核心素养是落实立德树人根本任务的一项重要举措，也是适应世界教育改革发展趋势、提升我国教育国际竞争力的迫切需要。

学生发展是教育者、家长、企事业单位负责人（用人单位负责人）、社会管理者以及所有关心社会未来发展的人都特别关注的主题。在教育者看来，学生发展涉及学生道德素养（道德品质）、认知素养（智力品质）、身体素养、审美素养、劳动素养等诸多方面的发展，亦即人们通常提及的学生在德、智、体、美、劳等方面的全面发展，因此也就涉及人们通常所说的德育、智育、体育、美育、劳动教育等育人方式。2019 年，中共中央、国务院印发的《中国教育现代化2035》进一步提出要全面落实立德树人根本任务，更加注重学生全面发展，大力发展素质教育，促进德育、智育、体育、美育和劳动教育的有机融合，明确提出"五育"融合的教育发展举措，其主旨就是要解决当下教育实践中"偏于智、疏于德、弱于体、抑于美、缺于劳"的五育失衡状况，回归教育的本质和尊重育人的规律，回答教育究竟"如何培养人""如何促进学生发展"的根本问题。

学生发展说到底是学生身心的变化与成长，它不仅涉及学生个体的遗传与成熟，更涉及学生个体成长的环境及其教育经历。在探讨教育如何促进学生发展的过程中，又必须切实遵循学生身心发展的内在规律，这就使得从心理学（包括普通心理学、教育心理学、认知心理学、发展心理学、人本主义心理学等）的视角研究学生发展问题的重要性更为凸显，因此，从心理学层面关注学生发展成为学生发展问题研究的重要主题（重要内容），特别是学生学习之于学生发展的独特作用的研究主题。例如，马格利特·格莱德勒（Margaret Gredler）的《学习与教学——从理论到实践》（*Learning and Instruction: Theory into Practice*）[①]，以及

---

① Gredler M E. Learning and Instruction: Theory into Practice[M]. New Jersey: Pearson Education, Inc., 2009: 2.

卢家楣的《学习心理与教学——理论和实践（第三版）》①，都揭示了学校教育如何基于学生学习的内在机制开展教育教学活动，以实现教育教学促进学生发展的教育教学任务。在学校德育过程中，为了使学生道德品质的发展更为有效，也为了发挥德性在人的发展中的本质力量的作用，尊重德性养成规律开展德育变得至关重要。个体的德性修炼主要通过主体内化和社会教化两个途径来积聚道德能量，道德能量再通过个体的道德的原初动力、心理动力、精神动力和利益动力来进行转换，道德能量在不断转换与释放的过程中产生道德能力。②这些研究充分说明了关注学生发展的内在过程及其影响因素和影响机制等问题，是学生发展问题研究的重要内容之一，同时它们也构成教育活动具体展开的内在根据。

（二）学生发展问题研究的具体主题

一般而言，发展是指事物随着时间的推移而发生的变化。这种含义的"发展"是一个被广泛使用且适用于多个领域的概念：它可以是量变的，也可以是质变的；既有连续性，也有阶段性；既可能是正向的、积极的，也可能是负向的、消极的。学生发展主要是指学生的身心素质形成与完善的过程，也是从一个身心发展的状态或阶段发展到另一个身心发展的状态或阶段。学生发展问题研究涉及的问题面比较宽泛，既可以是与学生发展直接相关的问题，也可以是与学生发展间接相关的问题，以及相对宏观的学生发展问题、比较微观的学生发展问题、横断静态的学生发展问题、纵贯动态的学生发展问题、基于认知神经科学的学生发展问题等。在本书中，学生发展问题研究主要聚焦于以下一些主题：学生总体生活满意度（life satisfaction）问题、学生学业情绪体验问题、学生成长型思维（growth mindset）表现问题、学生阅读元认知状况问题、学生的合作与竞争体验问题、学生需要怎样的教学支持问题、学生的相对年龄效应（relative age effect，RAE）问题、学生的性别差异表现问题等。

上述研究问题的选择，表面上看似乎有一点随机和凌乱，实际上有其内在的逻辑与思考。学生发展问题研究的对象是学生及其发展，或者直接说就是学生，因此，学生的总体生活满意度状况或者说学生过得是否幸福是人们最为关注的

---

① 卢家楣. 学习心理与教学——理论和实践(第三版)[M]. 上海: 上海教育出版社, 2016: 13.
② 王宏. 论个体道德能力的生成机制[J]. 广西民族大学学报(哲学社会科学版), 2010, 32(4): 118-120.

（总）问题，也是学生发展的基本底色。我们毫不怀疑教育是为未来培养人的一种社会建构，关注学生的未来发展以及关注学生的未来幸福是每一位教育者义不容辞的责任，但是，未来并不是遥不可及的未来，它与现在（当下）有着相互构成的紧密联系，因此，不能以学生的未来幸福为借口而损害学生的当下幸福，而应该以学生当下的幸福去成就学生未来的幸福。学生的总体生活满意度绝不是孤立的存在，它与学生的学业情绪体验，以及成长型思维、对合作与竞争的认知与感受等都有着紧密联系，也与学生的元认知能力和教师的教学支持等因素有关。更进一步说，学生的总体生活满意度还与学生在教育教学中的公平感受有着紧密联系，学生的相对年龄效应问题，以及学生的性别差异表现问题等，正是从教育公平的视角对学生发展问题研究的一些回应。

在上述研究问题之外，全书还包括绪论与结语两个部分，主要探讨学生发展问题研究的教育价值、问题选择、研究方法、原创性追求、研究成果何以落地等一些具体问题，旨在呼吁更多人来关注和投入到学生发展问题研究中。另外，本书还以附录的方式提供了《论教育研究者的问题意识》《原创性教育研究何以可能》等两篇论文，以增强人们对学生发展问题研究的方法论自觉。

三、学生发展问题研究的实证思路

一般而言，研究者遇到的首要问题是"我可以（打算、计划）研究什么问题"，但是，研究者还需要考虑"我将采用何种研究方法和研究视角"，因为研究方法和研究视角的不同选择，将决定研究者选择什么样的研究问题并进而走上不同的具体研究道路。[①]事实上，研究问题的选择与研究方法的采择是一个相互联系、相互影响、不断科学化与合理化的循环迭代过程。从发展的视角看，教育研究的总体趋势是从实践研究走向理论思辨，从思辨研究走向实证研究，进而将思辨研究与实证研究相结合，走向有理论视角（合理研究假设）的实证研究。教育研究问题的选择与研究方法的采择之间的相互作用及其实证化发展趋势，也深深影响着学生发展问题研究。

---

① 刘良华. 教育研究方法(第三版)[M]. 上海: 华东师范大学出版社, 2021: 3.

（一）思辨研究与实证研究

思辨研究也可以称为哲学研究或理论研究，主要关注的是事物的本质问题、价值问题、对策问题等，亦即回答"是什么"、"为什么"与"怎么办"的问题，它们既可以成为一个总体研究，也可以成为一个个独立的研究。与思辨研究相对，实证研究更加受到学术研究者的青睐。一些实证研究者把实证研究作为研究是否具有科学性的唯一指标，有时甚至把科学研究与实证研究画等号。实际上，思辨研究与实证研究都是学术研究可以选用的方法。对此，我们可以从下面两位老师的"思辨研究"与"实证研究"的比较中去体会。

据说（其实是杜撰也无妨）在某一学院有两位老师，一位是本土派老师，一位是海归派老师。两位老师讲课都很有特色，研究风格也彼此不同。本土派老师性格豪迈，曾饱览诸多哲学历史名著，惯用哲学思维；海归派老师则有英国留学背景，惯于长篇大论，擅长学术研究，发表论文量多质高。两位老师在研究上各有区别。本土派老师认为，研究需要的是独立思考，他认为研究问题需要一种灵感，在平常的学习、工作和生活过程中，往往会发现一些问题，这些问题只需要用眼睛去看，用自己的脑袋去想，而不是去故纸堆里寻找切入点。他的写作过程也不需要过多的资料，主要凭一支笔和他的头脑。该老师反对研究之前正儿八经地去做些收集资料的工作，反对去做一些统计工作，认为这些问题是显而易见的，不需要去做数据上的论证。海归派老师则喜欢标准化、量化的风格，强调实证研究，即从实例出发，研究一系列数据或者因果变量，运用统计学的方法得到一个模型或者一个确凿的结论。事实上，"思辨研究"和"实证研究"是研究问题的两种方法或两种思维。"思辨研究"并非完全没有根据，"思辨研究"还是要经过"去粗取精、去伪存真、由表及里、由此及彼"的思维推断过程的，这一系列过程便是所谓的调查、研究。实证研究当然也不仅仅是分析数据与画出图表，无论是研究问题的选择、数据的收集与分析还是结果的讨论和结论的得出，都需要理论视角以及逻辑分析和批判性论证。

（二）实证研究的不同进路

实证研究的一个重要特点是强调用"事实"说话，而不是任意地"拍脑袋"。这也是实证研究区别于思辨研究的关键所在。根据"事实"表现方式的不同，实证研究往往表现为"量的研究"与"质的研究"等不同类型，并具体表现为调查研究、实验研究、相关研究、民族志研究、扎根理论研究等一些具体形式。随着计算机技术的迅速发展，一些计算机软件被用于研究资料的分析，使得实证研究更为便捷，研究结论也更有说服力。

量的研究（或者说定量研究）是将问题与现象用数量来表示，进而去分析、考察、解释，从而确定事物某方面量的规定性的科学研究，其突出特点是严密的逻辑性和证据的可靠性，推导出来的结论通常是十分精确的。与量的研究不同，质的研究（或者说定性研究，不是传统社会科学意义上的"定性研究"概念）是指以研究者本人作为研究工具，在自然的情境下采用多种收集资料的方法对社会现象进行整体性探究，使用归纳法分析资料（主要是文字型资料）和形成理论，通过与研究对象互动及其行为和意义建构获得解释性的一种活动。通常情况下，质的研究是在一群小规模、精心挑选的样本个体上的研究，该研究不要求具有统计意义，但是，凭借研究者的经验、敏感性以及有关的具体研究技术，能有效地洞察研究对象的行为和动机，以及它们可能带来的影响等。鉴于任何事物都是质和量的统一体，我们需要把量的研究和质的研究有机结合起来，绝不能主观地割裂事物的量和事物的质的关系，避免孤立地、片面地和静止地分析和研究问题。

在探讨具体的研究方式时，基于设计的研究（design-based research）和微观发生法（microgenetic method）等研究方法需要人们给予专门的关注。基于设计的研究起源于美国加州大学伯克利分校的教育心理学家安·布朗（Ann Brown）教授提出的"设计实验"[①]和美国西北大学的认知科学家阿伦·柯林斯（Allan Collins）教授提出的"教育设计科学"[②]，它是一种在真实的情境下，综合运用多种研究方法进行教学干预、迭代循环的形成性研究过程。好的设计都是循环迭代的，这种迭代的思想在很多研究中都有所欠缺，但是，它对我们检验所涉及的教育干预却是十分关键的，基于设计的研究非常好地解决了这一问题，并且在教育实践改进与教育理论创新之间实现了平衡。[③]基于设计的研究因为迭代式的流

---

① 埃伦·康地利夫·拉格曼. 一门捉摸不定的科学: 困扰不断的教育研究的历史[M]. 花海燕, 梁小燕, 许笛, 等译. 北京: 教育科学出版社, 2006: 225-226.

② 王文静. 创新的教育研究范式: 基于设计的研究[M]. 上海: 华东师范大学出版社, 2011: 117.

③ R. 基思·索耶. 剑桥学习科学手册(第 2 版)[M]. 徐晓东, 杨刚, 阮高峰, 等译. 北京: 教育科学出版社, 2021: 178-195.

程设计，使得研究要耗费大量的时间、人力与物力等，而且无法保证一定会产生很理想的研究成果，也正是这个迭代式的研究过程本身，给我们带来了认识与研究过程的宝贵经验，并积累了宝贵的研究资料。

与基于设计的研究方法不同，微观发生法研究是一种特殊的"发生法"（genetic method）研究，该研究方法旨在帮助研究者聚焦于人的认知变化的关键环节，以获得对人的发展的更为清晰的理解。[①]微观发生法可以提供关于儿童认知（及情感等）变化过程的许多精细信息（这也构成了微观发生法研究的现实挑战），这些信息具体包括儿童在获得某种成熟的能力的过程中是否经历本质上不同的阶段，发展变化是快还是慢、是突变还是渐变，变化模式是否存在个体差异等一系列学生发展问题。例如，一个关于价值观"原初意义"的发生现象学考察[②]，不仅有助于人们解决当下中小学价值观教育中的"知而不信、知而不行"问题，也有助于我们对发生学方法及微观发生法研究的进一步理解。

就本书所关注的具体问题而言，本书所采择的研究方法更多的是调查类型的量的研究。这样的选择仅仅是基于研究数据获得便捷性的考虑。研究过程中没有用到上面提及的基于设计的研究和微观发生法研究，这也许是一种遗憾，但也是今后探索的可能方向。

四、学生发展问题研究的原创性追求

原创性是一个看似简单而实际上却非常复杂的概念。原创性是全新的创造和原始的创新，是人无我有、人有我精、人精我绝，是研究创新的更高要求。原创性往往与时代性紧密联系在一起，原创性的着眼点是时代性，也是时代性的最集中的体现。在学生发展核心素养已经成为人们共同关注的热门话题的当下，学生发展问题研究也呼吁更多的原创性研究。要实现这一宏大目标，不仅要遵循"提出重要的、可进行实证研究的问题，将研究与相关理论相结合，使用能对问题进

---

① Siegler R S, Crowley K. The micro-genetic method: A direct means for studying cognitive development[J]. The American Psychologist, 1991, 46（6）: 606-620. Siegler R S, Chen Z. Developmental differences in rule learning: A microgenetic analysis[J]. Cognitive Psychology, 1998, 36（3）: 273-310.

② 胡萨. 价值观教育的关键: 唤醒与激活价值观的"原初意义"——基于发生现象学的视角[J]. 教育研究, 2020, 41（8）: 65-74.

行直接研究的方法，进行有条理的明确的推理，实施重复验证和研究推广，公布研究结果并且鼓励专业人士检验与评价"等科学研究的一般指导原则[①]，更重要的是要聚焦于学生发展这一核心问题并将其与时代进步、社会变化、思想解放紧密结合，充分释放每一位研究者的创新潜能。

（一）原创性是研究创新的更高要求

原创性是好的研究的标志。那么，什么才是研究的"原创性"呢？换言之，何谓原创性的研究呢？原创性研究是一种比较严格的要求或者说是一种对研究水平要求比较高的研究，应该是研究者做了前所未有的工作，或者说做到了"从无到有"。但是，这非常难，也比较少有。在通常的情况下，原创性研究首先是指提供了有新意的作品，这个"新"不仅是以往所没有的，而且是一般研究者不容易想到的。接着，它的研究与表达方式必须是可理解的，即使不能完全令人信服，但是也得言之成理。此外，它还必须对类似或相邻研究论题有启发性，即具有重要学术创新意义和引领后来者继续追踪研究。就此而言，真正或有较高原创性的作品，还必须是经得起时间检验的。

原创性研究虽然是十分困难的，但也不是那么遥不可及。例如，冯友兰先生的《中国哲学史》虽然不是开山之作，但是扭转了这个学科的研究方向，对其后的发展有更强的塑造力，所以他的原创性得到金岳霖、陈寅恪的承认；费孝通对文化传统与乡村社会关系的结构式描述，简洁而且深刻，对于社会学或人类学的研究而言，也有原创性研究的奠基性作用；人类命运共同体思想的提出，回答了中国将"建设一个什么样的世界"和"如何建设这个世界"的问题，是中国共产党在总结和思考新时代历史特点和现实实践中首先提出、倡导并推动实施的外交理念，也是顺应当今世界大发展、大变革、大调整格局下的原创性贡献；意大利帕尔马大学贾科莫·里佐拉蒂（Giacomo Rizzolatti）等科学家在 20 世纪末首先在猴脑上发现镜像神经元，随后，美国科学家通过对一批癫痫患者的诊断和治疗，在人脑中也证实了镜像神经元的广泛存在，并且进一步发现人类脑部的镜像神经元比猴子所拥有的更加敏锐，更富有弹性，进化程度也更高，回答了人们为

---

① 理查德·J. 沙沃森, 丽莎·汤. 教育的科学研究(第 2 版)[M]. 曹晓南, 程宝燕, 刘莉萍, 等译. 北京: 教育科学出版社, 2019: 43.

何特别喜欢模仿的问题（不仅涉及镜像神经元的问题，而且涉及渴望获得他人认可及融入社会的深层愿望）①……这些原创性研究成果都是人做出来的，彰显了人类不断进取和无限的创造能力。

原创性研究呼吁研究者的原创意识。原创意识是原创性研究的前提，有了原创意识，研究者的主体意识就会较为全面地苏醒，就会对一种可持续的研究保持积极的姿态，也会对各种新的研究范式保持高度的警觉和好奇。研究主体自始至终处于一种探究和思考的状态，而不是在原来惯性的层面上慵懒地滑行。原创性研究不能依靠门第之见，而要对跨学科、跨领域、跨时空的知识和实践保持开放的心态、合作的精神；原创不是一蹴而就的，而是需要一代又一代创作者的辛苦结晶与推进；原创性研究可以学习，但只有扎根长期的积累、敏锐的感知、文明的担当，才能取得更多原创性研究成果；原创性研究不是研究者与学问家的"游戏"，而是需要社会各界、广大受众积极参与。只有坚持正确的方向，建立鼓励、培育、扶持、保护好原创性研究的长效机制，以及研究者努力突破思维的死胡同，把心思放在研究成果本身的构思、创作、琢磨、推广上，精于研习、勇于探索，我们的研究才能不负新时代的改革要求。

（二）学生发展问题研究呼吁更多的原创性发现

在学生发展问题的已有研究中，原创性的发现是非常丰富多彩的。翻开《儿童心理学手册（第六版）》四卷八册书，我们可以看到儿童的一般发展、认知发展、社会性发展、发展与环境的相互作用等研究领域的众多原创性发现。②学生发展问题当然不仅仅是心理学研究者关注的问题，更是教育理论研究者、教育政策制定者和教育实践工作者共同关注的问题。因此，从教育学的视角来看，学生发展问题研究也需要更多的原创性发现。

提起学生发展问题研究的原创性发现，不能不提及皮亚杰关于儿童认知发展阶段的原创性贡献。在皮亚杰的儿童认知发展阶段理论中，儿童认知的发展机制主要是"平衡"，而且是一种发展中的平衡，该过程永远不会达到一种恒定的平

---

① 格雷戈里·希科克. 神秘的镜像神经元[M]. 李婷燕译. 杭州: 浙江人民出版社, 2016: 201-202.

② William Damon, Richard M. Lerner. 儿童心理学手册(第六版)(第一卷): 人类发展的理论模型[M]. 林崇德, 李其维, 董奇译. 上海: 华东师范大学出版社, 2009: 1.

衡状态，它从某一个平衡态经过多次"非平衡"和"再平衡"过程，过渡到另一个存在着质的不同的新的平衡态。皮亚杰非常强调"平衡"这一概念，强调达到"平衡"的、作为有机整体相辅相成的同化与顺应两个过程。因此，皮亚杰的发展观是开放的，它允许建构新的结构。①其实，皮亚杰的儿童认知发展阶段理论与随着时间展开的"好像"（as-if）发展结构也有着紧密的联系，这一点似乎还没有引起人们更多的注意。尽管皮亚杰的儿童认知发展阶段理论遭遇到一部分人的质疑和批评，然而，一个多世纪以来也未能诞生真正意义上超越皮亚杰的心理学家及相关理论，昭示了皮亚杰的儿童认知发展阶段理论的这一原创性发现所具有的旺盛生命力，并且依然能够为教育领域的课程标准设计、课程开发、学业评价和教师培训等多个系统的整合提供理论根据和统一框架。②这或许正是学生发展问题研究的原创性发现的魅力所在。

学生发展问题研究的原创性发现也可以发生在更微观的层面，并且可以体现生活环境、文化环境以及教育对于学生发展的重要影响，例如，有关儿童对作为宇宙天体的地球的理解如何随自己生活地域和文化环境的不同而变化或不变，以及如何随着教育干预而不断发展的研究发现。借助于敞口瓶子里的水（是否流出及如何流出）、石头下落、物体在地球上的洞中如何下落等，探查儿童对地球这一概念的理解，研究发现儿童对于地球有不同的科学前概念，包括地球的形状、地球的大小、地球的位置、地球与太阳的关系、地球的运动等，并集中表现在地球是平的而非圆的或者球形的、地球是一个圆球并由两个半球组成、地球虽然是球形的但围绕地球的无限空间中只有唯一的上方与下方、地球外层有宇宙空间包围着并且上下方向由朝向和远离地球来决定、地球是一个球状行星并且物体朝着地心方向下落等五个地球观念，这些理解不仅有明显的年级分布特征，而且随着学生年龄的增长而渐进性变化。③教育干预的研究表明，科学的地球概念教学即使对低年级儿童来说也非常有效，但是，也并非像学校所希望的那样能够立即被

---

① William Damon, Richard M. Lerner. 儿童心理学手册(第六版)(第一卷): 人类发展的理论模型[M]. 林崇德, 李其维, 董奇译. 上海: 华东师范大学出版社, 2009: 235-236.

② 姚建欣, 郭玉英. 为学生认知发展建模: 学习进阶十年研究回顾及展望[J]. 教育学报, 2014, 10(5): 35-42.

③ 罗莎琳德·德赖弗, 埃迪特·盖内, 安德烈·蒂贝尔吉安. 儿童的科学前概念[M]. 刘小玲译. 上海: 上海科技教育出版社, 2008: 166.

儿童接受，原始的科学前概念仍然会持续存在一段时间。

原创性研究不是一蹴而就的，它是一种在研究内容或/和研究形式上对模仿研究、变化研究、组合研究、转化研究的超越（图 0.1）。因此，相对于一般的研究而言，原创性研究不容易实现，其操作难度更大，对研究者的研究能力及研究毅力等的要求也更高，但也不是绝对不可达到或不能追求的。

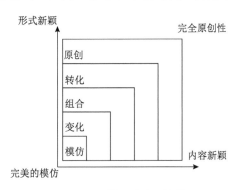

图 0.1　从模仿走向原创①

还需要特别强调的是，任何教育研究成果的形成、发展、成熟都不只是一个单纯的理论问题或者实践问题，更不只是方法与技术问题，它一定自然地和人的心灵解放、对人生意义的理解、对人生境界的追求相联系，是形而下与形而上的结合。原创性的研究发现当然如是。不过本书仅仅基于实证研究方法，就学生发展的相关问题进行了一些专门的思考，希望能有一点不一样的发现。这样做并不是否定非实证研究方法的存在价值，因为教育中的学生和教师都是有意识、有目的、有情感的人，对人的行为科学的解释不可能是完善的。②本书中的一些发现（例如，学生发展的相对年龄效应等）与真正的原创性研究肯定有很大的距离，但确实是笔者的一种原创性研究努力的成果，或者是一些教育研究的原创性探索。无论如何，它丰富了笔者对学生发展的理解，也希望这些发现对读者有一定的助益。

---

① 查尔斯·菲德尔, 玛雅·比亚利克, 伯尼·特里林. 四个维度的教育: 学习者迈向成功的必备素养[M]. 罗德红译. 上海: 华东师范大学出版社, 2017: 103.

② 约翰·哈蒂. 可见的学习: 对 800 多项关于学业成就的元分析的综合报告[M]. 彭正梅, 邓莉, 高原, 等译. 北京: 教育科学出版社, 2015: 11.

学生总体生活满意度及其提升策略

学生总体生活满意度与其认知活动及认知表现、情绪体验及学习动机、个体目标及未来发展都有着紧密的联系。基于 PISA 2018 中国四省市（北京、上海、江苏、浙江）（以下简称中国四省市）学生调查数据分析发现：学生总体生活满意度情况良好（6.68±2.499），"满意"水平的学生达到 60.4%；学生科学素养成绩在总体生活满意度不同水平上存在显著性差异，并且随着学生总体生活满意度水平升高先增高再降低，然后再增高，接着再降低，形似英文大写字母 M。学生总体生活满意度的表现及学生总体生活满意度与科学素养成绩关系的分析为我们带来诸多启示。

幸福是个体根据自己的标准对其生活质量评价满意时的愉快感觉，因此与个体总体生活满意度有着紧密的联系。一个人幸福与否，主要取决于主观上如何评价自己的生活，亦即取决于自己的主观感觉。为此，人们常用主观幸福感（subjective well-being，SWB）来衡量幸福的程度。主观幸福感通常由情感平衡和生活满意度两个部分构成，其中情感平衡意味着与不愉快的消极情感体验相比较，更占有相对优势的是愉快的积极情感体验。有时，主观幸福感专指总体生活满意度，亦即评价者根据自定的标准对其生活质量的整体性评估。学生总体生活满意度究竟如何？它与学生学习及发展有着怎样的关系？我们又该如何提升学生的生活满意度？这是所有关心学生及其发展状况的人都必须直面的问题。

一、学生总体生活满意度研究概述

（一）研究背景

学生总体生活满意度[①]是指学生对学校教师及其教育方式、对个体学业成就及其情感体验、对师生关系及同伴合作、对家庭和学校及社会环境、对个人经历与未来期望等的总体满意程度的感知，反映了处于特定身心发展阶段的青少年基于自我标准对于其学习、生活和交际环境的相对稳定的主观感知与评价。[②]作为生活满意度——个体基于自身设定的标准对生活质量做出的一种主观性评价——的子概念，学生生活满意度是衡量某一社会或者某一阶段学生生活质量的重要参数。

学生总体生活满意度是学生对自己在学校学习生活的一个综合判断，也是学生幸福感的一个重要衡量指标，它不仅影响学生的认知活动及其结果、学习情绪体验及学习动机，以及个体的生活目标定位和行为价值取向，同时也受到这些因素的反向作用。从更为上位的视角来看，学生总体生活满意度与其对生活意义的认识和个体情绪感受等因素一道，共同构成了学生幸福感的整体肖像。

---

① 这里"学生总体生活满意度"，即"总的来说学生对自己最近生活的满意度"，亦指"学生生活满意度""学生整体生活满意度"。特此说明。

② Shin D C, Johnson D M. Avowed happiness as an overall assessment of the quality of life[J]. Social Indicators Research, 1978, 5: 475-492.

需要说明的是，我国幸福感研究的概念模型基本上采用主观幸福感的定义体系，认为个体的主观生活质量或主观幸福感包含两个主要成分：其一为情感成分，是指个体在实际生活中感受到的情绪体验；其二为认知成分，是指个体按自己独特的标准对客观生活状况总体的认知评价。但是，现代幸福感的概念在定义上显示出主观幸福感与心理幸福感（psychological well-being，PWB）两种不同走向，并且由此导致幸福感的概念模型、研究思想、技术体系、关注内容等方面的众多差异与冲突。主观幸福感把快乐定义为幸福，具体来说就是拥有较多的积极情绪和较少的消极情绪以及更高的生活满意（度），而心理幸福感研究者则认为，幸福不能等同于快乐，应该从人的发展、自我实现与人生意义的角度进行理解，幸福感是人们与真实的自我协调一致，是努力表现完美的真实的潜力，是自主、能力、关系需要的满足；主观幸福感重视结果，认为幸福就是欲望的满足，表现出典型的实用主义精神，而心理幸福感则更为注重过程，认为幸福是活动的副产品，而且心理幸福感具有较多的理想主义色彩。另外，也有译者在翻译happiness、well-being 等心理学术语时，不得已分别将其译为幸福 1 与幸福 2（在英文中，happiness 和 well-being 的意思都是"幸福"，但 happiness 更侧重于感觉上的幸福，而 well-being 更侧重于人生繁华、蓬勃发展的幸福），在一定程度上也反映了这一变化的思想。

随着研究者对主观幸福感问题研究的不断深入，人们开始把学生总体生活满意度作为心理健康的一个重要领域进行实证研究，并建构专门量表来测量青少年学生的生活满意度[1]，以把握学生生活满意度的现实状况，探究学生生活满意度的影响因素及影响机制等。有研究者通过研究发现，总体上，中学生生活满意度的状况较好；初一年级和初二年级的家庭满意度、学校满意度、环境满意度、自由满意度、学业满意度和一般生活满意度均显著高于初三年级；初中生生活满意度的状况在性别上不存在显著差异；高中女生在友谊满意度、家庭满意度、学校满意度、环境满意度、自由满意度和一般满意度上显著高于男生，高一和高二年级学生在生活满意度的各方面均不存在显著差异。[2]在影响生活满意度的诸因素

---

① 张兴贵, 何立国, 郑雪. 青少年学生生活满意度的结构和量表编制[J]. 心理科学, 2004(5): 1257-1260.
② 杨进, 周建立. 中学生生活满意度调查研究[J]. 教育研究与实验, 2007(2): 56-59.

中，学生的价值观、自我概念对生活满意度有重要影响[①]，社会人口特征以及自尊和应对方式等是影响中学生学校生活满意度的重要变量。[②]就学生个体而言，中学生五种人格因素中情绪性与多维生活满意度呈负相关，而五种人格因素中的外向性、宜人性、谨慎性和开放性等与多维生活满意度在统计学意义上成正相关，其中外向性和宜人性与多维生活满意度的相关程度较高。[③]学生生活满意度还与生活事件之间存在一定的关联，其中，生活事件中学习压力维度对青少年生活满意度的影响最大。[④]

也有研究者结合国际学生评估项目（program for international student assessment，PISA）对学生生活满意度及幸福感问题展开研究，探讨学生幸福感的现状及其影响因素，以及学业成就与学生幸福的关系。研究结果显示，我国四省市学生幸福感普遍不高，具体表现在学生学校归属感与生活满意度不高，具有负向情绪学生比例高，自我效能感水平不高，以及普遍害怕失败等方面，这一结果与我国学生学业压力大，家长、教师支持度不够，以及学生个体因素密切相关，也与文化差异有一定关系。[⑤]这与基于 PISA 2015 数据得出的学生生活满意度情况大致相似，其中，学生背景特征、学校背景特征、学生人际关系及学生学习环境等因素，对于学生的生活满意度评价具有显著影响。[⑥]与此相关的一个核心问题是，幸福感研究本身还有助于解决一个让全世界困惑的教育两难问题：实现学生学业水平的提升是否必须以牺牲他们的幸福和快乐为代价？PISA 数据为我们探索该命题提供了实证的研究结论（尽管还可以将研究再细化与深入），亦

① 金盛华，田丽丽. 中学生价值观、自我概念与生活满意度的关系研究[J]. 心理发展与教育，2003（2）：57-63.

② 孙莹，陶芳标. 中学生学校生活满意度与自尊、应对方式的相关性[J]. 中国心理卫生杂志，2005（11）：741-744.

③ 田丽丽，郑雪. 中学生五种人格因素与多维生活满意度的关系[J]. 中国心理卫生杂志，2007（3）：165-168.

④ 阳晓梅，郑玉萍，蒙华庆，等. 1000 名青少年学生生活满意度和生活事件的关联分析[J]. 检验医学与临床，2009（15）：1237-1239.

⑤ 贾瑜. 学生幸福感：现状、影响因素及启示——基于 PISA 2018 中国四省市数据的分析[J]. 教育发展研究，2020（6）：36-42.

⑥ 毕慧，王洁. 家长参与对学生成绩和生活满意度的影响及启示——基于 PISA 2015 测试结果分析[J]. 外国中小学教育，2018（9）：45-50. 黄亮. 哪些因素影响我国四省市 15 岁在校学生的生活满意度——基于 PISA 2015 数据的分析[J]. 中国人民大学教育学刊，2019（1）：147-159.

即主观幸福感与素养成就水平的关系呈现出先扬后抑的模式。[①]

相对于国内研究者，国外研究者对学生总体生活满意度问题给予了更多关注。早在 1991 年，斯普林格出版了《全球学生福祉报告》（*Global Report on Student Well-Being*）[②]，初步建构了用以衡量全球学生生活满意度的研究工具（students' life satisfaction scale，SLSS）[③]，开始了国际学生生活满意度的探索性研究。[④]基于挪威卑尔根大学的 304 名国际学生（159 名男生和 145 名女生）对生活的自我报告的研究发现，欧洲和北美的学生总体上比非洲和亚洲的同龄学生更满意，朋友的数量、对财务的满意度、感知到的歧视和在国外逗留之前收到的信息等因素显著影响了学生的生活满意度。后来，《全球学生福祉报告》还陆续出版了多份相关研究报告，分别就家庭、朋友、生活伴侣和自尊，以及宗教、教育、娱乐和健康与学生福祉的关系进行了研究。事实也正是这样，对于学生总体生活满意度问题，人们更为关注哪些因素会影响学生的生活满意度，探究学生家庭背景因素[⑤]、学校相关因素[⑥]、学生生活经历[⑦]、理解生命意义[⑧]、自我概念[⑨]、自我效能感、智能手机成瘾[⑩]等因素对学生生活满意度的影响。随着对这一问题认识的不断深化，人们发现情绪在生活满意度中起重要作用，积极情绪对生活满意度起到促进作用，并逐渐意识到将积极心理学变量（如幸福感）纳入评估，可

① 朱雁. 学业成就与学生幸福可否兼得？——基于 PISA 2018 中国四省市学生的实证分析[J]. 中国教育学刊, 2020（1）: 21-27.

② Michalos A C. Global Report on Student Well-Being[M]. New York: Springer-Verlag, 1991.

③ Huebner E S. Initial development of the student's life satisfaction scale[J]. School Psychology International, 1991, 12（3）: 231-240.

④ Sam D L. Satisfaction with life among international students: An exploratory study[J]. Social Indicators Research, 2001, 53（3）: 315-337.

⑤ Dew T, Huebner E S. Adolescents' perceived quality of life: An exploratory investigation[J]. Journal of School Psychology, 1994, 32（2）: 185-199.

⑥ Suldo S M, Riley K N, Shaffer E J. Academic correlates of children and adolescents' life satisfaction[J]. School Psychology International, 2006, 27（5）: 567-582.

⑦ Huebner E S, Ash C, Laughlin J E. Life experiences, locus of control, and school satisfaction in adolescence[J]. Social Indicators Research, 2001, 55（2）: 167-183.

⑧ Morgan J, Farsides T. Measuring meaning in life[J]. Journal of Happiness Studies, 2009, 10: 197-214.

⑨ Mccullough G, Huebner E S, Laughlin J E. Life events, self-concept, and adolescents' positive subjective well-being[J]. Psychology in the Schools, 2000, 37（3）: 281-290.

⑩ Samaha M, Hawi N S. Relationships among smartphone addiction, stress, academic performance, and satisfaction with life[J]. Computers in Human Behavior, 2016（57）: 321-325.

能是一种有用而且可行的方法，它可以全面了解学生的优势和困难。

15 岁是个体身心发展的一个关键时期，也是学生身心发展迅速、变化幅度大的一个特殊时期，了解这一时期的学生总体生活满意度状况，以及这一时期学生总体生活满意度与其科学素养成绩、阅读素养成绩等学业成就的关系，不仅有助于改善和提升学生的学校生活质量及生活幸福感，对教师教学策略的制定和实施也有着重要的指导和借鉴意义。上述研究成果的简单梳理与分析，为进一步探讨学生总体生活满意度及其与科学素养、阅读素养等的成绩的关系，提供了重要参照。

（二）研究问题

基于上述相关研究成果的简单回顾以及研究资料获得的便利性，本书聚焦于以下具体问题：中国四省市学生的总体生活满意度情况究竟如何，与经济合作与发展组织（Organization for Economic Co-operation and Development，OECD，简称经合组织）国家相比较有什么特点？中国四省市学生科学素养成绩与其总体生活满意度之间有着怎样的联系，换言之，对应总体生活满意度不同水平的学生，其科学素养成绩的表现究竟如何？当然我们也可以讨论学生总体生活满意度与其阅读素养成绩和数学素养成绩之间的关系，但是限于篇幅，本书不拟深入探讨，只是在适当位置作为补充例证或说明。

二、学生总体生活满意度的探究方法

（一）研究对象与研究变量

PISA 2018 中国四省市参与学生样本有 12 058 人，他们通过上机方式完成科学素养、阅读素养等测试和问卷调查。这些参与测评的学生来自 361 所样本学校，是按照 PISA 抽样技术仔细抽取出来的，因而保证了样本的代表性和研究数据的质量，也为探究中国四省市学生生活满意度水平表现及其与科学素养成绩之间的关系提供了保障。

根据 PISA 2018 学生调查问卷及测评，本书选取的一个主要研究变量为学生总体生活满意度水平（ST016：总的来说，你对自己最近生活的满意度是多少?),其中,学生总体生活满意度水平的评分量表采用 0—10 计分,0 分为"完全不满意",10 分为"完全满意"。本书选用学生在 PISA 2018 科学素养成绩测试中的具体表现——基于科学素养的拟真值(plausible value)得出的后验期望估计值(the expected a posteriori estimator,EAP)作为学生科学素养成绩[1]。这样的数据分析与处理可能会带来一定的偏差(误差),但并不影响对学生科学素养平均成绩的分析[2]。

(二)研究方法与研究工具

本书借助 SPSS24 以及其他相关辅助软件,首先对中国四省市学生在学生总体生活满意度水平上的选项进行描述统计,以呈现其总体生活满意度水平的整体表现,并与 OECD 平均水平的表现进行比对;其次结合 PISA 2018 测评数据,应用单因素方差分析方法探寻学生总体生活满意度水平与其科学素养成绩表现等的关系。

研究工具为 PISA 2018 学生问卷、PISA 2018 科学素养及阅读素养等测评框架和测评试题组的设计等。其中,关于学生总体生活满意度水平的评分量表,类似于下面的福代斯幸福测试[3]。

福代斯幸福测试(自我测试)

你觉得有多幸福或有多不幸福?请选出下面最能描述你幸福程度的句子。

——10 非常幸福(觉得狂喜)

——9 很幸福(觉得心旷神怡)

——8 幸福(情绪高昂,感觉良好)

——7 中度幸福(觉得还不错,愉悦)

——6 有一点幸福(比一般人幸福一点)

——5 持平(不特别幸福也不特别不幸福)

---

① OECD. PISA Data Analysis Manual: SPSS(2nd ed.)[M]. Paris: OECD Publishing, 2009: 97-98.
② 罗照盛. 项目反应理论基础[M]. 北京: 北京师范大学出版社, 2012: 57-58. 张心, 涂冬波. 计算机化自适应测验中几种常用能力估计方法的特性与评价[J]. 中国考试, 2014(5): 18-25.
③ 马丁·塞利格曼. 真实的幸福[M]. 洪兰译. 沈阳: 万卷出版公司, 2010: 17-18.

——4 有一点不幸福（比持平低一点）

——3 中度不幸福（心情低落）

——2 不幸福（心情不好，提不起劲儿）

——1 很不幸福（抑郁、沉闷）

——0 非常不幸福（非常抑郁、心情跌入谷底）

请进一步考虑你的情绪，一般来说，你觉得幸福的时间所占百分比是多少？有百分之多少的时间你觉得不幸福？有百分之多少的时间你觉得处于持平的情绪？写下你最好的估计，在下面填上三个问题的百分比，请确定它们加起来等于100%。

一般来说，我觉得幸福的时间占_____ %，我觉得不幸福的时间占_____ %，我既不幸福也不觉得不幸福的时间占_____%。

从幸福的测量视角看，学生生活满意度的研究工具还可以有多种问法以及更多的选择，包括一些信效度更高的多题目量表及问卷，例如 29 个题目的牛津幸福感量表（英国广泛使用），世界卫生组织的生活质量问卷等。从幸福以及主观幸福感测量结果的因素分析中可知，幸福至少包括幸福的认知因素和幸福的情感因素，它们分别反映人们对生活各个领域的认知评价以及个体感受到的欢欣、得意、满足和其他积极情绪。

三、学生总体生活满意度的表现与分析

（一）学生总体生活满意度的基本情况

生活满意度是指个体基于自身设定的标准对生活质量做出的主观评价，是衡量人们生活质量的一个重要参数。与此相似，学生生活满意度是衡量学生生活质量的重要参数，它是一个综合性的构念，反映了学生对学校（近期）生活的总体满意情况。为了把握学生学习的实际情况以及测量学生的幸福感，PISA 2018 专门设计了关于学生生活满意度的问题："总的来说，你对自己最近生活的满意度是多少？"（ST016），并且设置了从 0（表示"完全不满意"）到 10（表示"完全满意"）的多阶水平。表 1.1 是中国四省市学生和 OECD 学生对这一问题

的回答情况的描述统计量。从表 1.1 中可以看出，中国四省市学生的总体生活满意度（M=6.68，SD=2.499）比 OECD 学生整体水平（M=7.24，SD=2.595）略低。这一学生总体生活满意度水平的不同，可能有学校教育的原因，也可能有不同国家和地区文化差异的原因[1]，因为不同的文化习俗会影响青少年如何评价他们的生活。

表 1.1　学生总体生活满意度的总体性描述

问题	类别	N	min	max	M	SE	SD
总的来说，你对自己最近生活的满意度是多少？	中国四省市	11 943	0	10	6.68	0.023	2.499
	OECD	493 202	0	10	7.24	0.004	2.595

注：表中 N 为样本总数，M 为平均值，SD 为标准差，SE 为标准误，min 为极小值，max 为极大值，下同。

PISA 2018 学生问卷要求学生在从 0（完全不满意）到 10（完全满意）的范围内对他们的总体生活满意度进行评分。我们可以根据学生的生活满意度评分情况将其划分为四档：如果学生的生活满意度在 0—4 分，表示他对生活"不满意"；如果选择 5 分或 6 分则表明他对生活"有些满意"；如果选择了 7 分或 8 分，则表示他对生活"中度满意"；如果选择了 9 分或 10 分，则表示他对生活"非常满意"。按照这一分类标准，中国四省市学生对生活不满意、有些满意、中度满意、非常满意的占比分别为 18.3%、21.3%、35.0%、25.4%（表 1.2）。其中，中国四省市学生对自己生活感到满意（中度满意和非常满意，整体生活满意度水平为 7—10 分）的比例为 60.4%，比 OECD 的这一比例 67%[2]略低（与前述总体生活满意度均值分析结果一致）；在 0—4 分的水平上学生累计百分比为 18.3%，这些学生占总数的近 1/5，需要人们给予特别的关爱；在 9—10 分水平上学生累计百分比为 25.4%，这一数值（占学生总数的约 1/4）让我们真切感受到学校教育质量在满足学生学习和生活需要上的优异程度。

---

① Park N, Huebner E S. A cross-cultural study of the levels and correlates of life satisfaction among adolescents[J]. Journal of Cross-Cultural Psychology, 2005, 36(4): 444-456.

② OECD. PISA 2018 Results (Vol. III): What School Life Means for Students' Lives[M]. Paris: OECD Publishing, 2019: 154.

表 1.2　学生总体生活满意度各水平人数分布情况

学生总体生活满意度		频数/人	百分比/%	有效百分比/%	累计百分比/%
有效	0	271	2.2	2.3	2.3
	1	294	2.4	2.5	4.8
	2	355	2.9	3.0	7.8
	3	528	4.4	4.4	12.2
	4	734	6.1	6.1	18.3
	5	1 287	10.7	10.8	29.1
	6	1 256	10.4	10.5	39.6
	7	1 887	15.6	15.8	55.4
	8	2 299	19.1	19.2	74.6
	9	1 599	13.3	13.4	88.0
	10	1 433	11.9	12.0	100
	总计	11 943	99.0	100	
缺失	无回答	49	0.4		
	系统缺失值	66	0.5		
	总计	115	1.0		
总计		12 058	100		

注：表中各分项比例数据之和有不等于总计的情况，由四舍五入原因造成，下同。

图 1.1 描述了学生总体生活满意度各个水平的人数分布情况。

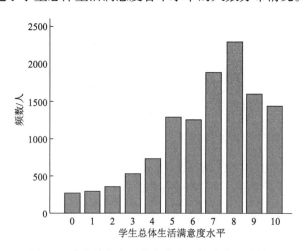

图 1.1　学生总体生活满意度水平的人数分布情况

　　从性别的视角看，学生总体生活满意度水平存在着明显的差异（F=23.996，p=0.000）。相对于女生的总体生活满意度水平（M=6.57，SD=2.427），男生的总体生活满意度水平（M=6.79，SD=2.559）要高一些，当然也能够看到，男生的分化现象略高于女生（表1.3、图1.2）。

表 1.3　学生总体生活满意度水平的性别差异

性别	N	M	SD	SE	均值的95%置信区间		min	max
					下限	上限		
女生	5 723	6.57	2.427	0.032	6.50	6.63	0	10
男生	6 220	6.79	2.559	0.032	6.73	6.85	0	10
总计	11 943	6.68	2.499	0.023	6.64	6.73	0	10

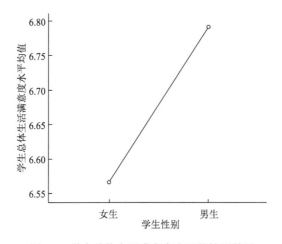

图 1.2　学生总体生活满意度水平的性别差异

　　学生总体生活满意度水平也存在着明显的年级差异（F=11.135，p=0.000）。如果说7年级和12年级学生人数偏少使得生活满意度水平数据的代表性不够的话，那么，从8—11年级的数据来看，学生总体生活满意度水平先上升再下降接着再上升，9年级学生总体生活满意度水平最高，而10年级学生总体生活满意度水平最低（表1.4、图1.3）。这在一定程度上反映了初三（对应9年级）学生对生活充满信心与希望，而高一年级（对应10年级）学生的学习适应及学业负担等影响了他们对生活质量的满意度判断。

表 1.4　学生总体生活满意度水平的年级差异

年级	N	M	SD	SE	均值的95%置信区间		min	max
					下限	上限		
7 年级	26	6.65	2.939	0.576	5.47	7.84	0	10
8 年级	189	6.68	2.736	0.199	6.28	7.07	0	10
9 年级	4 069	6.92	2.547	0.040	6.84	7.00	0	10
10 年级	7 523	6.56	2.458	0.028	6.50	6.61	0	10
11 年级	129	6.71	2.460	0.217	6.28	7.13	0	10
12 年级	7	6.29	1.604	0.606	4.80	7.77	5	9
总计	11 943	6.68	2.499	0.023	6.64	6.73	0	10

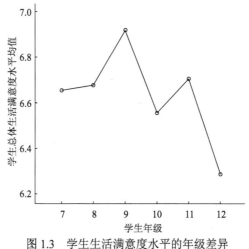

图 1.3　学生生活满意度水平的年级差异

（二）学生总体生活满意度水平与学生积极情感体验等因素之间的关系

学生对总体生活满意度水平的评价与学生积极情感体验、生命意义感、掌握性目标、坚毅性品格等因素有着紧密的联系。基于 PISA 2018 数据可以探究学生总体生活满意度水平与学生积极情感体验等因素之间的定量关系。表 1.5 及图 1.4 描述了总体生活满意度不同水平学生积极情感体验的情况，表明学生积极情感体验（均值一列的数值，已经经过标准化处理，OECD 的均值为 0，标准差为 1，下同）在学生总体生活满意度不同水平上存在显著性差异

（F=220.895，p=0.000），并且在图像形式上呈现增函数的形式，亦即学生积极情感体验随着学生总体生活满意度水平提升而更为丰富。或者反过来说，学生积极情感体验状况影响着学生总体生活满意度水平的判断。

表 1.5　总体生活满意度不同水平学生积极情感体验指数统计量

学生总体生活满意度水平	N	M	SD	SE	均值的 95%置信区间		min	max
					下限	上限		
0	270	−0.773 296	1.134 641 6	0.069 052 1	−0.909 247	−0.637 345	−3.066 6	1.238 6
1	292	−0.708 803	0.934 644 7	0.054 695 9	−0.816 453	−0.601 153	−3.066 6	1.238 6
2	349	−0.493 779	0.870 583 0	0.046 601 2	−0.585 435	−0.402 124	−3.066 6	1.238 6
3	523	−0.389 430	0.893 199 0	0.039 056 9	−0.466 158	−0.312 702	−3.066 6	1.238 6
4	733	−0.300 205	0.870 996 5	0.032 171 0	−0.363 364	−0.237 047	−3.066 6	1.238 6
5	1 274	−0.149 481	0.860 923 2	0.024 120 1	−0.196 801	−0.102 162	−3.066 6	1.238 6
6	1 245	−0.033 161	0.806 489 4	0.022 856 7	−0.078 003	0.011 681	−3.066 6	1.238 6
7	1 877	0.132 666	0.791 321 4	0.018 265 0	0.096 844	0.168 488	−3.066 6	1.238 6
8	2 283	0.295 422	0.775 469 9	0.016 229 8	0.263 595	0.327 248	−2.496 7	1.238 6
9	1 587	0.495 496	0.722 776 8	0.018 143 3	0.459 909	0.531 083	−3.066 6	1.238 6
10	1 416	0.540 873	0.818 692 2	0.021 756 5	0.498 195	0.583 552	−3.066 6	1.238 6
总计	11 849	0.103 988	0.890 207 3	0.008 178 1	0.087 958	0.120 018	−3.066 6	1.238 6

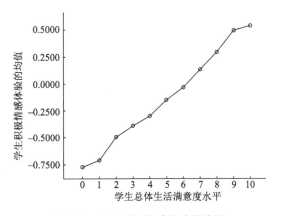

图 1.4　学生积极情感体验均值图

表 1.6 及图 1.5 描述了总体生活满意度不同水平学生生命意义感的觉悟情

况，从中可以看出，在学生总体生活满意度不同水平上，学生生命意义感存在显著性差异（F=173.532，p=0.000），并且在图像形式上也大致呈现增函数的形式，即总体上，学生生命意义感随着学生总体生活满意度水平提升而更为丰盈。或者更应该反过来说，是学生生命意义感的丰盈提升了学生总体生活满意度水平。

表 1.6　总体生活满意度不同水平学生生命意义感指数统计量

学生总体生活满意度水平	N	M	SD	SE	均值的 95%置信区间 下限	均值的 95%置信区间 上限	min	max
0	271	−0.294 034	1.212 928 7	0.073 680 2	−0.439 094	−0.148 973	−2.146 4	1.741 1
1	293	−0.463 685	0.979 736 2	0.057 236 8	−0.576 334	−0.351 036	−2.146 4	1.741 1
2	353	−0.381 379	0.883 620 1	0.047 030 4	−0.473 875	−0.288 883	−2.146 4	1.741 1
3	527	−0.367 556	0.897 776 8	0.039 107 8	−0.444 383	−0.290 729	−2.146 4	1.741 1
4	733	−0.237 512	0.836 457 5	0.030 895 3	−0.298 166	−0.176 858	−2.146 4	1.741 1
5	1 281	−0.178 214	0.814 198 6	0.022 748 7	−0.222 843	−0.133 585	−2.146 4	1.741 1
6	1 254	−0.105 467	0.815 571 2	0.023 031 0	−0.150 651	−0.060 284	−2.146 4	1.741 1
7	1 880	0.012 555	0.831 071 4	0.019 167 2	−0.025 036	0.050 146	−2.146 4	1.741 1
8	2 294	0.207 663	0.819 565 7	0.017 111 5	0.174 107	0.241 218	−2.146 4	1.741 1
9	1 596	0.410 974	0.840 904 0	0.021 048 9	0.369 688	0.452 261	−2.146 4	1.741 1
10	1 428	0.704 313	0.941 652 9	0.024 918 8	0.655 432	0.753 194	−2.146 4	1.741 1
总计	11 910	0.090 944	0.920 247 0	0.008 432 3	0.074 415	0.107 472	−2.146 4	1.741 1

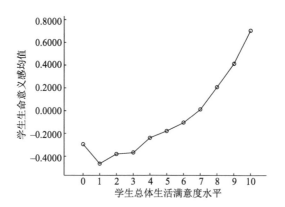

图 1.5　学生生命意义感均值图

与上述分析类似，我们还可以分别列出总体生活满意度不同水平的学生其掌握性目标和坚毅性品格等的状况，或者分别绘制出总体生活满意度不同水平学生掌握性目标和坚毅性品格的均值图。下面仅就学生的坚毅性品格与学生总体生活满意度不同水平之间的关系列表（表 1.7）和绘图（图 1.6）表示，关于掌握性目标因素与学生总体生活满意度不同水平之间的关系，有兴趣的读者可以自行验证与分析。

表 1.7　总体生活满意度不同水平学生坚毅性品格指数统计量

| 学生总体生活满意度水平 | N | M | SD | SE | 均值的 95%置信区间 | | min | max |
					下限	上限		
0	271	−0.410 987	1.218 799 8	0.074 036 8	−0.556 750	−0.265 224	−3.167 5	2.369 3
1	294	−0.491 889	1.022 519 6	0.059 634 6	−0.609 255	−0.374 523	−3.167 5	2.369 3
2	354	−0.480 297	0.833 753 8	0.044 313 5	−0.567 449	−0.393 146	−3.167 5	2.369 3
3	527	−0.459 788	0.860 988 5	0.037 505 3	−0.533 467	−0.386 110	−3.167 5	2.369 3
4	734	−0.474 182	0.763 226 0	0.028 171 2	−0.529 488	−0.418 876	−3.167 5	2.369 3
5	1287	−0.339 128	0.817 554 8	0.022 789 1	−0.383 836	−0.294 420	−3.167 5	2.369 3
6	1255	−0.223 516	0.812 895 1	0.022 946 3	−0.268 533	−0.178 498	−3.167 5	2.369 3
7	1886	−0.160 959	0.808 697 2	0.018 621 5	−0.197 480	−0.124 438	−3.167 5	2.369 3
8	2298	0.014 000	0.842 070 1	0.017 566 0	−0.020 447	0.048 447	−3.167 5	2.369 3
9	1597	0.171 962	0.928 788 6	0.023 241 5	0.126 375	0.217 549	−3.167 5	2.369 3
10	1432	0.586 858	1.191 571 8	0.031 488 3	0.525 090	0.648 626	−3.167 5	2.369 3
总计	11 935	−0.074 549	0.957 324 7	0.008 762 9	−0.091 725	−0.057 372	−3.167 5	2.369 3

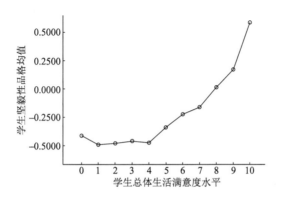

图 1.6　学生坚毅性品格均值图

表 1.7 与图 1.6 说明学生的坚毅性品格（均值一列的数值，已经经过标准化处理，整体 OECD 的均值为 0，标准差为 1）在学生总体生活满意度不同水平上存在显著性差异（F=148.207，p=0.000），并且图像上总体也呈现增函数的形式，即学生的坚毅性品格随着学生总体生活满意度水平提升而更具韧性。或者更应该反过来说，是学生的坚毅性品格促成了学生总体生活满意度水平的提升。

（三）学生总体生活满意度与科学素养成绩之间的关系

学生对生活都有自己的感受、体验与评价，在科学等学科上也都有自己的学业成绩表现。学生科学素养成绩与其总体生活满意度之间是否存在着一定的联系呢？这实际上是在问，学生总体生活满意度与学业成就有着怎样的关系或联系。为了回答这一问题，可以对学生科学素养成绩按照其总体生活满意度水平进行单因素方差分析（表 1.8）。从表 1.8 以及其他相关表格中可以看出，学生科学素养成绩随着学生总体生活满意度水平的变化而变化，并且在总体生活满意度的各个不同水平上存在显著性差异。在 PISA 2018 学生阅读素养和数学素养数据分析中，也得到了与上述分析类似的结果。

表 1.8　总体生活满意度不同水平学生科学素养成绩统计量

学生总体生活满意度水平	N	M	SD	SE	均值的 95%置信区间		min	max
					下限	上限		
0	271	567.8796	83.61938	5.07952	557.8791	577.8801	236.40	756.17
1	294	594.6243	82.59958	4.81731	585.1434	604.1052	332.93	745.51
2	355	596.3074	79.22234	4.20469	588.0381	604.5767	348.80	788.33
3	528	601.9222	74.90897	3.25999	595.5180	608.3263	306.44	758.71
4	734	597.6343	75.59009	2.79008	592.1568	603.1118	249.33	765.11
5	1287	584.8809	81.64637	2.27587	580.4161	589.3457	314.89	801.06
6	1256	600.8567	77.62388	2.19028	596.5597	605.1537	339.67	788.24
7	1887	608.2906	74.95054	1.72540	604.9067	611.6745	330.07	811.67
8	2299	602.2053	76.12755	1.58771	599.0918	605.3188	335.75	816.46
9	1599	597.6251	78.75688	1.96954	593.7620	601.4883	301.89	798.59
10	1433	561.1440	88.25842	2.33149	556.5705	565.7175	250.57	782.26
总计	11943	594.1838	80.23128	0.73415	592.7447	595.6228	236.40	816.46

注：方差齐性检验 Levene 检验统计量 W=6.424，p=0.000；单因素方差分析 F=40.168，p=0.000。

为了具体把握学生科学素养成绩随其总体生活满意度水平的变化情况，可以进一步作多重比较（篇幅所限，具体表格从略），从中能够看出在总体生活满意度不同水平上，科学素养成绩均值存在显著性差异，并表现出各自不同的特点。这一差异和特点也反映在学生科学素养成绩均值对其总体生活满意度不同水平的相似子集结果中（参见表 1.9。如果改用 Tukey HSD 方法，或者改用纽曼-科伊尔斯检验等其他方法分析，也能得到类似结果）。从表 1.9 中可以看出，在 $p <$ 0.05 的情况下，学生科学素养成绩均值按其总体生活满意度不同水平可以划分为 3 个相似子集，其中满意度水平为 1、2、9、4 的学生，可以根据情况选择其所属的相似子集。这种划分结果与直接根据学生总体生活满意度水平（将其简化为：0—4 水平代表不满意，5—6 水平代表有些满意，7—8 水平代表中度满意，9—10 水平代表非常满意）的划分结果有些不同。

表 1.9　学生科学素养成绩均值（对总体生活满意度不同水平）的相似子集

Tukey B[a, b]

学生总体生活满意度水平	N	α=0.05 的子集		
		1	2	3
10	1433	561.144 0		
0	271	567.879 6		
5	1287		584.880 9	
1	294		594.624 3	594.624 3
2	355		596.307 4	596.307 4
9	1599		597.625 1	597.625 1
4	734		597.634 3	597.634 3
6	1256			600.856 7
3	528			601.922 2
8	2299			602.205 3
7	1887			608.290 6

注：将显示同类子集中的组均值。
a. 将使用调和均值样本，样本大小为 646.072。
b. 组大小不相等，将使用组大小的调和均值，将不保证 I 类错误级别。

为了直观显示学生科学素养成绩随着学生总体生活满意度水平变化而变化的情况，可以绘制学生科学素养成绩均值图（图 1.7）。从图 1.7 中可以看出，学生科学素养成绩随着学生总体生活满意度水平的提升先增加再减少（当总体生活满意度水平选择 5 时学生科学素养成绩均值低至 584.9），然后再增加（当总体生活满意度水平选择 7 时，学生科学素养成绩均值最高，达 608.3），接着再减少（当总体生活满意度水平选择最高水平 10 时，其科学素养成绩均值最低，为 561.1），并非随着学生总体生活满意度水平的变化而单调变化（单调增加），形状如同英文大写字母 M。类似的现象也可以从 PISA 2018 学生阅读素养成绩等随着学生总体生活满意度水平变化而变化的分析结果中得到验证。例如，表 1.10、表 1.11 和图 1.8 描述了总体生活满意度不同水平学生阅读素养成绩均值、差异性及其变化情况。

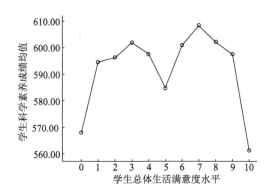

图 1.7　学生科学素养成绩均值图

表 1.10　总体生活满意度不同水平学生阅读素养成绩统计量

学生总体生活满意度水平	N	M	SD	SE	均值的 95%置信区间		min	max
					下限	上限		
0	22 390	533.817 9	85.938 86	0.574 33	532.692 2	534.943 6	241.06	737.84
1	21 040	562.493 9	79.508 17	0.548 13	561.419 5	563.568 3	244.76	761.39
2	30 740	552.908 4	86.313 15	0.492 30	551.943 5	553.873 3	281.57	795.45
3	42 342	561.643 3	76.511 07	0.371 82	560.914 5	562.372 1	274.14	750.20
4	61 446	566.171 3	76.080 59	0.306 92	565.569 7	566.772 9	252.52	750.79
5	116 159	548.813 1	86.281 27	0.253 16	548.316 9	549.309 3	278.29	751.13
6	103 302	561.812 5	80.873 72	0.251 62	561.319 3	562.305 7	263.23	762.30
7	149 327	567.654 7	80.373 72	0.207 99	567.247 1	568.062 4	297.65	786.03
8	181 332	569.984 3	78.202 44	0.183 65	569.624 3	570.344 2	310.94	770.66
9	121 666	558.032 4	81.308 06	0.233 10	557.575 5	558.489 3	264.14	778.35
10	119 304	524.828 2	85.330 59	0.247 05	524.344 0	525.312 5	246.06	746.99
总计	969 049	557.010 3	82.642 83	0.083 95	556.845 7	557.174 8	241.06	795.45

表 1.11 学生阅读素养成绩均值（对总体生活满意度不同水平）的相似子集

Tukey B[a, b]

学生总体生活满意度水平	N	α=0.05 的子集								
		1	2	3	4	5	6	7	8	9
10	119 304	524.828 2								
0	22 390		533.817 9							
5	116 159			548.813 1						
2	30 739				552.908 4					
9	121 665					558.032 4				
3	42 342						561.643 3			
6	103 302						561.812 5			
1	21 040						562.493 9			
4	61 445							566.171 3		
7	149 326								567.654 7	
8	181 332									569.984 3

注：将显示同类子集中的组均值。

a. 将使用调和均值样本，样本大小为 51 956.614。

b. 组大小不相等，将使用组大小的调和均值，将不保证 I 类错误级别。

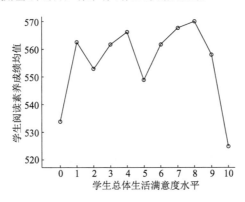

图 1.8 学生阅读素养成绩均值图

表 1.10 及图 1.8 说明，在总体生活满意度不同水平上学生阅读素养成绩均值存在显著性差异，这一差异同样也反映在学生阅读素养成绩均值对其总体生活满意度不同水平的相似子集结果中（表 1.11）。

从图 1.8 中还可以看出，对应学生总体生活满意度水平 5 的学生，其阅读素养成绩均值为一个低峰值，而对应学生总体生活满意度水平 8 的学生，其阅读素养成绩均值最高。图形的形状为 M 形，亦即对应总体生活满意度水平 5 的学生，其科学素养与阅读素养等成绩都较低，有一点类似"M 形社会"或者"中等收入陷阱"的味道。

四、学生总体生活满意度的提升策略

（一）研究结论

中国四省市学生总体生活满意度良好。中国四省市学生总体生活满意度良好（6.68±2.499），"满意"水平（PISA 2018 生活满意度水平 7—10）学生占比达 60.4%，其中"非常满意"水平（PISA 2018 生活满意度水平 9—10）学生占比达 25.4%。但是，生活满意度 0—4 水平的学生累计百分比为 18.3%，这些学生占总数的近 1/5，需要人们给予特别的关爱。

学生总体生活满意度水平存在着性别差异与年级差异。相对于女生，男生的总体生活满意度水平较高；相较于初中阶段，高中阶段学生总体生活满意度水平低一些，其中 9 年级学生总体生活满意度水平最高。

学生总体生活满意度水平与学生积极情感体验、生命意义感、掌握性目标、坚毅性品格等因素有着紧密的联系。研究表明，在总体生活满意度不同水平上，学生积极情感体验、生命意义感、掌握性目标、坚毅性品格等存在显著性差异，或者反过来说，学生积极情感体验、生命意义感、掌握性目标、坚毅性品格等因素，影响着学生对总体生活满意度水平的感知与评价。

学生科学素养成绩随其总体生活满意度水平变化而变化，并且在总体生活满意度的各个不同水平上存在显著性差异，同时也表现出各自不同的特点。总体上，学生科学素养成绩随着学生总体生活满意度水平的提升先增加再减少，然后再增加，接着再减少，并非随着学生总体生活满意度水平的变化而单调变化（单调增加）。

（二）相关建议

学生总体生活满意度研究还有许多值得深入探究的问题，例如，学生总体生活满意度水平的下降问题[①]，以及女生的总体生活满意度水平低于男生、弱势学生的总体生活满意度水平低于优势学生的问题等。就本书而言，样本的地域选择（PISA 2018 中国四省市）以及年龄限定（2002 年出生）等原因，使得上述学生总体生活满意度的表现分析及总体生活满意度与科学素养成绩关系的研究结论在推广上受到了某种限制（研究的生态效度）。尽管如此，这一研究还是引发了我们对相关问题的进一步思考。

1. 基于对幸福内涵的全面把握提升学生总体生活满意度

关于幸福的内涵问题，很长时间以来，人们都是将生活满意度作为幸福的测量标准，亦即人们通常基于测量学的视角来把握和衡量幸福，不大愿意从本质上去把握幸福的内涵。例如，人们更乐于从个体自我评价的视角来界定幸福，认为幸福是评价者个人对其生活质量的整体评估，或者以情绪体验界定幸福与否及其程度，认为幸福就是愉快的情绪体验，可通过比较积极情感和消极情感何者占优势来判断。这两个维度构成了人们所谓的"主观幸福感"，亦即完全由行动者个体自我评价，认为幸福是评价者个人对其真实生活质量的整体评估与感受。心理学家批评了主观幸福感的研究对情感的过度关注，认为幸福不能等同于快乐，认为幸福感有其客观的心理标准，而不仅仅基于个人的主观判断，这个客观标准就是人的潜能实现程度，其目标是让生命变得更繁华与蓬勃。心理幸福感评价指标包括自我接受、个人成长、生活目标、良好关系、环境控制、独立自主、自我实现、生命活力等一系列维度。

事实上，对幸福的理解还必须包括社会的维度，亦即个人能乐观自信地完成自己对社会关系网络和人际沟通的功能而表现出的积极状态。[②]社会幸福感（social well-being，SWB）包括社会整合、社会贡献、社会一致、社会真实、社会接受等维度。只有基于对幸福内涵的全面把握，才能全面提高学生的生活质量，进而真正提升学生的总体生活满意度。

2. 正视并努力解决学生总体生活满意度水平差异问题

学生总体生活满意度水平存在着个体差异与群体差异，这是一个不争的事

---

① 在 *PISA 2018 Results（Vol. III）：What School Life Means for Students' Lives* 的第 168 页图表中没有给出中国四省市的这一数据，可能源于样本的调整，需要进一步研究。特此说明。

② Alan Carr. 积极心理学：关于人类幸福和力量的科学[M]. 郑雪，等译校. 北京：中国轻工业出版社，2008: 36.

实。承认学生总体生活满意度的差异并不意味着要漠视差异，关键是如何看待这一客观存在的差异，并如何应对这一客观存在的差异。为此，认识幸福的基本构成元素，并且从影响学生总体生活满意度的相关因素入手，亦即从影响学生生活质量及幸福感的相关因素切入，应该是一条积极的研究思路。

从感觉的层面看，幸福的主要元素是积极情绪、投入和意义，包括愉悦、狂喜、入迷、温暖、舒适等具体感受，以及完全投入到一项吸引人的活动中，从而赋予人生以意义。幸福不只是生活的满意，还应该是人生的蓬勃与丰盈，因此其核心元素也相应地扩展为积极情绪、投入、意义、积极的人际关系、成就等。[①]相对于积极情绪、投入和意义，"成就"往往是人的一项终极追求——其长期的形式是"成就人生"，哪怕它不能带来任何积极情绪、意义、关系，它也不是追求快乐和意义的副产品。幸福还不只是一个人的事情，还与"他人"有着紧密的联系，因为社会性是人类已知的最成功的高等适应形式。幸福的这 5 个元素对幸福都有贡献，但是，没有哪一个元素能够单独定义幸福。对于学生总体生活满意度而言，又何曾不是如此。

正视并努力解决学生总体生活满意度水平差异问题，当然还需要进一步明确哪些变量影响学生对生活满意度的感知与判断。基于幸福科学的研究发现，个体的遗传、成长的环境、教育的作用、个体的努力、文化的影响，以及对幸福的障碍的克服能力等，对于个体的幸福都会产生这样或者那样的影响，因此也影响学生对总体生活满意度的感知与判断。例如，个体的人格特质、健康状况与乐观努力、适当休闲等，对于个体的幸福及生活满意度无疑有着重要的影响；教育能够帮助个体实现人生目标和价值，以及满足个体更高的物质追求，从而与一个人的幸福和生活满意度有着直接的联系；特殊的文化和社会-政治因素，在决定一个人幸福与否和生活满意度水平上扮演着重要的角色；还有诸如消极的社会比较等一些幸福的障碍。[②]明乎此，我们也就不难找到提升学生幸福感及总体生活满意度水平的具体策略。

---

① 马丁·塞利格曼. 持续的幸福[M]. 赵昱鲲译. 杭州: 浙江人民出版社, 2012: 17-18.

② Alan Carr. 积极心理学: 关于人类幸福和力量的科学[M]. 郑雪, 等译校. 北京: 中国轻工业出版社, 2008: 36.

3. 为总体生活满意度较低水平的学生创造更多欢乐体验

如果仅仅从科学素养的成绩来看，总体生活满意度水平 0—4 的学生组并不是成绩最低的，甚至总体生活满意度水平 3 与水平 6、8、9 的学生组，其科学素养成绩几乎是一样优秀（比水平 7 组学生略低），但是，从教育伦理的视角看，我们依然需要对这些学生给予特别的关注，因为总体生活满意度是每一位学生对学校教育生活的直接感受，这种总体性的真真切切的感受伴随着他们的学习，并与幸福感密切相关，可以促成各种健康的习惯和态度，从而带来成功、充实的生活。[1]问题是：教育者如何才能提升学生的生活满意度？

在影响学生对生活满意度的整体感知的诸多因素中，一些客观条件可能在短时间内难以改变甚至不可能变化，例如性别、社会经济地位、良好健康状况、生活事件和家庭背景环境等，而另一些因素如学校环境、师生关系、学习任务、教学氛围、教师支持、同伴合作、正确归因等则是相对容易改变的，它们对学生的生活满意度感知同样至关重要。再者，学生的生活满意度也不仅仅是一个认知的问题，更与学生的情感体验密切相关。学生在快乐时可能会努力做到最好，并且对他们的生活有强烈的目标感。反之，学生在不快乐和无法找到自己生活的意义时就可能会感到痛苦。这对于处于青春期中期这样一个发展迅速、发现自我、影响深远的特殊时期的 15 岁儿童尤其如此。因此，教育者必须坚持教育公平的基本理念，在教育氛围创设、教师支持学习等方面，给予这些生活满意度较低水平的学生特别关怀，让他们体验到学校生活中更多的欢乐。

4. 关注整体生活满意度处于"中间水平"的学生

总体生活满意度水平为 5 的学生，其科学素养成绩处于下降与上升的转折点，这一发现启发我们，教育者必须关注整体生活满意度处于"中间水平"的这批学生。这种关注不仅能带来学生总体生活满意度的提升，也能提升学生的科学素养以及阅读素养、数学素养水平。毕竟，学生总体生活满意度与科学素养、阅读素养、数学素养之间并非单向的影响关系，而是彼此互动的双向作用。

就整体生活满意度处于"中间水平"的学生来说，他们对自己的生活"有些满意"，当然也有一些不满意。人的生活内容非常丰富，学生的生活内容也丰富

---

① Lyubomirsky S, King L, Diener E. The benefits of frequent positive affect: Does happiness lead to success?[J]. Psychological Bulletin, 2005, 131（6）: 803-855.

多彩,如何加强学生生活中的那些"满意"元素,如何转化生活中的那些"不满意"元素,对教育者提出了现实的挑战。为此,教师必须以学生发展具有无限可能为思想指导,坚持因材施教、因人施教的基本原则,发现学生的强项与弱项、优势与不足,找到学生发展的"舒服点"与"疼痛点",促进学生积极发展,识别并支持经历情绪或行为困扰的学生[①],进一步提升学生的整体生活满意度。在这一过程中,也需要聚焦学生的学业,让学生在学业的不断进步中享受学校教育生活的美好,实现生活满意度和学业成就提升的双赢。

5. 加强对总体生活满意度最高水平组学生的价值引导

从前文数据分析的结果可以看出,总体生活满意度最高水平组的学生在科学素养、阅读素养、数学素养上的表现并不理想(科学素养成绩均值最低),这是令我们难以理解的,也是难以想象的。总体生活满意度最高水平的学生其科学素养、阅读素养、数学素养上的表现不理想,是否源于这组学生在理想追求、社会使命感、学习动机、学习毅力方面的相对不足,或者是他们安于现有的生活状态与发展水平?或者总体生活满意度最高水平组的学生大多持有小富即安的思想?或者说这一问题可能并不具有普遍性?

学生总体生活满意度实际上是一个相对性的概念,是学生相对于自己设定的生活目标而言的一种对生活的整体性评价。当学生对自己的生活感到非常满意时,是否源于学生为自己设定的生活目标过低呢?我们对此当然不能做出主观的断言。从总体生活满意度与生命意义感的关系而言,经验证据一致表明,生命意义感往往与生活满意度和幸福感呈正相关[②],中国四省市的学生数据也证明了这一关系的存在[③]。尽管如此,要改变总体生活满意度最高水平组的学生在科学素养、阅读素养、数学素养上表现并不理想(成绩最低)的状况,可能依然需要我们在学生价值观的引领上做文章,真正让学生明确自己的理想与目标,同时也让学生认识到永远都可以更幸福,进而鼓励学生勇于担当社会责任和不断超越自己。

---

① Proctor C L, Linley P A, Maltby J. Youth life satisfaction: A review of the literature[J]. Journal of Happiness Studies, 2009, 10(5): 583-630.

② Park N, Park M, Peterson C. When is the search for meaning related to life satisfaction?[J]. Applied Psychology: Health and Well-Being, 2010, 2: 1-13.

③ OECD. PISA 2018 Results (Vol. III): What School Life Means for Students' Lives[M]. Paris: OECD Publishing, 2019: 354.

学生学业情绪体验状况
及其合理调节

  学业情绪是学生在学业相关活动中的各种情绪体验，对学生发展有着重要的影响。基于 PISA 2018 调查数据的分析发现，中国四省市学生主观幸福感积极情绪（subjective well-being positive affect）指数（以下简称积极情绪指数）总体良好，女生均值高于男生，年级间存在显著性差异；学生积极情绪指数与其阅读素养成绩等几乎不相关，但与其总体生活满意度等呈低中度相关；在快乐等积极情绪方面学生表现良好，适度积极情绪水平更有利于学生阅读素养成绩表现；在恐惧等消极情绪方面学生表现也较好，表现出较少的消极情绪，不同消极情绪水平的学生其阅读素养成绩表现不同。上述发现对丰富学生学业情绪体验进而促进学生更好发展具有重要的教育意义。

与其他社会生活一样，在教育中感情往往扮演着先行者的角色。因此，任何教育者（也包括学生）在进入教育世界前，都要有一定的教育感情方面的知识准备。科学研究和教育实践也告诉人们，没有感情与智慧的互动，理论思维水平极其有限；非控制的感情妨碍理论思维，但缺乏感情与智慧的互动也不利于理性思维的展开；在人们解决问题和做出决策的过程中，感情影响智慧解决问题和做出决策。①这种受到我们愿望和情感驱动的心理加工也被人们称为"暖认知"，以区别于那种较为理智的、仅仅由信息驱动的心理加工的"冷认知"。②一种更为激进的观点是，感性与认知的二分法本身就存在问题，人们更需要应用"情绪认知"这一整合概念③，以准确表达我们在思考-感受时的心智行为，凸显情感与认知的"密不可分"性。在这一研究背景下，探究学生的学业情绪表现问题，无疑有着重要的理论意义和实践意义。

一、学生学业情绪体验研究概述

（一）研究背景

学业情绪是学生与学习、课堂教学和学业成就等直接相关的各种情绪，特别是与学业成功或失败相关的那些情绪④，学业情绪与学业活动相关，是学生在课堂学习活动中和完成作业过程中以及考试期间的各种情绪体验。⑤学业情绪与学生学习动机、自我效能感、学业成绩、学校生活满意度等有着密切的联系，因而受到哲学、心理学、教育学、社会学、人类学、伦理学、神经科学等多个领域研究者⑥及教育实践者的普遍关注。

学业情绪有不同的类型和表现形式，也有相应的具体测量方法。根据唤醒度

① P. A. Schutz. 教育的感情世界[M]. 赵鑫, 等译. 上海: 华东师范大学出版社, 2010: 1.
② 齐瓦·孔达. 社会认知——洞悉人心的科学[M]. 周冶金, 朱新秤, 等译. 北京: 人民邮电出版社, 2013: 156.
③ 威廉·雷迪. 感情研究指南: 情感史的框架[M]. 周娜译. 上海: 华东师范大学出版社, 2020: 19.
④ Pekrun R, Goetz T, Titz W, et al. Academic emotions in students' self-regulated learning and achievement: A program of qualitative and quantitative research[J]. Educational Psychologist, 2002, 37(2): 91-105.
⑤ 俞国良, 董妍. 学业情绪研究及其对学生发展的意义[J]. 教育研究, 2005(10): 39-43.
⑥ 迈克尔·刘易斯, 珍妮特·M. 哈维兰-琼斯, 丽莎·费尔德曼·巴雷特. 情绪心理学(第 3 版)[M]. 南莎译. 北京: 电子工业出版社, 2015: 38.

和愉悦度，人们将学业情绪划分为积极高唤醒度、积极低唤醒度、消极高唤醒度、消极低唤醒度等四种类型。学业情绪不仅包括学生在学校情境中与学业成功或失败相关的那些情绪，也包括学生在教学过程中的愉快、希望、骄傲、焦虑、羞愧、受挫等具体情绪，以及表现在部分学生身上的明显而持久的厌学、抵触写作业、考试焦虑症等。为了测量学生的学业情绪，研究者开发了学生学业情绪相关问卷[①]，以及中国青少年学业情绪问卷[②]，中学生学业情绪调节问卷[③]，具体研究学生学业情境选择、能力发展、注意转移、认知重评、表达宣泄、表达抑制、深呼吸、寻求支持等积极或消极学业情绪表现、学业情绪与学业情绪表达策略之间的关系[④]，定量研究学生学业情绪问题。以大五人格理论与生态系统理论为基础的 OECD 学生社会情感能力调查项目[⑤]，虽然不是直接指向学生学业情绪，但在某种程度上也可以看作是对学生学业情绪研究的进一步拓展与升华。

学业情绪对学生发展有着重要影响，而且不同类型学业情绪的影响效应是彼此不同的。有研究表明，执着、爱、友善、真诚等四种积极心理品质对生活满意度的正向预测力最高，执着、爱、友善、真诚、幽默风趣等对积极情绪的正向预测力最高，真诚、信念与希望对消极情绪的负向预测力最高[⑥]；学业情绪对学业成绩有一定的预测作用[⑦]；数学成绩与积极情绪等呈显著正相关，与消极情绪等显著负相关，而且学业情绪等因素可以显著地预测数学成绩（及男女生数学成绩差异）。[⑧]研究还发现，积极情绪与消极情绪对学生的影响是不同的，积极情绪

① Pekrun R, Goetz T, Frenzel A C, et al. Measuring emotions in students' learning and performance: The achievement emotions questionnaire（AEQ）[J]. Contemporary Educational Psychology, 2011, 36（1）: 36-48. Pekrun R, Vogl E, Muis K R, et al. Measuring emotions during epistemic activities: The epistemically-related emotion scales[J]. Cognition & Emotion, 2016, 1: 1268-1276.

② 董妍, 俞国良. 青少年学业情绪问卷的编制及应用[J]. 心理学报, 2007（5）: 852-860.

③ 刘影, 桑标, 朱仲敏, 等. 中学生学业情绪调节问卷的编制[J]. 中国临床心理学杂志, 2018, 26（1）: 1-5, 29.

④ 刘影, 桑标. 中学生学业情绪表达策略及其与学业情绪的关系[J]. 心理科学, 2020, 43（3）: 600-607.

⑤ 屈廖健, 刘华聪. 能力测评转向: 经合组织学生社会情感能力调查项目研究[J]. 比较教育研究, 2020（7）: 90-97.

⑥ 甘秀英, 阳作香, 李会霞, 等. 高中生积极心理品质与主观幸福感的关系研究[J]. 中国特殊教育, 2018（7）: 92-96.

⑦ Pekrun R, Goetz T, Frenzel A C, et al. Measuring emotions in students' learning and performance: The achievement emotions questionnaire（AEQ）[J]. Contemporary Educational Psychology, 2011, 36（1）: 36-48.

⑧ 熊俊梅, 龚少英, Anne C. Frenzel. 高中生数学学业情绪、学习策略与数学成绩的关系[J]. 教育研究与实验, 2011（6）: 89-92.

对注意范围的影响受到性别因素的影响，它拓宽了女生的注意范围，但是缩小了男生的注意范围[①]；消极情绪会抑制优势认知加工过程[②]；情绪调节策略对再认反应时和再认正确率有显著影响。[③]特别是学生学业情绪影响其创造性的发挥，在愉快情绪状态下学生的创造性总体发挥水平显著高于难过情绪状态下，而且主要体现在流畅性和变通性两个方面[④]；积极情绪体验能有效促进创造力的发挥，但是不同的积极情绪体验类型的效果不同，其中感动体验和愉快体验对创造力均具有显著的促进作用，但是感动体验效果更好[⑤]。

学业情绪对学生发展影响的内在机理研究也取得了丰硕成果，它为丰富学生学业情绪体验进而促进学生的更好发展提供了理论依据。学业情绪可以显著影响学生的学习动机、学习策略和自我效能感[⑥]；激励希望情绪是一种有效的共创型社会责任沟通策略。[⑦]就学生的学业成就而言，学业情绪的影响既可能是直接的，也可能通过学习效能、成就目标、学习策略等中介变量而发挥作用。[⑧]

学生学业情绪也有其内在的生成过程，个体的认知能力、归因方式、成就目标、学业自我概念等个体因素，学校、家庭、同伴、社会等环境因素，以及个体因素和环境因素的相互联系与作用，对学生学业情绪都有着重要影响[⑨]；在学习价值观对学生学业情绪的影响中，学习乐观发挥一定的中介作用[⑩]。从教育的视角看，学生家庭背景、教养观、家风与农村初中生的学业坚持存在显著的

---

① 柴江霞, 赵笑梅. 积极情绪对注意范围和思维活动序列的影响[J]. 心理与行为研究, 2015, 13(1): 31-36.

② 金静, 胡金生. 消极情绪对优势认知加工的抑制[J]. 心理科学进展, 2015, 23(1): 61-71.

③ 姜媛, 白学军, 沈德立. 中小学生情绪调节策略与记忆的关系[J]. 心理科学, 2009, 32(6): 1282-1286.

④ 卢家楣, 刘伟, 贺雯, 等. 情绪状态对学生创造性的影响[J]. 心理学报, 2002, 34(4): 381-386.

⑤ 张鹏程, 丁梦夏, 王灿明. 积极情绪体验对创造力影响[J]. 心理与行为研究, 2017, 15(5): 613-618.

⑥ Linnenbrink E A, Pintrich P R. Achievement goal theory and affect: An asymmetrical bidirectional model[J]. Educational Psychologist, 2002, 37(2): 69-78.

⑦ 王汉瑛, 邢红卫, 田虹, 等. 共创型社会责任: 希望情绪驱动下的参与意愿[J]. 上海财经大学学报 (哲学社会科学版), 2020, 22(2): 3-19.

⑧ 董妍, 俞国良. 青少年学业情绪对学业成就的影响[J]. 心理科学, 2010(4): 934-937, 945.

⑨ 傅小兰. 情绪心理学[M]. 上海: 华东师范大学出版社, 2016: 317.

⑩ 刘在花. 学习价值观对中学生学业情绪的影响: 学习乐观的中介作用[J]. 中国特殊教育, 2014(2): 73-77.

相关性[①]，进而影响学生的发展。这些相关研究发现不仅深化了人们对学业情绪何以影响学生发展的认识，也为人们何以丰富学生学业情绪体验提供了具体思路。

（二）研究问题

基于上述相关研究回顾和背景分析，并考虑到 PISA 2018 数据库中相关资料获得的便利性，本章研究主要聚焦于中学生学业情绪体验现状问题（主要涉及 ST186 题及积极情绪相关指数等），具体展开为：学生学习积极情绪的总体表现及其性别差异和年级差异情况；学生学习积极情绪与学生阅读素养表现等因素的相互作用（相互联系或者说相关性等）情况；学生学业情绪（包括积极情绪与消极情绪）的具体表现；在此基础上进一步思考本章研究能给我们带来哪些新的启示等。

二、学生学业情绪体验的分析框架

（一）研究对象与研究过程

研究对象选取参与 PISA 2018 的中国四省市学生样本（共计 12 058 人，全系 2002 年出生），考虑到抽样过程的二阶段问题，研究中一般会采用加权的方法分析数据（部分数据因计算机内存问题改为直接分析样本数据），使研究结论更具有代表性。

本书选取学生积极情绪指数、积极情绪、消极情绪，学生阅读素养、数学素养、科学素养，以及总体生活满意度、生命意义感、适应性（坚毅、抗挫）等变量或具体测量项目为研究变量。

研究工具为 PISA 2018 学生问卷及认知（阅读素养、数学素养、科学素养）测评工具。考虑到 PISA 测评的发展历史及其背后的技术团队，研究工具的信效度等科学测量指标能得到保证。利用中国四省市数据分析，具体测评项目的区分度、主成分分析等满足研究要求。

研究过程包括学生学业情绪现状研究问题及具体研究问题的确立、相关研究

---

① 杨宝琰, 柳玉姣. 积极坚持还是消极回避——家庭环境对农村初中学生学业坚持的影响机制[J]. 教育研究, 2019, 40(7): 125-137.

成果的回顾、研究数据的选取和挖掘、数据分析并得出研究结论等。研究过程不断地前进与返回，例如研究中就快乐、充满活力、自豪、欣喜、兴高采烈以及恐惧、痛苦、担心、难过等具体项目的学生不同选项进行分析（有些没有反映在本书中），使研究得以不断迭代，思考得以不断深入。

（二）研究方法与数据处理

研究应用调查研究方法（尽管没有直接参与收集数据等前期调查工作），也可以说是研究数据的再次挖掘（二次研究）。相对于 PISA 项目组的 PISA 2018 研究报告，本书研究聚焦于中国四省市学生的学业情绪问题，关注中国四省市学生的积极情绪指数以及具体情绪表现等，追求一种更为具体同时也更为深入的研究。

研究数据取自 OECD 官网（https://www.oecd.org/pisa/data/2018database/）。研究中数据处理方法灵活多样。根据实际研究具体问题情况分别或者综合应用简单描述统计、独立样本均值比较、单因素方差分析、相关分析和因素分析等方法[①]。数据处理中考虑了样本抽样的权重问题以及为减小误差的重复样本应用技术。

研究选取 SPSS 24 为数据处理软件，并辅之以 IEA 的相关技术。根据研究问题所涉及的问题类型和变量，直接选取其已经加工处理的统计量（例如积极情绪指数等），或者直接根据具体测量项目（例如学生的自豪感等）的原始数据及其计分规则，以保证研究资料的分析工作科学与可靠。

三、学生学业情绪体验的表现与分析

（一）学生积极情绪指数表现及其差异性分析

根据 PISA 2018 中国四省市调查数据，学生积极情绪指数的总体情况与具体分布如表 2.1 和图 2.1 所示。从表 2.1 中可以看出，学生积极情绪指数均值为 0.125 144，比 OECD 均值（$M=0$，$SD=1$）高[②]，说明中国四省市学生的情感体验

---

① OECD. PISA Data AnalysisManual: SPSS（2nd ed.）[M]. Paris: OECD Publishing, 2009: 97-98.

② OECD. PISA 2018 Results（Vol. III）: What School Life Means for Students' Lives[M]. Paris: OECD Publishing, 2019: 154.

总体上更为积极。从积极情绪指数的具体分布来看（积极情绪指数本质上由积极情绪 5 个项目等级计分转化而来，因而不是严格意义上的连续变量），在积极情绪指数分别为–0.5928、0.1869 和 1.2386 时学生人数占比较高，对应比例分别为23.7%、21.1%、24.9%。其中，积极情绪指数为–0.5928 的学生组需要给予特别关注。

表 2.1　PISA 2018 中国四省市学生积极情绪指数统计量

N		M	SE	SD	min	max
有效	缺失					
965 031	12 275	0.125 144	0.000 901 6	0.885 715 4	–3.066 6	1.238 6

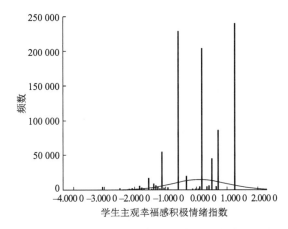

图 2.1　PISA 2018 中国四省市学生积极情绪指数的具体分布

在性别上，学生积极情绪指数的实际表现存在显著性差异（表 2.2、表2.3）。从表 2.2 中可以看出，女生的积极情绪指数更高，反映了女生相对于男生积极体验更多，或者说生活得更为积极。

表 2.2　不同性别学生积极情绪指数统计量

检验变量	性别	N	M	SD	SE
积极情绪指数	女生	467 504	0.238 657	0.829 462 7	0.001 213 1
	男生	497 526	0.018 482	0.922 859 8	0.001 308 4

注：表中各分项（如男生、女生）数据为加权处理后的数据，做加权处理时由于四舍五入等原因，导致各分项数据在本书不同表格中有微小差异，各数据加和与加权处理后的总样本数有时也有微小差异，特此说明。

表 2.3　不同性别学生积极情绪指数的独立样本检验

因变量		方差方程的 Levene 检验		均值方程的 t 检验						
		F	p	t	df	p（双侧）	MD	SE	差分的 95% 置信区间	
									下限	上限
积极情绪指数	假设方差相等	10 942.688	0.000	122.993	965 029	0.000	0.220 174 9	0.001 790 1	0.216 666 3	0.223 683 5
	假设方差不相等			123.401	963 134.585	0.000	0.220 174 9	0.001 784 2	0.216 677 9	0.223 671 9

注：表中 MD 为均值差值。

在年级水平（7—12 年级）维度，学生的积极情绪指数也存在明显的差异（表 2.4）。除 7 年级与 12 年级人数较少代表性不强外，8—11 年级学生积极情绪指数虽然总体上差异不是特别明显，但是依然存在着不同（图 2.2），其中，9 年级学生积极情绪指数相对较高，11 年级学生则相对较低。这可能源于从 8 年级到 9 年级时，学生处于青春期的前部，因此充满了学习热情，更富有学习活力，朝气蓬勃，积极情绪体验更为丰富；11 年级时学生更为成熟，对一年后的高考和未来职业规划意识更为清晰，感受到的学习压力更大，积极情绪体验则相对较低。

表 2.4　不同年级学生积极情绪指数统计量（加权后的）

年级	N	M	SD	SE	均值的 95% 置信区间		min	max
					下限	上限		
7 年级	2 592	−0.319 208	0.733 674 6	0.014 411 7	−0.347 468	−0.290 948	−2.178 3	1.238 6
8 年级	15 478	0.122 347	0.883 074 0	0.007 098 1	0.108 434	0.136 260	−3.066 6	1.238 6
9 年级	359 383	0.133 649	0.904 348 7	0.001 508 5	0.130 692	0.136 606	−3.066 6	1.238 6
10 年级	573 228	0.121 895	0.871 674 1	0.001 151 3	0.119 638	0.124 151	−3.066 6	1.238 6
11 年级	13 858	0.100 201	0.974 328 5	0.008 276 5	0.083 978	0.116 424	−3.066 6	1.238 6
12 年级	492	0.830 694	0.598 169 1	0.026 973 4	0.777 696	0.883 692	−0.592 8	1.238 6
总计	965 031	0.125 144	0.885 715 4	0.000 901 6	0.123 377	0.126 912	−3.066 6	1.238 6

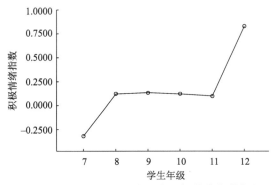

图 2.2　PISA 2018 中国四省市学生积极情绪指数年级分布

（二）积极情绪指数与阅读素养成绩等的相关分析

积极情绪对于人的发展无疑有着特别重要的价值。相对于其本体价值，积极情绪与学生阅读素养成绩等是否存在联系或者相关呢？借助于 SPSS 绘制的散点图，其相关性不是很容易判断；通过数据计算可以得出相关性系数表，它大致描述了学生积极情绪指数与学生阅读素养成绩、数学素养成绩、科学素养成绩之间的相关情况。从表 2.5、表 2.6 中可以看出，学生积极情绪指数×数学素养成绩、积极情绪指数×阅读素养成绩、积极情绪指数×科学素养成绩的相关系数（均值）都比较小（$p < 0.01$）。从经验来看，这似乎不太合理，可能是积极情绪与阅读素养成绩等有着更为复杂的关系（散点图是一种接近水平分布的样子；基于积极情绪具体项目的单因素方差分析表明，对应"有时"选项的学生组成绩最佳，说明适度的情绪水平对学生学习最佳），因而需要人们进一步研究。

表 2.5　积极情绪指数与学生阅读素养成绩等变量之间的皮尔逊相关统计量描述（加权后的）

因变量	M	SE	SD	min	max
积极情绪指数×数学素养成绩	0.008 400 0	0.002 959 73	0.009 359 49	−0.012 00	0.024 00
积极情绪指数×阅读素养成绩	0.021 200 0	0.001 775 14	0.005 613 48	0.012 00	0.029 00
积极情绪指数×科学素养成绩	0.006 000 0	0.002 836 27	0.008 969 08	−0.009 00	0.021 00

表 2.6 积极情绪指数与学生阅读素养成绩等变量之间的斯皮尔曼等级相关统计量描述

因变量	N		M	SE	SD	min	max
	有效	缺失					
积极情绪指数×数学素养成绩	10	0	0.006 200 0	0.003 213 86	0.010 163 11	−0.015 00	0.021 00
积极情绪指数×阅读素养成绩	10	0	0.004 100 0	0.001 538 04	0.004 863 70	−0.003 00	0.011 00
积极情绪指数×科学素养成绩	10	0	−0.002 700 0	0.002 347 81	0.007 424 43	−0.014 00	0.008 00

相对于积极情绪指数与学生阅读素养成绩等的非常低的相关性表现，积极情绪指数与学生总体生活满意度、生命意义感、适应性（坚毅、抗挫等）等变量则有着较为紧密的联系。表 2.7、表 2.8 是它们之间的相关性分析结果。从表中可以看出，积极情绪指数与学生总体生活满意度、生命意义感、适应性（坚毅、抗挫等）呈低度相关（$p<0.01$）。

表 2.7 积极情绪指数与学生总体生活满意度等之间的皮尔逊相关分析结果

因变量		积极情绪指数	总体生活满意度	生命意义感	适应性（坚毅、抗挫等）
积极情绪指数	相关系数	1.000	0.369**	0.241**	0.265**
	p（双侧）		0.000	0.000	0.000
	N	965 031	961 442	962 095	964 725
总体生活满意度	相关系数	0.369**	1.000	0.320**	0.285**
	p（双侧）	0.000		0.000	0.000
	N	961 442	969 049	965 467	968 072
生命意义感	相关系数	0.241**	0.320**	1.000	0.488**
	p（双侧）	0.000	0.000		0.000
	N	962 095	965 467	969 055	968 669
适应性（坚毅、抗挫等）	相关系数	0.265**	0.285**	0.488**	1.000
	p（双侧）	0.000	0.000	0.000	
	N	964 725	968 072	968 669	971 661

注：**表示在 0.01 水平（双侧）上显著相关。

表 2.8　积极情绪指数与学生总体生活满意度等变量之间的斯皮尔曼等级相关分析结果

因变量		积极情绪指数	总体生活满意度	生命意义感	适应性（坚毅、抗挫等）
积极情绪指数	相关系数	1.000	0.384**	0.262**	0.304**
	p（双侧）		0.000	0.000	0.000
	N	11 896	11 849	11 870	11 894
总体生活满意度	相关系数	0.384**	1.000	0.358**	0.330**
	p（双侧）	0.000		0.000	0.000
	N	11 849	11 943	11 910	11 935
生命意义感	相关系数	0.262**	0.358**	1.000	0.479**
	p（双侧）	0.000	0.000		0.000
	N	11 870	11 910	11 957	11 954
适应性（坚毅、抗挫等）	相关系数	0.304**	0.330**	0.479**	1.000
	p（双侧）	0.000	0.000	0.000	
	N	11 894	11 935	11 954	11 982

注：**表示在 0.01 水平（双侧）上显著相关。

（三）学生积极情绪的具体项目分析

积极情绪能给人们带来生活的满足与愉悦，是生命对于人类的馈赠。PISA 2018 专门设计了"想想自己，你是否经常感受到如下情绪？"的问题（ST186），以了解学生的积极情绪（快乐、充满活力、自豪、欣喜、兴高采烈等）和消极情绪（恐惧、痛苦、担心、难过等）感受，学生在"从来没有、几乎没有、有时、总是"等选项中进行选择，并分别计分 1、2、3、4 分，亦即分值愈高，积极情绪水平愈高。表 2.9 描述了中国四省市学生的积极情绪总体情况，从中可以看出，学生"自豪"的积极情绪水平最低（*M*=2.94），因而需要人们给予特别关注。

表 2.9　中国四省市学生积极情绪指数统计量描述（加权后的）

学生积极情绪具体项目	*N*		*M*	*SE*	*SD*	min	max
	有效	缺失					
想想自己，你是否经常感受到如下情绪：快乐？	970 294	7 011	3.61	0.001	0.542	1	4
想想自己，你是否经常感受到如下情绪：充满活力？	967 986	9 320	3.46	0.001	0.638	1	4

续表

| 学生积极情绪具体项目 | N | | M | SE | SD | min | max |
	有效	缺失					
想想自己，你是否经常感受到如下情绪：自豪？	967 890	9 416	2.94	0.001	0.663	1	4
想想自己，你是否经常感受到如下情绪：欣喜？	968 175	9 130	3.30	0.001	0.592	1	4
想想自己，你是否经常感受到如下情绪：兴高采烈？	969 066	8 240	3.14	0.001	0.714	1	4

在具体分析每一种积极情绪时发现，学生就"快乐、充满活力、自豪、欣喜、兴高采烈"等五种积极情绪选择"有时"和"总是"选项合计比例分别达到98.1%、94.1%、81.2%、94.7%和 86.1%，从中我们能大致感受到学生的良好积极情绪体验。在这些积极情绪中，学生自豪感的选择比例相对较低，与其指数均值相对较低（2.94）是刚好一致的。

不同水平的积极情绪对学生发展的效果是不一样的。我们当然希望学生更加幸福，更加快乐，充满活力等，但是，就人的长远发展而言，过于快乐、充满活力等状态也许并不利于学生学习和持续的长远发展。从阅读素养、数学素养、科学素养的单因素方差分析可以看出，在"充满活力、欣喜、兴高采烈"等积极情绪上，选择"几乎没有"选项的学生组阅读素养、数学素养、科学素养成绩较高，在"快乐""自豪"等积极情绪上，选择"有时"选项时阅读素养、数学素养、科学素养成绩较高，都不是积极情绪体验选择"总是"的那一组。图 2.3、图 2.4 分别为学生在"充满活力""自豪"等积极情绪的不同选项上的阅读素养成绩均值图。

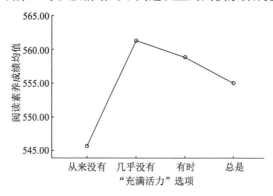

图 2.3　PISA 2018 中国四省市学生在"充满活力"不同选项上的阅读素养成绩

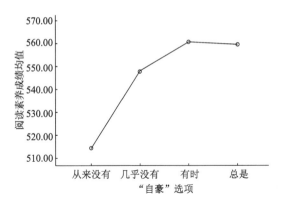

图 2.4　PISA 2018 中国四省市学生在"自豪"不同选项上的阅读素养成绩

（四）消极情绪具体项目分析

与积极情绪相反相成，消极情绪也是完整人生不可或缺的成分。在问题"想想自己，你是否经常感受到如下情绪？"（ST186）中，学生就"恐惧、痛苦、担心、难过"等四种消极情绪在"从来没有、几乎没有、有时、总是"等选项中进行选择，并分别计分 1、2、3、4 分，亦即分值愈高，消极情绪愈重。表 2.10 描述了中国四省市学生的消极情绪总体情况，从中可以看出，学生"担心"的消极情绪最重（M=3.01），其次是"难过"的消极情绪（M=2.92）。

表 2.10　学生消极情绪指数统计量描述（加权后的）

学生消极情绪具体项目	N		M	SE	SD	min	max
	有效	缺失					
想想自己，你是否经常感受到如下情绪：恐惧？	967 564	9 742	2.58	0.001	0.693	1	4
想想自己，你是否经常感受到如下情绪：痛苦？	967 563	9 742	2.57	0.001	0.735	1	4
想想自己，你是否经常感受到如下情绪：担心？	968 610	8 695	3.01	0.001	0.597	1	4
想想自己，你是否经常感受到如下情绪：难过？	968 632	8 673	2.92	0.001	0.582	1	4

在具体分析每一种消极情绪时发现，学生选择"有时"选项的比例最高，选择"总是"的比例都比较低（5.4%、6.8%、16.2%、11.1%），这从反面说明了学生的较好学习状态。其中对于"担心"消极情绪，学生选择"总是"的比例最

高（16.2%），与其指数均值相对较大是刚好一致的。

不同水平的消极情绪对学生发展的效果是不一样的。从教育伦理的角度上说，我们当然不希望学生去体验消极情绪，但是，从真实的人生及其体验而言，消极情绪不仅是难免的，而且从其对积极情绪体验的反衬作用来看又是必要的。从阅读素养（数学素养、科学素养的分析方法类似，具体数据表格与图示从略）的单因素方差分析结果可以看出，大多是学生在"恐惧、痛苦、难过"消极情绪上选择"几乎没有"选项时阅读素养（数学素养、科学素养）成绩较高，唯有在"担心"消极情绪上，学生选择"总是"选项时阅读素养（数学素养、科学素养）成绩较高（表2.11—表2.13、图2.5）。

表2.11　对应消极情绪"担心"各个选项的阅读素养成绩统计量

阅读素养成绩		N	M	SD	SE	均值的95%置信区间		min	max
						下限	上限		
阅读素养成绩	从来没有	19594	517.8240	87.40370	0.62441	516.6001	519.0479	252.52	717.72
	几乎没有	109573	544.5965	81.39069	0.24588	544.1146	545.0785	246.06	750.10
	有时	682586	557.5077	82.11927	0.09940	557.3129	557.7025	248.65	795.45
	总是	156857	567.9012	83.12602	0.20989	567.4898	568.3125	241.06	765.43
	总计	968610	556.9275	82.72248	0.08405	556.7628	557.0922	241.06	795.45

表2.12　对应消极情绪"担心"各个选项阅读素养成绩的单因素方差分析

因变量	变异来源	SS	df	MS	F	p
阅读素养成绩	组间	65740090.781	3	21913363.594	3234.368	0.000
	组内	6562460851.216	968606	6775.160		
	总计	6628200941.997	968609			

注：表中SS为平方和，MS为均方，下同。

表2.13　对应消极情绪"担心"各个选项阅读素养成绩的LSD多重比较

因变量	（I）想想自己，你是否经常感受到如下情绪：担心？	（J）想想自己，你是否经常感受到如下情绪：担心？	MD（I-J）	SE	p	差分的95%置信区间	
						下限	上限
阅读素养成绩	从来没有	几乎没有	−26.77251*	0.63845	0.000	−28.0238	−25.5212
		有时	−39.68364*	0.59641	0.000	−40.8526	−38.5147
		总是	−50.07713*	0.62368	0.000	−51.2995	−48.8547

续表

因变量	（I）想想自己，你是否经常感受到如下情绪：担心？	（J）想想自己，你是否经常感受到如下情绪：担心？	MD（I-J）	SE	p	差分的95%置信区间	
						下限	上限
阅读素养成绩	几乎没有	从来没有	26.772 51*	0.638 45	0.000	25.521 2	28.023 8
		有时	−12.911 13*	0.267 88	0.000	−13.436 2	−12.386 1
		总是	−23.304 62*	0.324 08	0.000	−23.939 8	−22.669 4
	有时	从来没有	39.683 64*	0.596 41	0.000	38.514 7	40.852 6
		几乎没有	12.911 13*	0.267 88	0.000	12.386 1	13.436 2
		总是	−10.393 49*	0.230 48	0.000	−10.845 2	−9.941 8
	总是	从来没有	50.077 13*	0.623 68	0.000	48.854 7	51.299 5
		几乎没有	23.304 62*	0.324 08	0.000	22.669 4	23.939 8
		有时	10.393 49*	0.230 48	0.000	9.941 8	10.845 2

注：*表示在 0.05 水平上显著。

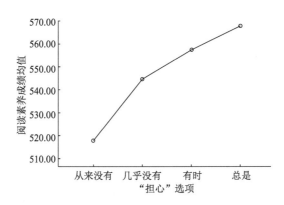

图 2.5　PISA 2018 中国四省市学生消极情绪"担心"不同选项上阅读素养成绩

从表 2.11—表 2.13 及图 2.5 中可以看出，在"担心"的不同选项上，学生阅读素养成绩存在显著性差异，而且选择"总是"担心选项组的学生阅读素养成绩均值最高，这或许源于"消极情绪促使人们高度专注地进行关键性的防卫思考和决策，其目的是查明错误并消灭之；积极情绪则促使人们产生创造性的、更宽容的思考"[①]等情绪情感特征，以及在消极情绪中，"担心"比起"恐惧、痛苦、

① Alan Carr. 积极心理学：关于人类幸福和力量的科学[M]. 郑雪，等译校. 北京：中国轻工业出版社，2008: 12.

难过"等，又表现出更接近于"中性"或者说更少、更淡的"情绪"味道，因而更有助于认知功能的实现。

四、学生学业情绪体验的合理调节

（一）研究结论

中国四省市学生主观幸福感的积极情绪指数总体表现良好，说明学生的情感体验更为积极；相对于男生，女生的积极情绪指数值更高；在不同年级之间，学生积极情绪指数也存在显著性差异（指数值大小虽然相差不大，但是具有统计学上的显著性差异）。

中国四省市学生主观幸福感积极情绪指数与阅读素养、数学素养、科学素养成绩之间几乎不相关，其间可能存在着更复杂的关系；但是积极情绪有其本体价值，并且积极情绪指数与学生的总体生活满意度、生命意义感、适应性（坚毅、抗挫）等呈低中度相关。

在"快乐、充满活力、自豪、欣喜、兴高采烈"等积极情绪的具体选项上，学生选择"有时"和"总是"选项比例合计值都大于或等于 81.2%（该值为学生选择"自豪"的比例），说明了学生的良好学习状态；不同水平的积极情绪对学生的发展效果不同，适度的积极情绪更有利于学生阅读素养成绩等的表现。

在"恐惧、痛苦、担心、难过"等四种具体消极情绪的具体选项上，学生选择"总是"的比例都比较低（小于或等于 16.2%），从反面说明了学生的较好学习状态；不同水平的消极情绪对学生发展的效果不同，适度的"恐惧、痛苦、难过"等消极情绪（大多选择"几乎没有"选项）更有利于学生阅读素养成绩等的表现，唯有"担心"这一消极情绪的"总是"选项组学生阅读素养成绩等表现最佳。

（二）相关建议

研究对象的抽样地域限制［中国四省市的社会经济和文化教育发展水平在全国处于前列］和特别年龄规定（2002 年出生的学生），在某种程度上影响了研究的生态效度及研究成果的推广，但是，无论如何，这一研究还是给我们带来许多新的启发和思考。

1. 重视学业情绪之于学生发展的作用

重视学业情绪之于学生发展的作用，需要把学生发展作为教育的根本目标，并将其放在教育的中心位置。学生的发展不仅包括感知、思维等智力因素的发展，也包括学业情绪等非智力因素的发展。学生在校的学业成绩和成年后的个人成就，不仅依赖于他们的个人能力发展，而且（或者说"甚至更"）依赖于他们的动机、态度和对学校及其他成就情境的情绪反应。在教学实践中也可以看到，良好的学业情绪对学生认知活动的顺利开展、积极主动学习态度的形成、良好师生关系的建立，以及学生身心健康水平的提升，都发挥着重要的作用，而经常性的学业失败及伴随的痛苦、不愉快、挫折感、毫无兴趣等不良学业情绪，不仅不会带来学生学习上的成就感，甚至阻碍一般学习任务的顺利完成，并成为影响学生进一步发展的"瓶颈"和终身学习的心理"阴影"。因此，我们必须重视学业情绪之于学生发展的作用，充分发挥情绪追求、情绪充予等之于学生发展的积极作用[1]，帮助学生理解并应用情境关注、认知关注、反应关注等情绪调节策略[2]，克服不良学业情绪对于学生发展的负面影响。

重视学业情绪之于学生发展的作用，还需要全面认识学业情绪之于学生发展的作用。传统上人们多是将学业情绪看作认知发展的手段或者成绩提高的途径，这一看法虽然有一定的合理性——认知与情感的相互联系及影响，但是也存在着明显的片面性。相较于学业情绪的手段及途径价值（实际为学业情绪的拓展价值），作为学生情绪（情感、感情）的内在组成部分，学业情绪还有其更为根本的本体存在价值。毕竟，人类有一些感性或感情（例如学生学业情绪等）完全是创造出来的，它与理性是平行的、同水平的，而现实的问题是我们根本就缺乏与我们的理性水平相配的感性或感情[3]。课堂教学中学生成长路径（也称掌握路径）和康乐路径（也称幸福路径）的感情过程研究（双重加工的自我调节模式）[4]也证明了这一判断。或者正是这一原因，美国教育改革特别重视学生的社

① 孟昭兰. 情绪心理学[M]. 北京：北京大学出版社, 2005: 243.

② Michelle N. Shiota, James W. Kalat. 情绪心理学(第二版)[M]. 周仁来，等译. 北京：中国轻工业出版社, 2015: 131.

③ 赵汀阳. 论可能生活(第2版)[M]. 北京：中国人民大学出版社, 2010: 259-260.

④ Monique Boekaerts. 理解课堂教学中学生的感情过程[M]//P. A. Schutz, R. Perkrun. 教育的感情世界. 赵鑫，等译. 上海：华东师范大学出版社, 2010: 151.

会性—情绪学习[1]，以发展儿童青少年在识别、理解和调节自己的情绪，处理人际关系、建设性解决冲突，做出负责任的决策等过程中所需要的知识、态度和能力。

2. 丰富学生的自豪感等积极情绪体验

相对于教育教学观念——重视学业情绪之于学生发展的作用——的转变，如何丰富学生的学业情绪体验以促进学生发展则更为重要。鉴于人类情绪（情感）现象的"以境生情"和"以情生情"[2]，以及由"情动-感受"进而"体验-理解"的发生与发展机制[3]，加之情绪（情感）与认知、情感与知识、情感与学生学习、情感与教师教学之间的既彼此区别（具有不同的质和不同的运行机制）又相互联系（在一定条件下相辅相成且彼此共存）的辩证统一关系，对教育教学必须做完整的理解，不能回避和抽离学生的情感层面，不能忽视学生的学业情绪体验，坚持寓教于乐、以情施教、师生情感交融，努力做到逻辑-认知与情感-体验的教育过程的内在统一。唯有如此，教育教学才能找到内在的尺度和根据，学生发展才能达到应有的高度和完满。

丰富学生学业情绪体验需要特别关注学生学业情绪体验中最为迫切的问题。从前文相关分析中可以看出，学生的自豪感体验相对薄弱，因而是目前教育教学亟须关注的问题。自豪感是个体的一种与羞愧、内疚、尴尬、骄傲、自尊、自我效能感等既有区别又有联系的自我意识情绪，通常是在目标达成或者是任务成功完成时自我评价或他人评价的基础上产生的，是个体把成功事件或积极事件归因于自身能力或努力的结果时所产生的一种积极的主观情绪体验，并且受到社会比较、教育环境、文化价值观等因素的影响[4]，是心理理论、自我参照、情绪、奖赏和记忆等相关活动或相关方面协同作用的结果。作为一种自我参照情绪，自豪感可以是个体对整体自我的自豪，也可以是对特定行为的自豪[5]；自豪感可以是

① 范春林. 社会性—情绪学习的研究及其对我国基础教育的启示[J]. 教育研究, 2015(9): 138-145.

② 卢家楣. 情感教学心理学[M]. 上海: 上海教育出版社, 2000: 174, 197.

③ 朱小蔓. 情感教育论纲(第2版)[M]. 北京: 人民出版社, 2008: 130.

④ 张向葵, 冯晓杭, David Matsumoto. 自豪感的概念、功能及其影响因素[J]. 心理科学, 2009(6): 1398-1400.

⑤ Robins R W, Noftle E E, Tracy J L. Assessing self-conscious emotions: A review of self-report and nonverbal measures[M]//Tracy J L, Robins R W, Tangney J P. The Self-Conscious Emotions: Theory and Research. New York: The Guilford Press, 2007: 443-467.

真实的自豪，也可以是自大的自豪；自豪感可以改变个体的时间偏好，激发幸福感、信任行为和亲社会行为，极端的自豪感（傲慢自大）也会增加个人的偏见和周围人的嫉妒[①]。这些发现为教育教学丰富学生自豪感的学业情绪体验提供了具体思路（例如从特定行为到整体自我）。当然，在更为一般的意义上，丰富学生的学业情绪体验还可以在教育教学实践中基于学生的自我系统更多并且全程地关注学生的学习感受[②]，对于教学目标和教学任务的具体设计等多从学生的视角问一问：它重要吗？它有趣吗？它与我有关系吗？我能胜任吗？……

3. 加强学生学业情绪的教学实证研究

教育观念的转变——重视学业情绪之于学生发展的作用，以及教育实践的改进——丰富学生自豪感等积极情绪体验，都是以人们对学生学业情绪的认识及其不断深化和创新为基础的。加强学生学业情绪的理论研究，特别是加强学生学业情绪的教育教学实证研究，已经成为关注学生学业情绪体验以促进学生发展的迫切任务。

加强学生学业情绪的教学实证研究，首先是研究情境及研究任务（问题）的具体选择问题。学业情绪是学生在教学或学习过程中的各种情绪体验，因此，相关研究必须关注学生的课堂学习、完成作业、考试答题等一系列具体学习活动，关注学生在上述活动中的积极的或消极的情感体验，分析学生在快乐、充满活力、自豪、欣喜、兴高采烈以及恐惧、痛苦、担心、难过等具体情绪体验以及好奇心、学习兴趣、学习焦虑、学生厌学上的表现情况。学业情绪的丰富性也启发我们，学业情绪的研究必须拓展研究问题（域），例如，学业羞愧情绪的生理唤醒及其对学业成绩的影响，学业羞愧情绪对不同学业成绩学生的学习行为的影响[③]；具身情绪和情境性调节定向对创造性思维发展的影响等[④]，这些研究都有助于人们对学生的学业情绪有一个更加全面和深入的理解。

---

① 郭蕾, 邓雅丹, 路红. 自豪感: 基于自我意识的积极情绪[J]. 心理学进展, 2021, 11 (4): 1112-1125.

② 罗伯特·J. 马扎诺, 约翰·S. 肯德尔. 教育目标的新分类学 (第 2 版)[M]. 高凌飚, 吴有昌, 苏峻译. 北京: 教育科学出版社, 2012: 49.

③ 梁宏宇, 陈石, 熊红星, 等. 人际感恩: 社会交往中重要的积极情绪[J]. 心理科学进展, 2015, 23 (3): 479-488.

④ 姚海娟, 王金霞, 苏清丽, 等. 具身情绪与创造性思维: 情境性调节定向的调节作用[J]. 心理与行为研究, 2018 (4): 441-448.

　　加强学生学业情绪的教学实证研究，也关涉研究方法的选择及其应用问题。与学生认知问题研究相比，学生学业情绪研究成果相对不足，一个重要原因可能就是研究方法的局限或者相对薄弱。随着多元统计方法和计算机技术的不断发展（SPSS、AMOS 等）以及现象学方法的广泛应用，人们借助于科学设计的利克特量表和相关访谈资料等，依然可以对学生的学业情绪展开教育教学的量化的或者是质性的实证研究。例如，教育情境中的考试焦虑研究[①]，以及儿童秘密的研究[②]。教育神经科学的不断发展，使得人们可以超越依靠学生自陈量表的传统研究资料获得方式，借助于计算机断层扫描术、眼动仪、智能穿戴等现代技术设备，开展学生学业情绪的大数据研究。当然，要取得真正原创性的学生学业情绪研究成果，还需要研究者在具体研究设计上发挥自己的创造性。心理学中的"爱的发现"的研究设计，在如何界定爱、爱从何而来、爱是如何起作用的等问题选择及确立上，以及用幼猴与绒布母猴或者铁丝母猴待在一起的时间长短来测量依恋与爱的水平[③]，在一定程度上为我们开展学生学业情绪研究做出了榜样与示范。

4. 辩证认识实践中学生乐学苦学问题

　　让学生快乐地学习，换言之，让学生在学习中获得更多的积极情绪体验，是每一位教育者都梦寐以求的愿望。与"乐学"相对，"苦学"则是把学习视为一种负担，在学习者心理上形成一种压力，并伴随学习活动产生的一种痛苦的消极情绪体验。每个人都具有趋乐避苦的天性，因此每个人也都希望自己、自己的学生或子女等能够快乐地学习，并且在快乐学习中获得成功与发展。这本来无可厚非，但是，一味地趋乐避苦，实际上没有真正认识到"苦学"之"苦"对于学生发展的教育价值。理想的教育更应该是倡导和促进学生苦学和乐学的辩证统一。

　　"苦"原本是指一种苦味的草，后引申为味觉上的苦涩感受，也有苦痛、痛苦之意。"苦学"之"苦"便是学生在接受教育过程中身体和心灵所体验到的苦涩感受，这种苦在来源、性质、表现、影响等各方面既不同于一般生活中的苦，

　　① Moshe Zeidner. 教育情境中的考试焦虑：概念、研究发现和未来趋势[M]//P. A. Schutz, R. Perkrun. 教育的感情世界. 赵鑫，等译. 上海：华东师范大学出版社，2010：151.

　　② 马克斯·范梅南，巴斯·莱维林. 儿童的秘密：秘密隐私和自我的重新认识[M]. 陈慧黠，曹赛先译. 北京：教育科学出版社，2004：100.

　　③ Roger R. Hock. 改变心理学的 40 项研究（第 7 版）[M]. 白学军，等译. 北京：人民邮电出版社，2020：150-151.

又与一般生活中的苦有着相似的感受。作为受教育者，学生在接受教育的同时也在创造着自己的教育，其间必然包含个体身体和心灵上所感受到或者体验到的苦涩（例如学习新知时的困惑之苦等），这些苦涩既可能会堵塞他们继续前行的道路，也可能会成为他们勇往直前的不竭动力。苦的来源是多种多样的，对学生的影响也是非常复杂的，既有合目的、合规律、人性化的、合理性的苦，也有违理性的、过度的、非人性化的苦，因此，我们必须厘清教育中的苦的存在方式与基本形态，将学生主观感知的苦客观化、具体化，以便采取措施减轻学生所承受的苦，消除可消除的苦，让学生能够在苦中实现情感升华，获得幸福体验，最大化不可消除的苦的本原存在价值。

值得提及的是，教育实践中不仅涉及正确处理学生的"苦学"与"乐学"问题，还需要克服学生在学习中的"无聊感"问题。在这个一切都追求快节奏的时代，我们都会因为工作、情感、学习等问题而出现心理压力，也会出现无聊的情绪状态。无聊是一种复杂的情绪，这种情绪状态会让人们感觉到无所事事，不知道自己应该做什么，从而感觉空虚和孤独。无聊不全是一些阴暗面，它也有积极的有益的一面。[①]学生在学习过程中自然也不例外，会不时出现一些无聊的情绪状态。这时候，教师必须分析学生无聊产生的原因，一方面可以在提升外部环境的新颖性以及环境与学生的相关性上用力，另一方面可以帮助和引导学生提升自我情绪调节能力，应用动机教学法，基于价值观、期望与情感的合力[②]，减少乃至克服学生学习中的无聊感以及由无聊感进一步发展的孤独感与无助感，并且充分利用无聊在激发创新思维和智慧思考上的积极作用，使学习变得更加有趣味和有意义，让生活变得更加丰富多彩。

---

① 桑迪·曼恩（Sandi Mann）. 无聊的意义[M]. 沈梦已译. 北京：机械工业出版社，2017：231.
② 拉菲尔·A. 卡沃，西德尼·K. 德梅洛. 情感与学习技术的新视角[M]. 黄都译. 上海：华东师范大学出版社，2020：50-51.

第三章

学生成长型思维表现
及其培育策略

人们对智力能否改变或大幅改变（成长型思维）的看法与人们的身心发展有着一定的联系。基于 PISA 2018 中国四省市学生样本数据研究发现：一半以上的学生认同人的智力能够大幅改变，但也有近一半的学生认为人的智力不能大幅改变；依照对"你的智力是你难以大幅改变的"的"非常不同意、不同意、同意和非常同意"四种认同水平顺序，学生科学素养成绩先平缓变化然后再依次增加；对智力能否大幅改变的看法与科学素养成绩之间存在反向弱相关关系。学生对智力能否大幅改变的看法与其坚毅性水平之间表现出大致同步变化的趋势。学生对人的智力能否大幅改变的看法及其与科学素养成绩、坚毅性水平之间的关系提示我们，要向学生普及一些简单实用的个体身心发展的心理学及教育学知识，帮助学生形成一种乐观的解释性风格，使其最终成为乐观且坚毅的人。

　　学生成长作为学生发展的另一种言说方式，实际上受到许多因素的影响，但其核心与精髓还是源于学生个体的自觉、主动和努力，唯有如此，学生成长才可能真正地兑现。学生一旦对某件事情非常擅长，就会把它放在一边，并继续寻找那些更有挑战性的事情，因为只有这样学生才能够持续成长。在学生自觉、主动和努力成长的过程中，一个人的心态（或者说心智模式、思维模式）非常重要，面对同样一个问题，每个人看待问题的角度都是不同的，采取的行动也就各不相同，获得的结果也会有所不同。心智模式可能显得很简单，而且经常是不可见的，然而，它总是存在着，并极大地影响着人们的生活。学生是否具有在遇到困难时能够看到事物发展变化的积极面同时相信自己的坚持和努力的作用的"成长型思维"（也有学者将其翻译为成长性思维、成长性心态、成长性心智模式、成长性思维模式等），或者说学生的成长型思维水平究竟如何，是我们不得不关注的问题。

一、成长型思维的学生发展价值

　　智力（intelligence）是指人或动物认识、理解客观事物并运用知识、经验等解决问题的能力，也是人或动物通过改变自身或/和环境以更好适应环境的能力。在现实生活中，人们对智力概念的理解往往是多元和模糊的，例如认为智力是处理抽象东西（观念、符号、关系、概念、原理等）的能力，智力是解决问题-处理新情境的能力，智力是学习的能力[1][2]，以及智力是保持情绪稳定的能力，智力是个体与环境取得平衡的适应能力等，这些不同层面的理解，有点类似20世纪20年代美国心理学家对于智力定义的众多分歧[3]，但它们也丰富了我们对智力的认识。

　　智力的研究是从研究人的个体差异开始的，这种个体差异从来就是无法避免的。从构成上看，智力不仅包括注意力、记忆力、观察力、想象力、思考力、判断力等，还包括人的元认知能力、反思能力等。从影响因素看，遗传素质、后天

　　① 皮连生. 智育心理学[M]. 北京: 人民教育出版社, 1996: 61.

　　② 张积家. 评现代心理学中的智力概念和智力研究[J]. 教育研究, 2001 (5): 27-32.

　　③ 吴天敏. 关于智力的本质[C]//瞿葆奎, 施良方, 唐晓杰. 教育学文集·智育. 北京: 人民教育出版社, 1993: 255.

环境、早期经验、学校教育、社会实践、主观努力等对智力都有着不同程度的影响。不同的个体有着不同的智力结构和水平，因而还涉及对智力的测量与评估（智力量表）。

关于智力的本质问题，人们的认识有一个逐渐深化的过程，例如智力层次理论（hierarchical structure theory of intelligence）[①]、多元智力理论（multiple intelligences theory）[②]、情绪智力理论（emotional intelligence theory）[③]、智力的PASS理论（也称为智力的PASS模型，即plan attention simultaneous successive processing model）、真智力（true intelligence）理论[④]、成功智力理论（successful intelligence theory）[⑤]、知识的智力观[⑥]、聚焦思维结构的智力理论[⑦]、生物-生态学智力理论（生物-生态学智力模型，即bio-ecological model of intelligence）[⑧]、认知神经科学取向的智力观[⑨]、人工智能与自然智能[⑩]等。这些研究，特别是关于人的智力（水平、结构）能否改变以及能否大幅改变（包括大脑可塑）问题——成长型思维[⑪]——的科学研究及其研究成果的宣传普及（教育普及、社会普及等），是每一位智力研究者、教育者以及媒体人员都需要关注的。

成长型思维也被人们译为"成长型思维模式"或者"成长性心智模式"等。美国斯坦福大学教授卡罗尔·德韦克一直关注不同的思维模式和个体发展之间的关系，发现儿童对智力的稳定性信念存在两种不同的观点，即智力实体论和智力增长论，智力实体论认为智力是不可变的，而智力增长论认为智力是可以通过训

① 夏日晶. 智力的含义[J]. 山西教育科研通讯, 1982 (3): 27, 33.

② 霍力岩. 加德纳的多元智力理论及其主要依据探析[J]. 比较教育研究, 2000, 21 (3): 38-43.

③ 王晓钧. 情绪智力: 理论及问题[J]. 华东师范大学学报 (教育科学版), 2002 (2): 59-65, 84.

④ 王晓辰, 李其维, 李清. 大卫·帕金斯的"真智力"理论述评[J]. 心理科学, 2009 (2): 381-383.

⑤ Sternberg R J. Successful Intelligence: How Practical and Creative Intelligence Determine Success in Life[M]. New York: Plume, 1997. 吴国宏, 李其维. 再次超越IQ——斯腾伯格"成功智力"理论述评[J]. 华东师范大学学报 (教育科学版), 1999 (2): 53-61.

⑥ 皮连生. 论智力的知识观[J]. 上海: 华东师范大学学报 (教育科学版), 1997 (3): 52-58.

⑦ 李庆安, 吴国宏. 聚焦思维结构的智力理论——林崇德的智力理论述评[J]. 心理科学, 2006, 29 (1): 216-220.

⑧ 丁芳. 一种正在演进着的人类发展观——人的发展的生物生态学模型述评[J]. 上海: 华东师范大学学报 (教育科学版), 2009 (2): 58-63.

⑨ 蔡丹, 李其维. 简评认知神经科学取向的智力观[J]. 心理学探新, 2009 (6): 23-27.

⑩ Demetriou A, Golino H, Spanoudis G , et al. The future of intelligence: The central meaning-making unit of intelligence in the mind, the brain, and artificial intelligence[J]. Intelligence, 2021, 87: 101 562.

⑪ Dweck C S. Mindset: The New Psychology of Success[M]. New York: Random House, 2006: 8.

练发展的，之后又衍生为智力固存观和智力增长观。直到 2006 年，卡罗尔·德韦克及其团队率先提出了"成长型思维模式"概念，将人类的思维模式分为成长型思维模式和固定型思维模式两种。卡罗尔·德韦克认为，当我们认为智力是可以发展的时候，我们持有的就是成长型思维模式；当我们认为智力是固定不变无法提升的时候，我们持有的便是固定型思维模式。研究表明，持有成长型思维模式的人，在对待智力、努力、挑战、挫折、他人的成功和他人的批评时，与持有固定型思维模式的人呈现出极大的差别，具体见图 3.1。

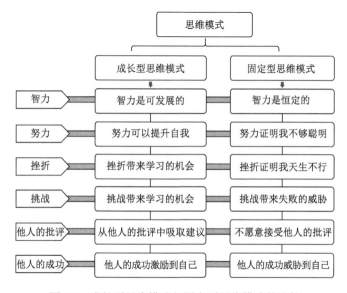

图 3.1 成长型思维模式与固定型思维模式的比较

成长型思维赞同的是"智力是可以随着时间发展而改变的"观点，亦即一种认为智力是可发展的，努力驾驭一切，勇于迎接挑战，抗击挫折，善于从批评中学习，易于被他人的成功激励的积极的态度。成长型思维概念的提出也得到了心理学实验以及认知神经科学研究的支持，有研究发现，短时间密集的知识学习，如针对某一门考试进行为期三个月的紧密复习，就能使大脑部分区域的灰质得到显著增加[①]；个体每犯一个错误，大脑中的突触就会被激活，大脑各部分之间的

---

① Draganski B, Gaser C, Kempermann G, et al. Temporal and spatial dynamics of brain structure changes during extensive learning[J]. The Journal of Neuroscience, 2006, 26(23): 6314-6317.

通路就会被建立，大脑活动就会更活跃[①]；智力水平可以通过练习得到提升。[②]

成长型思维鼓励学生通过自身努力实现设置的目标，在遇到挑战时勇于尝试，在批评中反思不足，以积极的态度面对发生的一切，因此，成长型思维对于激发学生学习动机、培养学生坚毅品格[③]、提升学生学业成绩、激发学生创新潜能[④]等都有着重要的意义。因为持有成长型思维模式的学生认为，智力是随着时间不断发展的，是可以通过自身努力得以改变的，在面对挑战、挫折、他人的成功、他人的批评时，具有成长型思维模式的人采取的是乐观的态度；而持有固定型思维模式的学生则认为，智力对于"我"而言是恒定的，坚信人在出生时就具有一定程度的能力和智力，几乎不受个体经验的影响，努力并不能提高智力，他们在面对挑战、挫折、他人的成功、他人的批评时，一般采取的是消极的态度。

事实上，人的智力是一个极其复杂的问题，也是一个不断发展的问题，人们对智力的看法特别是人们对智力能否改变以及能否大幅改变的看法，亦即人们是否具有成长型思维，对于人们的后天努力与身心发展有着直接的影响。从某种角度来说，成长型思维也反映了人们对于认知与情感相互联系并且共同作用的认识——只有当我们了解了思维的情感-意志基础，才有可能真正而又充分地了解一个人的思维。[⑤]为了探究学生对智力能否大幅改变（主要是成长型思维）问题的认识，本书研究聚焦于以下两个问题：一是学生对智力能否大幅改变的看法究竟如何。这一问题在表面上是关注学生如何看待"智力能否大幅改变"，实质上是在探寻学生的成长型思维表现如何。二是学生对智力能否大幅改变的看法与其科学素养成绩有着怎样的联系。换言之，对应于成长型思维的不同水平学生科学素养成绩有着怎样的表现？这一问题实质上是在探寻成长型思维对科学素养成绩是否有预测作用。

---

① Moser J S, Schroder H S, Heeter C, et al. Mind your error: Evidence for a neural mechanism linking growth mindset to adaptive post error adjustments[J]. Psychological Science, 2011, 22: 1484-1489.

② Ramsden S, Richardson F M, Josse G, et al. Addendum: Verbal and non-verbal intelligence changes in the teenage brain[J]. Nature, 2011, 479(7371): 113-116.

③ West M R, Kraft M A, Finn A S, et al. Promise and paradox: Measuring students' non-cognitive skills and the impact of schooling[J]. Educational Evaluation & Policy Analysis, 2016, 38(1): 148-170.

④ 朱先强, 丁兆云, 朱承, 等. 创新型人才培养中的成长型思维教学方式[J]. 高等教育研究学报, 2020, 43(1): 104-109.

⑤ 列夫·维果茨基. 思维与语言[M]. 李维译. 北京: 北京大学出版社, 2010: 177.

二、学生成长型思维的研究设计

研究选择中国四省市 12 058 名学生为研究对象，这些学生来自 361 所样本学校，是按照 PISA 2018 抽样技术仔细抽取出来的，因而保证了样本的代表性和研究数据的可靠性。

在聚焦问题和确定研究对象之后，笔者仔细分析了 PISA 2018 相关问卷和测评等研究工具，并注意相关研究数据。研究中主要关涉的变量包括：学生对智力能否大幅改变的看法（ST184）；学生的坚毅性水平指数；学生的科学素养成绩。研究数据选自 OECD 官网（https://www.oecd.org/pisa/data/2018database/），可以进行核查与验证。

研究应用调查研究方法（或者说是 PISA 2018 数据再挖掘），利用 SPSS24 及其他相关辅助软件，根据教育与心理统计学相关原理对数据进行量化分析。研究将基于科学素养等的多个拟真值得出的后验期望估计值作为学生科学素养等的成绩[1]。这样的数据处理可能会带来一定的偏差（误差），但并不影响学生科学素养平均成绩的分析[2]。

三、学生成长型思维的表现与分析

（一）学生对"你的智力是你难以大幅改变的"的看法

PISA 2018 学生问卷专门设计了"你在多大程度上同意以下说法：你的智力是你难以大幅改变的？"问题（ST184），询问学生在多大程度上同意这一说法（有"非常不同意""不同意""同意""非常同意"等 4 个选项，分别被赋 1—4 分），以测量学生对智力能否大幅改变的看法。表 3.1 是中国四省市及 OECD 学生对"你在多大程度上同意以下说法：你的智力是你难以大幅改变的？"问题选项的描述统计量。从表 3.1 中可以看出，中国四省市学生对自身智力是可以大幅改变的看法平均得分水平与 OECD 学生大致持平（中国四省市学生平均值

---

① OECD. PISA Data Analysis Manual: SPSS（2nd ed.）[M]. Paris: OECD Publishing, 2009: 97-98.

② 罗照盛. 项目反应理论基础[M]. 北京: 北京师范大学出版社, 2012: 57-58. 张心, 涂冬波. 计算机化自适应测验中几种常用能力估计方法的特性与评价[J]. 中国考试, 2014（5）: 18-25.

2.40、标准差 0.901[①]对 OECD 学生平均值 2.37、标准差 0.932）。平均值越高，表示越是赞同自己的智力是可以大幅改变的。

表 3.1　"你在多大程度上同意以下说法：你的智力是你难以大幅改变的？"描述统计量

地区	N		M	SE	SD	min	max
	有效	缺失					
中国四省市	11 979	79	2.40	0.008	0.901	1	4
OECD	555 458	56 546	2.37	0.001	0.932	1	4

询问学生在多大程度上同意"你的智力是你难以大幅改变的"看法，本质上是在检验学生对于智力概念的科学理解问题，或者说是检验学生对于智力概念的个人经验问题。这个问题确实很难让人回答，因为智力概念本身就是一个很难定义的问题，而智力能否改变，以及能否大幅改变，更是让人难以回答。非常不同意或者不同意"你的智力是你难以大幅改变的"，也就是同意人的智力能够大幅改变，这种理解有其合理性，因为智力可以看作是建基于思维品质（思维是智力的核心）[②]、认知结构的认知能力，通过思维品质提升、认知结构改善和元认知训练等途径，有助于实现智力的大幅提升；与此相反，同意和非常同意"你的智力是你难以大幅改变的"，也有其合理性，因为智力在根本上是依靠脑神经活动（神经元、神经递质及整个神经系统的活动以及身体参与）的心理活动能力，虽然它能够发生改变，但是要想"大幅"改变并不容易，可能需要较为长期的练习与努力。

询问学生在多大程度上同意"你的智力是你难以大幅改变的"看法，也可以在一定程度上说是关注学生的成长型思维水平状况。成长型思维的概念源于心理学家卡罗尔·德韦克，她和她的团队对南美洲国家智利所有公立学校的 10 年级学生（约 16 万人）进行调查研究发现：具有成长型思维模式的学生的学习成绩远优于持有固定型思维模式的学生。成长型思维模式认为，天赋只是人发展的起点，人的才智可以通过锻炼不断提高，只要努力就可以做得更好，亦即智力是可

---

① 中国四省市学生加权后的平均值为 2.36，标准差为 0.879。考虑到全部参与者人数较多，数据加权处理技术要求较高，故表 3.1 中的数据都没有进行加权处理。特此说明。

② 林崇德. 我的心理学观——聚焦思维结构的智力理论[M]. 北京: 商务印书馆, 2008: 2.

以大幅改变的。一个拥有成长型思维模式的人，在对待努力、挑战、挫折、他人的成功和来自他人的批评时，都和拥有固定型思维模式的人呈现出极大的差别。现实中的学生是否具有成长型思维模式呢？或者说，学生成长型思维水平如何？从是否同意"你的智力是你难以大幅改变的"问题的回答频率来看，选择"非常不同意"和"不同意"的累计百分比为 55.1%，而选择"同意"和"非常同意"的累计百分比为 44.9%，说明有近一半（表 3.2、图 3.2）的学生坚持认为自己的智力是难以大幅改变的，亦即他们不具有成长型思维。

表 3.2 "你在多大程度上同意以下说法：你的智力是你难以大幅改变的？"各选项分布（加权后的）

问题（你在多大程度上同意以下说法：你的智力是你难以大幅改变的？）态度		频数	百分比/%	有效百分比/%	累计百分比/%
有效	非常不同意	177 132	18.1	18.2	18.2
	不同意	358 949	36.7	36.9	55.1
	同意	348 362	35.6	35.9	91.0
	非常同意	87 015	8.9	9.0	100.0
	总计	971 457	99.4	100.0	
缺失	无回答	1 046	0.1		
	系统缺失值	4 802	0.5		
	总计	5 848	0.6		
总计		977 305	100.0		

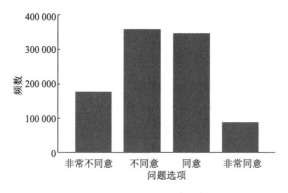

图 3.2 "你在多大程度上同意以下说法：你的智力是你难以大幅改变的？"各选项分布图

（二）学生对智力能否大幅改变的看法与其科学素养成绩的关系

就 PISA 2018 学生问卷中的"你在多大程度上同意以下说法：你的智力是你难以大幅改变的？"问题，学生可以做出四种不同水平的回答，而根据学生"非常不同意""不同意""同意""非常同意"等四种选择水平（相当于四种类型或不同水平的学生）可以统计学生的相应科学素养表现（均值、标准差）情况，并进行科学素养成绩均值的方差齐性及单因素方差分析检验。从表 3.3 和表 3.4 中可以看出，对应这一问题回答的四种不同水平，学生科学素养的平均分各不相同，且各个水平之间均表现出明显的差异性（F=3995.286，p=0.000）。

表 3.3 "你在多大程度上同意以下说法：你的智力是你难以大幅改变的？"各选项组对应的科学素养成绩（加权后的）

问题态度	N	M	SD	SE	均值的95%置信区间		min	max
					下限	上限		
非常不同意	177 132	584.806 0	72.434 7	0.172 10	584.468 7	585.143 3	249.33	811.67
不同意	358 949	584.111 8	73.369 70	0.122 46	583.871 8	584.351 8	304.06	772.48
同意	348 362	598.623 5	82.569 30	0.139 90	598.349 3	598.897 7	257.13	816.46
非常同意	87 015	608.786 6	78.278 92	0.265 37	608.266 5	609.306 7	236.40	788.33
总计	971 457	591.652 4	77.540 81	0.078 67	591.498 2	591.806 6	236.40	816.46

表 3.4 "你在多大程度上同意以下说法：你的智力是你难以大幅改变的？"各选项组对应的科学素养成绩均值单因素方差分析

变异来源	SS	df	MS	F	p
组间	71 187 820.508	3	23 729 273.503	3 995.286	0.000
组内	5 769 767 631.042	971 453	5 939.317		
总计	5 840 955 451.549	971 456			

从表 3.5 中可以看出，各组之间均有显著性差异，其中，选择"不同意"和"非常同意"的两组学生，其科学素养成绩平均值差异最大（24.674 84 分），其次是选择"非常不同意"和"非常同意"的两组学生，其科学素养成绩平均值差也达到了 23.980 62 分。应用 Tukey HSD 法和 Bonferroni 法分析也具有相似的结果。

表 3.5 "你在多大程度上同意以下说法：你的智力是你难以大幅改变的？"各选项组对应的学生科学素养成绩均值 LSD 多重比较

（I）你在多大程度上同意以下说法：你的智力是你难以大幅改变的？	（J）你在多大程度上同意以下说法：你的智力是你难以大幅改变的？	MD（I–J）	SE	p	差分的 95%置信区间	
					下限	上限
非常不同意	不同意	0.69421*	0.22378	0.002	0.2556	1.1328
	同意	−13.81750*	0.22490	0.000	−14.2583	−13.3767
	非常同意	−23.98062*	0.31904	0.000	−24.6059	−23.3553
不同意	非常不同意	−0.69421*	0.22378	0.002	−1.1328	−0.2556
	同意	−14.51171*	0.18329	0.000	−14.8710	−14.1525
	非常同意	−24.67484*	0.29121	0.000	−25.2456	−24.1041
同意	非常不同意	13.81750*	0.22490	0.000	13.3767	14.2583
	不同意	14.51171*	0.18329	0.000	14.1525	14.8710
	非常同意	−10.16313*	0.29207	0.000	−10.7356	−9.5907
非常同意	非常不同意	23.98062*	0.31904	0.000	23.3553	24.6059
	不同意	24.67484*	0.29121	0.000	24.1041	25.2456
	同意	10.16313*	0.29207	0.000	9.5907	10.7356

注：*表示在 0.05 水平上显著。

　　根据 Student-Newman-Keuls（SNK）方法，对"你在多大程度上同意以下说法：你的智力是你难以大幅改变的？"4 种选项学生划分相似子集（表 3.6），在显著性水平为 0.05 的情况下，选择"非常不同意""不同意""同意""非常同意"等 4 种选项的学生可以分别划归到 4 个不同的子集中去。这一相似子集的划分从另一个侧面验证了选择 4 组选项学生的科学素养成绩平均值具有显著性差异。应用 Tukey HSD、Tukey B 等方法分析有相似的结果。

表 3.6 "你在多大程度上同意以下说法：你的智力是你难以大幅改变的？"各选项组对应的学生科学素养成绩均值同类子集

Student-Newman-Keuls[a, b]

你在多大程度上同意以下说法：你的智力是你难以大幅改变的？	N	α=0.05 的子集			
		1	2	3	4
不同意	358948	584.1118			
非常不同意	177131		584.8060		

续表

你在多大程度上同意以下说法：你的智力是你难以大幅改变的？	N	α=0.05 的子集			
		1	2	3	4
同意	348 362			598.623 5	
非常同意	87 014				608.786 6
p		1.000	1.000	1.000	1.000

注：将显示同类子集中的组均值。
a. 将使用调和均值样本，样本大小为 175 482.166。
b. 组大小不相等，将使用组大小的调和均值，将不保证 I 类错误级别。

　　为了更为形象和直观，我们也可以应用科学素养均值图来分析和理解学生对智力能否大幅改变的看法与其科学素养成绩的关系。从图 3.3 可以看出，就"你在多大程度上同意以下说法：你的智力是你难以大幅改变的？"问题，从"非常不同意""不同意""同意"到"非常同意"，科学素养成绩均值先平缓变化然后再逐渐提升。那些认为人的智力是可以大幅改变的学生（即"非常不同意"和"不同意""你的智力是你难以大幅改变的"的学生）其科学素养平均成绩非常相近（相差 0.6942 分）且较低，而认为人的智力很难大幅改变的学生（即选择"同意"和"非常同意""你的智力是你难以大幅改变的"的学生）其科学素养平均成绩更高。这与我们预期那些认为人的智力是可以大幅改变的学生的科学素养成绩应该最高恰好相反。导致这一现象或许是因为那些认为人的智力很难大幅改变的学生更相信自己的辛苦耕耘与认真努力，抑或是学生对智力这一概念的理解各不相同。

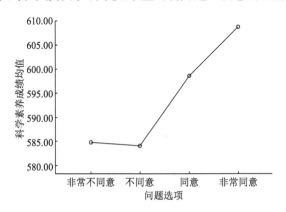

图 3.3 　"你在多大程度上同意以下说法：你的智力是你难以大幅改变的？"各选项对应的科学素养成绩均值（加权后的）

需要说明的是，图 3.3 中对应"非常不同意""不同意""同意""非常同意"的顺序，成长型思维水平是依次降低的，这就是说，大体上随着学生成长型思维水平的降低，学生的科学素养成绩却在增加。这与大多数 OECD 成员国学生的表现情况恰恰相反。[①]

（三）学生对智力能否大幅改变的看法与其科学素养成绩的相关性

为了进一步探讨学生对智力能否大幅改变的看法与其科学素养成绩的关系，我们进行了学生对"你的智力是你难以大幅改变的"的看法与"科学素养成绩"的相关性检验（表 3.7）。根据 PISA 2018 数据处理要求进行了技术处理，在表格中用"科学素养成绩 1"等代替了"plausible value 1 in science"等，用"对智力难以大幅改变的看法"代替"同意水平：你的智力是你难以大幅改变的"。

表 3.7　学生对"你的智力是你难以大幅改变的"的看法与科学素养成绩的相关性

变量	R	R^2	η	η^2
科学素养成绩 1×对智力难以大幅改变的看法	0.117	0.014	0.128	0.016
科学素养成绩 2×对智力难以大幅改变的看法	0.114	0.013	0.119	0.014
科学素养成绩 3×对智力难以大幅改变的看法	0.125	0.016	0.133	0.018
科学素养成绩 4×对智力难以大幅改变的看法	0.111	0.012	0.118	0.014
科学素养成绩 5×对智力难以大幅改变的看法	0.122	0.015	0.127	0.016
科学素养成绩 6×对智力难以大幅改变的看法	0.106	0.011	0.114	0.013
科学素养成绩 7×对智力难以大幅改变的看法	0.121	0.015	0.126	0.016
科学素养成绩 8×对智力难以大幅改变的看法	0.109	0.012	0.113	0.013
科学素养成绩 9×对智力难以大幅改变的看法	0.117	0.014	0.124	0.015
科学素养成绩 10×对智力难以大幅改变的看法	0.112	0.012	0.119	0.014
M	0.115 400 00	0.013 400 00	0.122 100 00	0.014 900 00
SE	0.001 927 578	0.000 520 683	0.002 057 237	0.000 504 425
SD	0.006 095 536	0.001 646 545	0.006 505 553	0.001 595 131

从表 3.7 中可以看出，学生科学素养成绩与其对智力是难以大幅改变的看法

---

① OECD. PISA 2018 Results（Vol. III）: What School Life Means for Students' Lives[M]. Paris: OECD Publishing, 2019: 203.

之间存在弱的相关联系，相关性度量为 $\eta=0.1221$，$\eta^2=0.0149$。换用成长型思维的话语来说（基于其计分法则），这一相关是一种负相关，亦即越是认同智力是难以大幅改变的学生，其科学素养成绩越高。

（四）学生对智力能否大幅改变的看法与其坚毅性水平的关系

学生对智力能否大幅改变的看法这一心智模式，不仅影响其如何看待事物，更影响其如何看待人生。拥有认为智力能够大幅改变的成长型思维模式，可以帮助学生以积极的心态看待人生中的挫折与困难，鼓励学生战胜自卑和恐惧，克服惰性和自满，发掘自己的潜能和优势，使学习更有成效。那些拥有固定型思维模式的人很容易产生挫败感，因为他们把失败看成是对他个人能力的评价，而拥有成长型思维模式的人不会给自己贴上标签，做事情绝不轻易放弃，更能从过程中享受到乐趣，即使他们感到沮丧，他们也会从失败中积极去寻找自己可以改进和提升的地方，亦即更具坚毅性的品质。这当然是一种比较理想的情况。中国四省市学生的表现究竟如何呢？结合 PISA 2018 学生问卷中学生就"你在多大程度上同意以下说法：你的智力是你难以大幅改变的"问题的"非常不同意""不同意""同意""非常同意"等 4 个选项水平，以及坚毅性表现水平，可以得出"你在多大程度上同意以下说法：你的智力是你难以大幅改变的"各选项对应的学生坚毅性水平描述表格（表 3.8）以及相应的单因素方差分析结果（表 3.9）。

表 3.8 "你在多大程度上同意以下说法：你的智力是你难以大幅改变的？"各选项对应的学生坚毅性水平统计量

问题（"你在多大程度上同意以下说法：你的智力是你难以大幅改变的？"）态度	N	M	SD	SE	均值的95%置信区间		min	max
					下限	上限		
非常不同意	177 132	0.318 021	1.124 7323	0.002 6724	0.312 783	0.323 259	−3.1675	2.3693
不同意	358 688	−0.207 841	0.762 1507	0.001 2726	−0.210 335	−0.205 347	−3.1675	2.3693
同意	348 236	−0.298 915	0.824 3118	0.001 3969	−0.301 653	−0.296 177	−3.1675	2.3693
非常同意	87 015	−0.109 483	1.163 1327	0.003 943 1	−0.117 212	−0.101 755	−3.1675	2.3693
总计	971 071	−0.135 766	0.926 9816	0.000 9407	−0.137 610	−0.133 922	−3.1675	2.3693

表 3.9　"你在多大程度上同意以下说法：你的智力是你难以大幅改变的？"各选项对应的学生坚毅性水平均值单因素方差分析

变异来源	SS	df	MS	F	p
组间	47 667.963	3	15 889.321	19 611.365	0.000
组内	786 767.243	971 066	0.810		
总计	834 435.206	971 069			

　　从表 3.8 中可以看出，就"你在多大程度上同意以下说法：你的智力是你难以大幅改变的？"问题选择"非常不同意"选项（对应成长型思维的水平最高）的一组学生，其坚毅性水平最高；随着选择"非常不同意""不同意""同意"选项的变化，学生的成长型思维水平在逐渐降低，其坚毅性水平也依次降低；选择"非常同意"选项的一组学生，其成长型思维的水平最低，但其坚毅性水平并不是最低的，这一点还需要进一步研究。

　　"你在多大程度上同意以下说法：你的智力是你难以大幅改变的？"各选项对应的学生坚毅性水平情况，也可以用图 3.4 更直观地加以表达。从图 3.4 中可以看出，学生的坚毅性水平随着学生的成长型思维水平的降低（横轴方向向右）先逐渐下降而后略有升高。

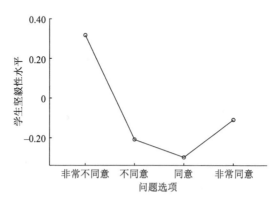

图 3.4　"你在多大程度上同意以下说法：你的智力是你难以大幅改变的？"各选项对应的学生坚毅性水平

四、学生成长型思维的培育策略

（一）研究结论

1. 不同意"你的智力是你难以大幅改变的"的学生比例略微占优势

在是否同意"你的智力是你难以大幅改变的"问题上，中国四省市学生与OECD学生平均水平大致持平，其中选择"非常不同意""不同意"的累计百分比达到 55.1%，亦即一半以上的学生认同人的智力能够大幅改变（有成长型思维表现），但是还有近一半的学生坚持认为自己的智力难以大幅改变。

2. 学生科学素养成绩随其对智力能否大幅改变（成长型思维）的认同度变化而变化

根据单因素方差分析和多重比较分析结果得到，就"你的智力是你难以大幅改变的"的四种同意水平（非常不同意、不同意、同意、非常同意）的学生而言，其科学素养成绩存在显著性差异；从多重比较表（表 3.5）可以看出，选择"不同意"和"非常同意"的两组学生，其科学素养成绩平均值差异最大（24.674 84 分）；对四种水平划分相似子集的结果来看，在显著性水平为 0.05 的情况下，选择"非常不同意""不同意""同意""非常同意"等四种选项的学生可以分别划归到 4 个不同的子集中去；认同人的智力是可以大幅改变的学生，其科学素养成绩更低，而认同人的智力难以大幅改变的学生，其科学素养成绩更高。

3. 对智力能否大幅改变（成长型思维）的看法与学生科学素养成绩存在负的弱相关性

是否同意"你的智力是你难以大幅改变的"与"科学素养成绩"之间存在弱相关，相关性度量为 $\eta=0.1221$，$\eta^2=0.0149$。换用成长型思维的话语，这一相关是负相关，亦即成长型思维认同（表现）水平越高，学生科学素养成绩越低。这一结果与许多 OECD 成员国的学生表现恰恰相反。

4. 学生对智力能否大幅改变的看法与其坚毅性水平之间大致同步变化

学生就"你的智力是你难以大幅改变的"问题选择"非常不同意"选项（对应成长型思维的水平最高）的一组学生，其坚毅性水平最高；随着选择"非常不同意""不同意""同意"选项的变化，学生的成长型思维水平逐渐降低，其坚毅性水平也依次降低，表现出大致同步变化的趋势。

（二）相关建议

上述研究是针对 PISA 2018 中国四省市学生样本的，鉴于样本的地域分布（经济相对发达地区）和年龄限定（15 岁），上述研究结论的推广（生态效度）是一个需要谨慎对待的问题。除此之外，我们还需要就以下问题进一步思考。

1. 对"你的智力是你难以大幅改变的"的看法不能与是否有"成长型思维"简单等同

学生对"你的智力是你难以大幅改变的"的看法，特别是学生对该问题的看法与科学素养成绩的负相关启发我们，学生对该观点同意与否，不应该与是否具有成长型思维简单地画等号[①]。这不仅是因为人们对智力概念的理解比较多元和模糊，也是因为相对于个体对自身智力能否改变的认知与看法，一个人是否具有成长型思维应该是一个更宽泛的概念，或者说是一个更大同时也更具包容性的范畴。

成长型思维是一种认为智力是可发展的，努力驾驭一切，勇于迎接挑战，善于从批评和错误、挫折乃至失败中学习，易于被他人的成功激励的积极的态度。美国斯坦福大学教授卡罗尔·德韦克率先将思维模式分为成长型思维和固定型思维两种，正式提出了"成长型思维模式"概念，秉持人的智力是可以发展的基本理念。实践中，持有成长型思维的人，在对待努力、挑战、挫折、他人的成功和他人的批评时，也与持有固定型思维的人呈现出极大的差别。成长型思维的这一特点，与"一切后天习得的智力都应该用广义的知识来解释"的智力的知识观[②]具有内在的一致性。也是在这一层意义上说，人的智力是可以大幅改变的。

2. 对成长型思维的理解和对学生进行成长型思维教育不能简单化

学生对"你的智力是你难以大幅改变的"（成长型思维）的看法，特别是学

---

① 尽管如此，本书还是按照 PISA 2018 的本意，将学生对"你的智力是你难以大幅改变的"的看法与是否具有"成长型思维"等同。特此说明。

② 皮连生. 论智力的知识观[J]. 华东师范大学学报(教育科学版), 1997(3): 52-58.

生对该问题的看法与科学素养成绩的负相关启发我们，对成长型思维的理解和对学生进行成长型思维教育不能简单化。成长型思维，或曰智力增量理论，就是相信一个人的能力和智力可以随着时间的推移而发展①。这与固定型思维认为人天生具有一定程度的能力和智力，几乎不会因为经验或学习而改变的观念相反②。实践中，成长型思维概念有时会被人们误解，例如，有些人将成长型思维误认为思想开放和灵活，或者将成长型思维等同于表扬和奖励学生的努力，殊不知过度表扬会产生不良影响，让学生在实际没有取得任何进展时感到无实质意义的高兴。这就是为什么认可成长心态意味着要更加关注学习过程，并将这些过程与学习成果的改善联系起来。与教师最相关的可能误解是，灌输成长心态的说教只是告诉学生他们可以达到任何目标。家长和老师当然应该相信孩子有能力发挥他们的潜力，但需要为此创造合适的学习环境。

教育工作者可以通过多种方式尝试让学生了解和理解成长型思维，并且让学生知晓和体验成长型思维可以带来更大的学习动力、更大的努力投入和更好的学业成绩。③好的老师不仅能帮助学生取得成功，还能帮助学生相信自己的努力和良好的学习策略是取得成功的源泉。教师应该为每个学生设定不同的具有挑战性的学习目标，并尽一切努力确保所有学生都有机会以适合他们的方式学习教学内容。教师应相信所有学生都能学习并取得成功，说服学生通过适当的学习策略和自身努力投入学习，以提高和发挥自身的潜力。教师还应该特别关怀和帮助那些在学业上苦苦挣扎的学生和来自弱势背景的学生④，鼓励他们不要惧怕挫折和失败，学会对学习结果合理归因，通过自己的努力逐渐地实现目标和不断地超越自己。

---

① Dweck C. What having a "growth mindset" actually means[J]. Harvard Business Review Digital Articles, 2016. https: //hbr.org/2016/01/what-having-a-growth-mindset-actually-means [2021-12-30].

② Caniëls M, Semeijn J H, Renders I. Mind the mindset! The interaction of proactive personality, transformational leadership and growth mindset for engagement at work[J]. Career Development International, 2018, 23(1): 48-66.

③ Blackwell L S, Trzesniewski K H, Dweck C S. Implicit theories of intelligence predict achievement across an adolescent transition: A longitudinal study and an intervention[J]. Child Development, 2007, 78(1): 246-263.

④ Paunesku D, Walton G M, Romero C, et al. Mind-Set interventions are a scalable treatment for academic underachievement[J]. Psychological Science, 2015, 26(6): 784-793.

3. 要向学生普及一些简单实用的有关个体身心发展的心理学及教育学知识

学生对"你的智力是你难以大幅改变的"（成长型思维）的看法，特别是学生对该问题的看法与科学素养成绩的负相关也启发我们，基础教育学校需要对中小学生普及一些简单实用的有关个体身心发展的现代心理学及教育学知识，而不仅仅是本书提及的一个智力概念。当时代发展已经步入知识经济型社会和人工智能时代，当学习能力已经成为每个个体立足当下和实现可持续发展的必备条件，当"智力、技能、认知结构"组成的能力[1]与价值观共同锻造出的（学科）核心素养已成为衡量人的发展水平的尺度[2]，现代心理学及教育学知识不应该仅仅是专业研究者和教育实践者的独家秘籍了，恰恰相反，这些知识应该成为每一个学习者（主要是学校学生）乃至每一个社会成员都应该掌握的基本工具。

对中小学生普及与个体身心发展相关的现代心理学及教育学知识，自然涉及普及的具体内容和普及的具体方式选择等问题。鉴于现代教育改革越来越强调学生的主动学习和身心参与，普及现代心理学及教育学知识必须关注学习科学的最新研究成果，例如教育神经科学、脑科学（例如大脑可塑、镜像神经元等）、信息技术、人工智能等领域的最新研究成果，以及聚焦于人的发展的认知心理学、情感心理学、发展心理学、社会心理学、具身认知、情绪智力[3]、教育与发展、创造力发展等现代研究成果，让学生充分认识自己的优势与不足，以及自身发展的无限可能性。在普及现代心理学及教育学知识的形式选择上，可以利用一切可以利用的教育时空、条件、方式、大众传媒及现代技术。在教育政策、教育理论和教育实践等层面，人们对于这一问题已经开展尝试与探索，一些相关文件明确提出了学校要对学生发展给予指导的要求，学生发展指导的内涵得到了不断充实和完善（所涉及的内容依然需要进一步研究与拓展），学生发展指导实践也逐渐具体化和规范化。这些努力对于丰富学生认识和理解自身成长与发展规律具有非常重要的作用。《教育研究》等杂志近期开展的教育知识普及宣传活动，无疑也是一种在大众

---

① 邢红军，陈清梅. 论"智力—技能—认知结构"能力理论[J]. 首都师范大学学报（自然科学版），2005（3）：41-47.

② 核心素养研究课题组. 中国学生发展核心素养[J]. 中国教育学刊，2016（10）：1-3.

③ 张冲. 我国中学生能力型情绪智力现状调查[J]. 教育研究，2020，41（11）：104-117.

中普及现代心理学及教育学知识的积极探索。

4. 让学生拥有成长型思维最终是为了让学生成为乐观且坚毅的人

让学生拥有成长型思维，在一定意义上说就是要让学生形成一种乐观的解释性风格，亦即在消极事件及体验中归因于外部的、暂时的和特殊的因素，而不是归因于内部的、稳定的（不可改变的）和普遍的因素①，其最终目的是让学生成为乐观且坚毅的人。在发展和成长过程中，每个人都会经历一些不顺心、挫折乃至失败，拥有固定型思维的人会深深感受到挫败感，会认为自己失败了，甚至给自己贴上失败者的标签，或者抱怨周围环境和他人，认为一切问题都是外界因素造成的，表现得特别悲观——在遭遇挫折时滞留在任何最具毁灭性的原因中不能自拔②，而同样经历不顺心、挫折乃至失败，拥有成长型思维的人却能够坦然接受不顺心、挫折乃至失败的结果，然后从失败中积极去寻找自己可以改进和提升的地方，为自己寻找解决方案，并乐意尝试。他们拥抱失败，甚至渴望挑战，因为挑战会激发他们的动力。

事实上，乐观与坚毅在人的生命领域中占有很重要的地位。研究和实践都表明，乐观的孩子成绩好，乐观造就赛场冠军，乐观的领袖得民心，乐观奠定事业成功的基础，乐观提升成就的水平，乐观能使身体更为强健，乐观能使我们的生活有梦想、有计划、有未来。乐观丰富了关于获得成功的两个必备要素——能力与动机——的传统认识：不管能力多高，如果缺乏动机也不会成功，足够的动机可以弥补能力上的不足，成功需要人们的坚持，而乐观的解释性风格就是坚持的灵魂。成功的人要考虑三点：能力、动机、乐观。当然，乐观并非万能药，也有其缺点与局限性，例如它有时会让人们看不到真实的外界，也会使有些人去逃避自己失败的责任。因此，人们需要做出更多的判断和选择，在乐观对于我们的发展有益时主动去选择性地应用它，同时承认悲观主义在社会和个人生活中也有一定的作用。乐观并不是否认或避免悲伤及气愤，消极情绪本来就是丰富生活的一部分，同时它也是鼓励人们了解或改变不好事情的正常反应。我们所需要的是习

---

① Alan Carr. 积极心理学：关于人类幸福和力量的科学[M]. 郑雪，等译校. 北京：中国轻工业出版社，2008：78.

② 马丁·塞利格曼，卡伦·莱维奇，莉萨·杰科克斯，等. 教出乐观的孩子：让孩子受用一生的幸福经典[M]. 洪莉译. 沈阳：万卷出版公司，2010：8.

得的乐观而绝非盲目的乐观，是一种弹性的乐观，一种审时度势的乐观[①]，一种做事情不轻易放弃、遇挫折更易寻求帮助、复原能力更强、更加坚毅和坚忍的乐观。这是成长型思维教学需要注意的问题，也是成长型思维教学最根本的追求。

---

① 马丁·塞利格曼(Martin E. P. Seligman). 活出最乐观的自己[M]. 洪兰译. 沈阳: 万卷出版公司, 2010: 259.

第四章

学生阅读元认知作用及其科学训练

  阅读元认知策略与学生阅读素养成绩有着紧密的联系。基于PISA 2018中国四省市调查数据分析发现，在阅读元认知理解及记忆策略、简要总结策略、评价鉴别策略的不同元认知水平上，学生阅读素养平均成绩存在显著性差异；总体上，学生阅读素养成绩随着学生阅读元认知策略应用水平提升而提升。学生阅读元认知策略应用水平在学生性别和年级层面表现出显著性差异，女生水平高于男生，并且大体上随着学生年级升高而提升。这些发现不仅丰富了人们对阅读元认知策略与阅读素养关系的认识，也要求教师开展元认知的显性化教学，并且从阅读元认知策略推广到一般的元认知，从一般的元认知走向自我理解的自觉。

21 世纪的文盲将不再是目不识丁的人，而是那些从未学习"如何学习"的人。[①]当今时代如果我们不去学习，我们就什么都不知道；如果我们不清空自己不合时宜的认识，我们就只能停留在过去，随着旧世界崩塌而崩塌；如果我们不学习"如何学习"，我们就无法走进我们的未来，更不可能借助时代的力量去构建属于自己的未来。在学习过程中，我们一方面进行着感知、记忆、思维、想象等各种认知活动，另一方面又要对自己的感知、记忆、思维、想象等各种认知活动进行积极的监控和调节，这种对自己的感知、记忆、思维、想象等认知活动本身的再感知、再记忆、再思维、再想象的认知、监控、调节等活动就称为元认知。深入到学科学习过程中发现，元认知有着丰富而具体的表现形式，例如阅读中的元认知、听力中的元认知、写作中的元认知、问题解决中的元认知等。在这些众多的元认知形式中，学生阅读元认知的作用需要人们给予特别的关注，因为阅读理解是学生学习活动中最主要的学习形式之一，不仅涉及语文学科的学习，更是各科课程学习的基础。

一、学生阅读元认知的相关研究

（一）研究背景

元认知（metacognition）是美国发展心理学家弗拉维尔（J. H. Flavell）于 1976 年首次提出的一个与"认知"既联系又不同的心理学概念，它是指个体关于自己的认知过程及结果或其他相关事情的知识，以及为实现某一具体目标或完成某一具体任务依据认知对象对认知过程进行主动的监测以及连续的调节和协调。[②]大致在同一时期，安·L. 布朗（Ann L. Brown）对问题解决中的元认知概念[③]，以及阅读中的元认知问题[④]也进行了深入研究，丰富了人们对于元认知概念的理解。

---

① 阿尔文·托夫勒. 未来的冲击[M]. 黄明坚译. 北京: 中信出版社, 2018: 364.
② Flavell J H. Metacognitive aspects of problem solving[J]. Nature of Intelligence, 1976: 231-235.
③ Brown A L . Knowing when, where, and how to remember: A problem of metacognition. Technical report No. 47[R]. Cognitive Processes, 1978: 152.
④ Baker L, Brown A L. Metacognitive skills and reading. Technical report No. 188[R]. Content Area Reading, 1980: 74.

对元认知的相关理解有着悠久的历史。我国古代就有类似的教学思想，例如
《学记》中的"学然后知不足，教然后知困。知不足，然后能自反也；知困，然
后能自强也"。苏联心理学家维果茨基在其《思维与语言》一书中也注意到了人
们对于自身意识活动的指向，特别关注言语与思维的内部运作，亦即有了对意
识的意识问题。①弗拉维尔本人也是从"元记忆"②——关于个体自身记忆的知
识——的研究走向"元认知"问题的。③

人们对元认知的讨论主要聚焦于元认知概念、元认知教育价值、元认知成分
及元认知基本结构④、元认知水平测量、元认知能力培养、元认知与学科教学、
元认知源流及其发展与反思等主题。例如，个体在感知或记忆任务（其实也包括
思维与解决问题等认知活动）中是如何识别自己成功的认知处理能力的，我们应
该如何量化这种能力，如何衡量个体的元认知敏感性（一个人在区分自己的正确
和不正确判断方面有多好）和元认知效率，对于元认知能力培养等是一项基础性
的工作。⑤为了更为准确地评估学生的元认知水平，人们借助元认知的自我报告
及他人评估、探索性因素分析及验证性因素分析等方法，对这一问题进行了更为
深入的研究⑥，反映了元认知水平测量及元认知研究的时代意义。

将元认知视为跨不同领域以及在基础研究和应用研究中都需要给予关注的宽
泛概念是有用的。⑦与此相应，元认知研究也关涉元认知与意识，元认知、智力
和天赋，元认知与社会认知，元认知之于学生学习和学生发展的独特作用，元认
知与学习和教学⑧，以及具体学科教学中元认知研究等具体主题或问题，这些研

---

① 列夫·维果茨基. 思维与语言[M]. 李维译. 北京：北京大学出版社, 2010: 197.

② Flavell J H, Friedrichs A G, Hoyt J D. Developmental changes in memorization processes[J]. Cognitive Psychology, 1970, 1(4): 324-340.

③ Flavell J H. Metacognition and cognitive monitoring: A new area of cognitive-developmental inquiry[J]. American Psychologist, 1979, 34(10): 906-911.

④ Schraw G, Dennison R S. Assessing metacognitive awareness [J]. Contemporary Educational Psychology, 1994, 19(4): 460-475.

⑤ Fleming S M, Lau H C. How to measure metacognition[J]. Frontiers in Human Neuroscience, 2014, 8: 443.

⑥ Kawata K, Ueno Y, Hashimoto R, et al. Development of metacognition in adolescence: The congruency-based metacognition scale[J]. Frontiers in Psychology, 2021, 11: 1-10.

⑦ Norman E, Pfuhl G, Sle R G, et al. Metacognition in psychology[J]. Review of General Psychology, 2019, 23(4): 403-424.

⑧ Marzano R J, Kendall J S. The New Taxonomy of Educational Objectives [M]. California: Corwin Press, 2007: 2.

究加深了人们对元认知问题的理解。事实上，元认知研究的视角是多元的，我们既可以从心理学的视角展开探究——例如关注儿童天赋的研究①，也可以借鉴哲学的意识研究方法②，还可以从教育学的视角，以及具体学科教学的视角（学会数学思考中的元认知，科学探究、建模和元认知，科学教育中的元认知等）进行研究。有研究者从社会认知的角度考虑学生的自我监控与调节（本质上是元认知）问题时发现，自我调节不仅涉及元认知知识和技能，还涉及一种潜在的自我效能感和个人能动性，以及将这些自我信念付诸实践的动机和行为过程。③不包括这个核心自我参照系统的自我调节学习的观点，很难解释人类自我调节的失败，特别是当这些努力在元认知上被认为是有帮助的时候。

在许多情况下，积极参与元认知可以提高认知成就和主观幸福感。然而，元认知参与的潜在缺点在元认知研究中很少被传达。例如，元认知可能降低认知成就和心理健康水平的三种方式。首先，元认知有时可能会主动干扰任务执行；其次，在某些情况下，参与元认知策略的成本可能超过其收益；最后，涉及负面自我评价的元认知判断或感觉可能会减损心理健康。④对于研究人员和教育从业者来说，考虑到元认知的这种潜在缺点同样是非常重要的，它有助于我们避免在实践中将元认知教学引向另一个极端。

在阅读元认知策略及其教学（这与"元认知与学科教学"等研究有一定交集）上，研究者进行了专门的研究，其中一个经典研究是元认知技能和阅读的关系。研究表明，涉及理解监控的元认知活动对于批判性阅读过程具有重要的作用，而阅读元认知包括识别重要思想、测试自己对材料的掌握程度、制定有效的学习策略、适当分配学习时间等。⑤学习阅读当然还涉及阅读元认知与阅读理解、阅读元认知知识与阅读策略的关系，以及如何使用阅读策略来帮助理解等问题。许多阅读行为，例如略读、利用上下文识别不熟悉的单词，以及记笔记以帮

---

① Shore B M, Dover A C. Metacognition, intelligence and giftedness[J]. Gifted Child Quarterly, 1987, 31(1): 37-39.

② Nelson T O. Consciousness and metacognition[J]. American Psychologist, 1996, 51(2): 102-116.

③ Zimmerman B J. Self-regulation involves more than metacognition: A social cognitive perspective[J]. Educational Psychologist, 1995, 30(4): 217-221.

④ Norman E. Why metacognition is not always helpful[J]. Frontiers in Psychology, 2020, 11: 1537.

⑤ Baker L, Brown A L. Metacognitive skills and reading. Technical report No. 188[R]. Content Area Reading, 1980: 74.

助记忆，都可以促进阅读理解和学习。[①]实践中通过增加学生阅读元认知知识，明确地教他们使用阅读策略，也有助于提高学生阅读表现和阅读策略的实际应用水平。[②]元认知的有用性当然还取决于促进元认知发展、将元认知作为重要教学目标维度的有效教学。[③]

我国学者也就元认知的概念、价值、结构、测量、培养、学科教学、发展等问题进行了深入研究。元认知不仅是个体对认知的认知[④]，更是个体对当前认知活动的认知调节。[⑤]从构成成分上看，元认知包括元认知知识、元认知体验和元认知监控，或者说包括元认知技能、元认知知识和元认知体验。[⑥]元认知与个体智力和思维品质等具有一定的相关性[⑦]，并且随着儿童年龄的增长而发生、发展和变化[⑧⑨]。元认知研究在理论上和实践上，特别是在促进学生主体性发展和教会学生如何学习的问题上都具有十分重要的意义[⑩]，并且与个体学习策略（包括阅读策略）有着非常紧密的联系。[⑪]元认知成分（及水平）是不断发展的[⑫]，并与学生学习[⑬]、教学活动[⑭]，特别是与具体的学科教学，例如数学解题中的元认知教学[⑮]、化学教学与元认知[⑯]、外语教学中的元认知策略[⑰]、学科教学中的元认

---

① Paris S G, Lipson M Y, Wixson K K. Becoming a strategic reader[J]. Contemporary Educational Psychology, 1983, 8(3): 293-316.

② Paris S G, Oka E R. Children's reading strategies, metacognition, and motivation[J]. Developmental Review, 1986, 6(1): 25-56.

③ Garner B R. Metacognition and reading comprehension[J]. International Review of Education, 2018, 17(1): 11-26.

④ 董奇. 论元认知[J]. 北京师范大学学报(社会科学版), 1989(1): 68-74.

⑤ 汪玲, 郭德俊. 元认知的本质与要素[J]. 心理学报, 2000, 32(4): 458-463.

⑥ 汪玲, 郭德俊, 方平. 元认知要素的研究[J]. 心理发展与教育, 2002(1): 44-49.

⑦ 董奇. 元认知与思维品质关系性质的相关、实验研究[J]. 北京师范大学学报(社会科学版), 1990(5): 51-58.

⑧ 李景杰. 元认知10—15岁少年儿童记忆监控能力的实验研究[J]. 心理学报, 1989, 21(1): 86-255.

⑨ 董奇. 10—17岁儿童元认知发展的研究[J]. 心理发展与教育, 1989, 4: 11-17.

⑩ 杨宁. 元认知研究的理论意义[J]. 心理学报, 1995, 27(3): 322-328.

⑪ 杜晓新, 冯震. 元认知与学习策略[M]. 北京: 人民教育出版社, 1999: 30.

⑫ 张雅明. 元认知发展与教学: 学习中的自我监控与调节[M]. 合肥: 安徽教育出版社, 2012: 88.

⑬ 桑标, 王小晔. 元认知与学生学习[J]. 全球教育展望, 2001(12): 16-18.

⑭ 杨宁. 元认知与教学[J]. 华东师范大学学报(教育科学版), 1995(3): 79-86.

⑮ 涂荣豹. 数学解题学习中的元认知[J]. 数学教育学报, 2002, 11(4): 6-11.

⑯ 刘克文. 元认知理论与化学教学[J]. 中学化学教学参考, 2000(11): 6-8.

⑰ 纪康丽. 外语学习中元认知策略的培训[J]. 外语界, 2002(3): 20-26.

知训练[①]等紧密关联。在阅读元认知（策略）相关研究中，已有研究成果主要聚焦于英语学科的阅读问题。近年来，有研究者关注网络阅读（数字化阅读）元认知能力培养和学生阅读元认知能力[②]、阅读能力自我概念等对阅读素养发展的影响[③]，反映了阅读元认知研究的发展方向。

元认知研究是心理学和教育学领域长期以来一直关注的重要问题。元认知研究关注个体主观能动性的发挥，强调个体对自己认知过程的监控、反思与调节，促使个体学会学习与学会思考，有利于个体适应时代和终身发展。作为元认知研究的下位概念（范畴、领域），阅读元认知策略研究不仅有助于人们对于阅读问题的理解和阅读教学实践的改善，而且有助于提升人们对一般元认知问题的认识水平。

（二）研究问题

结合上述元认知研究的简单分析，同时基于 PISA 2018 中国四省市相关测评和调查数据，本研究主要聚焦以下问题：学生阅读元认知理解及记忆策略、简要总结策略、评价鉴别策略与阅读素养成绩的关系；学生阅读元认知策略应用水平的性别差异与年级差异。在此基础上，进一步讨论培养学生阅读元认知策略的可行路径。

二、学生阅读元认知的研究设计

（一）研究过程

研究对象为 PISA 2018 中国四省市学生样本（共 12 058 名，均为 2002 年出生），通过他们在 PISA 2018 学生问卷及认知测评上的回答情况进行研究。

研究数据取自 OECD 官网（https://www.oecd.org/pisa/data/2018database/）。

在研读 OECD 发布的 PISA 2018 相关研究报告和分析 PISA 2018 中国四省市

---

① 姜英杰, 程利, 李广. 美国学科教学中的元认知能力训练[J]. 外国教育研究, 2003, 30 (5): 55-57.
② 罗双兰, 葛洋. 网络阅读元认知能力培养研究[J]. 中国远程教育, 2011 (7): 51-55.
③ 廖琴, 王哲. 中国四省市学生阅读素养的影响因素研究——基于 PISA 2018 数据的分析[J]. 上海教育科研, 2020 (6): 24-29.

学生相关数据的基础上，笔者逐步明确具体的研究问题和研究方法。

（二）研究方法

笔者将 PISA 2018 学生问卷及认知测评项目作为研究工具。在 PISA 2018 学生问卷中，就阅读元认知理解及记忆策略情况专门列出了三种不同的阅读任务，并且附有一系列"策略"清单让学生选择，以了解学生对阅读元认知理解及记忆策略与不同阅读任务之间匹配有效性的看法（给每种策略划分 1 分到 6 分的等级，1 分表示该策略对此阅读任务完全无用，而 6 分表示该策略对此阅读任务非常有用），间接探查学生应用这些策略完成不同阅读任务的元认知水平。例如，为了"理解并记住文章中的信息"，PISA 2018 学生问卷提供了"集中看文中易于理解的内容、快速阅读全文两遍、阅读完后与其他人讨论内容、在文中的重要内容处画线标记、用自己的语言总结文中内容、向他人大声朗读"等 6 种阅读策略供学生选择（学生问卷题目 ST164）。问卷还设计了旨在了解简要总结策略、评价鉴别策略有效性的相关阅读任务与具体"策略"清单。

研究主要涉及阅读元认知理解及记忆策略指数（都经过标准化处理，下同）、阅读元认知简要总结策略指数、阅读元认知评价鉴别策略指数、学生性别、学生年级、阅读素养成绩等变量。前 5 个变量数据直接源于 PISA 2018 数据库，学生阅读素养成绩则是通过 PISA 2018 数据库中 10 个阅读素养拟真值（plausible value in reading）的简化处理得出的学生阅读素养后验期望估计值[1]。对于 EAP 数据的处理，可能与 PISA 2018 的数据分析有些出入，但是它并不影响对群体（以及分组后的子群体）阅读素养成绩平均值的估计，而且计算过程更为简单，速度更快，符合传统的贝叶斯思想，是一种比较受推崇的能力参数估计方法。[2]

研究选取 SPSS24 作为数据分析软件，并辅之以其他相关软件。鉴于元认知相关指数的变量特性，以及学生性别、学生年级等定类变量属性，研究主要应用单因素方差分析方法等处理相关数据。

---

① OECD. PISA Data Analysis Manual: SPSS（2nd ed.）[M]. Paris: OECD Publishing, 2009: 97-98.
② 罗照盛. 项目反应理论基础[M]. 北京: 北京师范大学出版社, 2012: 57-58. 张心, 涂冬波. 计算机化自适应测验中几种常用能力估计方法的特性与评价[J]. 中国考试, 2014（5）: 18-25.

三、学生阅读元认知策略效果分析

（一）学生阅读元认知理解及记忆策略与阅读素养的关系

在判断学生阅读元认知理解及记忆策略应用水平（定序变量，或者看作定类变量）与阅读素养是否存在相关关系时，可以考虑用 η 系数作为指标。η 系数又称为关联强度指标，也称为相关比（correlation ratio）[①]。R 为相关系数，R^2 为决定系数（自变量能够解释因变量的百分比）。从表 4.1 和表 4.2 可以看出，学生阅读元认知理解及记忆策略与阅读素养之间存在相关关系，其中 $R^2=0.110$，$\eta^2=0.117$（$p<0.05$）。在阅读元认知理解及记忆策略的不同应用水平上，学生阅读素养平均成绩存在显著性差异（表 4.3）。

表 4.1　阅读元认知理解及记忆策略不同应用水平的学生阅读素养单因素方差分析结果

相关变量	变异来源		SS	df	MS	F	p
阅读素养平均成绩×阅读元认知理解及记忆策略应用水平	组间	（组合）	764 875 214.628	9	84 986 134.959	14 067.115	0.000
		线性	717 205 818.449	1	717 205 818.449	118 713.680	0.000
		线性偏差	47 669 396.179	8	5 958 674.522	986.295	0.000
	组内		5 765 087 768.946	954 252	6 041.476		
	总计		6 529 962 983.574	954 261			

表 4.2　学生阅读元认知理解及记忆策略应用水平与阅读素养平均成绩相关性度量结果

相关变量	R	R^2	η	η^2
阅读素养平均成绩×阅读元认知理解及记忆策略应用水平	0.331	0.110	0.342	0.117

表 4.3　阅读元认知理解及记忆策略不同应用水平的学生阅读素养平均成绩描述统计量

阅读元认知理解及记忆策略应用水平	N	M	SD	SE	均值的95%置信区间		min	max
					下限	上限		
−1.64	112 536	497.169 6	81.632 73	0.243 34	496.692 6	497.646 5	241.06	730.44
−1.29	10 898	510.675 0	97.231 94	0.931 40	508.849 3	512.500 7	263.23	761.39
−0.94	35 281	538.283 3	80.307 87	0.427 55	537.445 3	539.121 3	264.14	716.85

[①] 杜智敏. 抽样调查与 SPSS 应用[M]. 北京: 电子工业出版社, 2010: 541.

续表

阅读元认知理解及记忆策略应用水平	N	M	SD	SE	均值的95%置信区间		min	max
					下限	上限		
−0.60	144 183	536.050 4	78.698 11	0.207 26	535.644 2	536.456 6	246.06	740.68
−0.25	70 330	553.958 6	83.358 31	0.314 33	553.342 5	554.574 7	289.30	765.57
0.10	86 694	567.615 8	76.569 01	0.260 05	567.106 1	568.125 5	305.12	778.35
0.45	163 494	567.870 6	75.930 00	0.187 79	567.502 5	568.238 6	278.29	786.03
0.80	87 309	578.707 1	77.043 01	0.260 74	578.196 0	579.218 1	267.12	777.75
1.15	74 038	581.975 4	72.519 83	0.266 52	581.453 0	582.497 7	272.76	795.45
1.50	169 498	586.351 7	74.647 70	0.181 32	585.996 3	586.707 0	306.73	770.66
总计	954 262	557.297 8	82.722 16	0.084 68	557.131 9	557.463 8	241.06	795.45

经过事后多重比较可知，除了阅读元认知理解及记忆策略应用水平 0.10 与 0.45，在其他策略应用水平之间，学生阅读素养平均成绩均存在显著性差异（$p=0.000$）。学生阅读元认知理解及记忆策略与阅读素养关系的同类子集也反映了这一特点（表4.4）。

表 4.4　阅读元认知理解及记忆策略不同应用水平的学生阅读素养成绩同类子集

Tukey B[a, b]

阅读元认知理解及记忆策略应用水平	N	$α=0.05$ 的子集								
		1	2	3	4	5	6	7	8	9
−1.64	112 536	497.169 6								
−1.29	10 897		510.675 0							
−0.60	144 183			536.050 4						
−0.94	35 281				538.283 3					
−0.25	70 329					553.958 6				
0.10	86 694						567.615 8			
0.45	163 493						567.870 6			
0.80	87 308							578.707 1		
1.15	74 037								581.975 4	
1.50	169 497									586.351 7

注：将显示同类子集中的组均值。
a. 将使用调和均值样本，样本大小为 50 338.357。
b. 组大小不相等，将使用组大小的调和均值，将不保证 I 类错误级别。

从表 4.3 及图 4.1 中可以看出，总体上，学生阅读素养平均成绩随阅读元认知理解及记忆策略应用水平[1]的提升而提升。

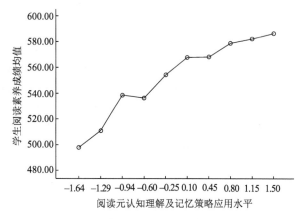

图4.1 学生阅读素养平均成绩与阅读元认知理解及记忆策略应用水平的关系

（二）学生阅读元认知简要总结策略与阅读素养的关系

在阅读元认知简要总结策略的不同应用水平上，学生阅读素养平均成绩存在显著性差异（$p<0.05$），而且学生阅读元认知简要总结策略与阅读素养二者之间存在一定的相关关系，其中 $R^2=0.125$，$\eta^2=0.134$，具体可参见表 4.5—表 4.7。

表 4.5 阅读元认知简要总结策略不同应用水平的学生阅读素养平均成绩单因素方差分析结果

相关变量	变异来源		SS	df	MS	F	p
阅读素养平均成绩×阅读元认知简要总结策略应用水平	组间	（组合）	878 622 873.102	8	109 827 859.138	18 565.730	0.000
		线性	819 188 333.452	1	819 188 333.452	138 478.796	0.000
		线性偏差	59 434 539.649	7	8 490 648.521	1 435.292	0.000
	组内		5 672 227 797.557	958 856	5 915.623		
	总计		6 550 850 670.659	958 864			

---

[1] 指阅读元认知理解及记忆策略应用水平的负值并不一定意味着学生对基本问题的回答是否定的。负值仅表明受访者的回答平均不如 OECD 国家受访者的回答积极。同样，指数的正值表明受访者的回答平均比 OECD 国家受访者的回答更肯定或更积极。

表 4.6　学生阅读元认知简要总结策略与阅读素养的相关性度量结果

相关变量	R	R^2	η	η^2
阅读素养平均成绩×阅读元认知简要总结策略应用水平	0.354	0.125	0.366	0.134

表 4.7　阅读元认知简要总结策略不同水平的学生阅读素养平均成绩描述统计量

阅读元认知简要总结策略应用水平	N	M	SD	SE	均值的 95%置信区间		min	max
					下限	上限		
−1.72	170 031	505.711 7	78.229 84	0.189 72	505.339 8	506.083 5	241.06	716.79
−1.34	26 544	514.470 5	74.199 34	0.455 43	513.577 8	515.363 1	278.86	765.43
−0.95	39 114	521.152 8	76.286 25	0.385 73	520.396 7	521.908 8	309.65	716.44
−0.57	55 689	532.119 4	82.459 31	0.349 43	531.434 5	532.804 2	246.06	725.58
−0.18	174 909	565.431 3	74.703 86	0.178 62	565.081 2	565.781 4	272.76	761.83
0.21	141 875	570.269 1	80.840 60	0.214 62	569.848 4	570.689 8	248.65	786.03
0.59	200 465	583.622 4	75.482 06	0.168 59	583.292 0	583.952 8	252.52	777.75
0.98	76 167	583.778 4	77.165 63	0.279 60	583.230 4	584.326 5	327.96	795.45
1.36	74 071	586.528 1	71.653 40	0.263 28	586.012 0	587.044 1	372.20	766.81
总计	958 865	557.295 9	82.655 25	0.084 41	557.130 5	557.461 4	241.06	795.45

经过事后多重比较可知，除了阅读元认知简要总结策略应用水平 0.59 与 0.98，在其他策略应用水平之间，学生阅读素养平均成绩均存在显著性差异（$p<0.05$）。从学生阅读元认知简要总结策略与阅读素养关系的同类子集（表 4.8）的分析中，我们也能得出这一判断。

表 4.8　阅读元认知简要总结策略不同应用水平的学生阅读素养同类子集

Tukey B[a, b]

阅读元认知简要总结策略应用水平	N	α=0.05 的子集							
		1	2	3	4	5	6	7	8
−1.72	170 030	505.711 7							
−1.34	26 543		514.470 5						
−0.95	39 114			521.152 8					
−0.57	55 688				532.119 4				
−0.18	174 908					565.431 3			

续表

阅读元认知简要总结策略应用水平	N	α=0.05 的子集							
		1	2	3	4	5	6	7	8
0.21	141 875						570.269 1		
0.59	200 465							583.622 4	
0.98	76 167							583.778 4	
1.36	74 070								586.528 1

注：将显示同类子集中的组均值。

a. 将使用调和均值样本，样本大小为 68 461.053。

b. 组大小不相等，将使用组大小的调和均值，将不保证 I 类错误级别。

基于图 4.2 可以看出，总体上，学生阅读素养平均成绩随着学生阅读元认知简要总结策略应用水平的提升而提升，并且在阅读元认知简要总结策略应用水平的均值附近，阅读素养成绩提升较快。

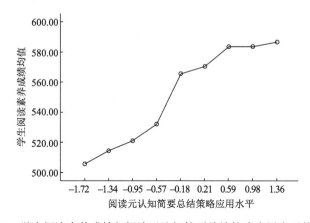

图 4.2　学生阅读素养成绩与阅读元认知简要总结策略应用水平的关系

（三）学生阅读元认知评价鉴别策略与阅读素养的关系

与阅读元认知理解及记忆策略、阅读元认知简要总结策略类似，在阅读元认知评价鉴别策略不同水平上，学生阅读素养平均成绩也存在显著性差异（$p < 0.05$），而且学生阅读元认知评价鉴别策略与阅读素养之间存在相关关系，其中 $R^2=0.222$，$\eta^2=0.228$。具体可参见表 4.9—表 4.11。

表 4.9　阅读元认知评价鉴别策略不同应用水平的学生阅读素养平均成绩单因素方差分析结果

相关变量	变异来源		SS	df	MS	F	p
阅读素养平均成绩×阅读元认知评价鉴别策略应用水平	组间	（组合）	1 490 335 890.371	6	248 389 315.062	47 307.965	0.000
		线性	1 450 160 169.176	1	1 450 160 169.176	276 195.962	0.000
		线性偏差	40 175 721.196	5	8 035 144.239	1 530.365	0.000
	组内		5 045 319 894.605	960 926	5 250.476		
	总计		6 535 655 784.976	960 932			

表 4.10　学生阅读元认知评价鉴别策略与阅读素养的相关性度量结果

相关变量	R	R^2	η	$η^2$
阅读素养平均成绩×阅读元认知评价鉴别策略应用水平	0.471	0.222	0.478	0.228

表 4.11　阅读元认知评价鉴别策略不同应用水平的学生阅读素养平均成绩描述统计量

阅读元认知评价鉴别策略应用水平	N	M	SD	SE	均值的 95%置信区间		min	max
					下限	上限		
−1.41	170 894	494.318 7	75.387 82	0.182 36	493.961 3	494.676 1	241.06	697.79
−0.96	63 261	515.525 7	67.797 02	0.269 55	514.997 4	516.054 0	278.29	723.61
−0.50	152 013	538.023 2	76.136 60	0.195 28	537.640 4	538.405 9	246.06	749.82
−0.04	95 860	561.710 2	78.062 12	0.252 13	561.216 0	562.204 3	296.30	750.31
0.42	177 206	571.858 5	71.758 94	0.170 47	571.524 4	572.192 6	289.30	772.81
0.87	88 875	604.267 4	71.141 87	0.238 64	603.799 7	604.735 1	304.53	795.45
1.33	212 826	601.198 9	67.011 74	0.145 26	600.914 2	601.483 6	351.69	778.35
总计	960 935	557.491 0	82.470 42	0.084 13	557.326 1	557.655 9	241.06	795.45

　　阅读元认知评价鉴别策略对学生阅读素养成绩也有着重要影响。从表 4.11、事后多重比较（具体从略）的分析中可以看出，总体上，学生阅读素养随着阅读元认知评价鉴别策略应用水平的提升而提升，在阅读元认知评价鉴别策略不同应用水平上，学生阅读素养平均成绩存在显著性差异（$p < 0.05$），但是，从阅读元认知评价鉴别策略应用水平 0.87 到 1.33，学生阅读素养平均成绩反而下降。学生阅读元认知评价鉴别策略与阅读素养关系的同类子集（表 4.12）也体现了这一特性，亦即阅读元认知评价鉴别策略不同应用水平的学生，可以分别划归入不同的子集中。图 4.3 更为形象直观地反映了这一情况。

表 4.12　学生阅读元认知评价鉴别策略不同应用水平的学生阅读素养平均成绩同类子集

Tukey B[a, b]

阅读元认知评价鉴别策略应用水平	N	α=0.05 的子集						
		1	2	3	4	5	6	7
−1.41	170 893	494.318 7						
−0.96	63 260		515.525 7					
−0.50	152 012			538.023 2				
−0.04	95 860				561.710 2			
0.42	177 205					571.858 5		
1.33	212 825						601.198 9	
0.87	88 874							604.267 4

注：将显示同类子集中的组均值。

a. 将使用调和均值样本，样本大小为 116 157.384。

b. 组大小不相等，将使用组大小的调和均值，将不保证Ⅰ类错误级别。

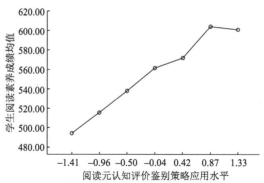

图 4.3　学生阅读素养平均成绩与阅读元认知评价鉴别策略应用水平的关系

（四）学生阅读元认知策略应用水平的性别差异分析

在性别上，男女生阅读元认知理解及记忆策略、简要总结策略、评价鉴别策略应用水平都存在显著性差异（F 检验，$p<0.05$），女生的阅读元认知策略应用水平比男生高（表 4.13、表 4.14）。

表 4.13　不同性别学生阅读元认知策略应用水平的描述统计量（三个维度）

因变量	学生性别						总计		
	女生			男生					
	N	M	SD	N	M	SD	N	M	SD
阅读元认知理解及记忆策略	463 810	0.294 4	0.973 99	490 452	0.038 9	1.006 14	954 262	0.163 1	0.998 84

续表

因变量	学生性别						总计		
	女生			男生					
	N	M	SD	N	M	SD	N	M	SD
阅读元认知简要总结策略	465 582	−0.006 3	0.926 83	493 282	−0.206 8	0.981 16	958 865	−0.109 5	0.960 41
阅读元认知评价鉴别策略	467 299	0.154 8	0.945 56	493 634	−0.038 6	0.987 60	960 933	0.055 4	0.972 20

表 4.14　学生阅读元认知策略应用水平性别差异的单因素方差分析结果

相关变量	变异来源		SS	df	MS	F	p
阅读元认知理解及记忆策略应用水平×性别	组间	（组合）	15 566.215	1	15 566.215	15 861.619	0.000
	组内		936 487.620	954 260	0.981		
	总计		952 042.835	954 261			
阅读元认知简要总结策略应用水平×性别	组间	（组合）	9 631.563	1	9 631.563	10 556.943	0.000
	组内		874 812.480	958 863	0.912		
	总计		884 444.043	958 864			
阅读元认知评价鉴别策略应用水平×性别	组间	（组合）	8 979.766	1	8 979.766	9 595.455	0.000
	组内		899 273.440	960 931	0.936		
	总计		908 253.206	960 932			

注：少于三组，无法计算阅读元认知理解及记忆策略应用水平×性别的线性度量；
少于三组，无法计算阅读元认知简要总结策略应用水平×性别的线性度量；
少于三组，无法计算阅读元认知评价鉴别策略应用水平×性别的线性度量。

图 4.4、图 4.5 和图 4.6 形象直观地说明，女生的阅读元认知理解及记忆策略、阅读元认知简要总结策略和阅读元认知评价鉴别策略应用水平都高于男生。

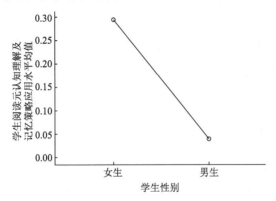

图 4.4　学生阅读元认知理解及记忆策略应用水平与学生性别的关系

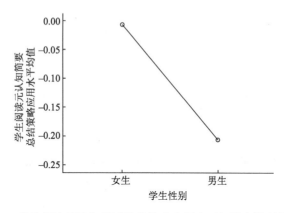

图 4.5　学生阅读元认知简要总结策略应用水平与学生性别的关系

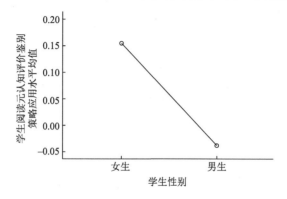

图 4.6　学生阅读元认知评价鉴别策略应用水平与学生性别的关系

（五）学生阅读元认知策略应用水平的年级差异分析

学生阅读元认知理解及记忆策略、简要总结策略、评价鉴别策略水平与学生年级之间也存在一定的联系。例如，学生阅读元认知理解及记忆策略应用水平，随着学生年级的升高而提升，各年级间存在显著性差异（$F=1587.120$，$p=0.000$），具体可参见表 4.15、表 4.16、图 4.7 以及事后多重比较（具体从略）。

表 4.15　不同年级学生阅读元认知理解及记忆策略应用水平的总体性描述

年级	N	M	SD	SE	均值的95%置信区间		min	max
					下限	上限		
7 年级	2 592	−0.254 3	0.924 83	0.018 17	−0.289 9	−0.218 6	−1.64	1.50
8 年级	14 540	−0.088 2	1.016 40	0.008 43	−0.104 7	−0.071 7	−1.64	1.50

续表

年级	N	M	SD	SE	均值的95%置信区间		min	max
					下限	上限		
9年级	354604	0.0738	1.03304	0.00173	0.0704	0.0772	−1.64	1.50
10年级	568176	0.2183	0.97389	0.00129	0.2158	0.2209	−1.64	1.50
11年级	13858	0.4876	0.83290	0.00708	0.4737	0.5015	−1.64	1.50
12年级	492	1.1348	0.26114	0.01178	1.1117	1.1579	0.45	1.50
总计	954262	0.1631	0.99884	0.00102	0.1611	0.1651	−1.64	1.50

表4.16 不同年级学生阅读元认知理解及记忆策略应用水平的单因素方差分析结果

变异来源	SS	df	MS	F	p
组间	7851.997	5	1570.399	1587.120	0.000
组内	944201.837	954255	0.989		
总计	952053.834	954260			

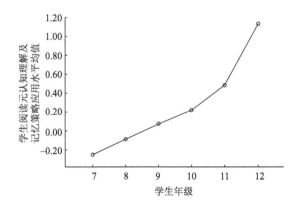

图4.7 学生阅读元认知理解及记忆策略应用水平与学生年级的关系

　　和上述学生阅读元认知理解及记忆策略应用水平与学生年级水平之间的关系略有不同，学生阅读元认知简要总结策略应用水平随着学生年级升高先降低（8年级学生水平最低）再升高（11年级学生水平最高）然后再降低，具体可参见表4.17、表4.18与图4.8。数据中7年级与12年级的学生数量偏少（分别为26人和7人，表格中的数据涉及抽样权重处理），或许不能代表学生阅读元认知简要总结策略应用水平发展的总体情况。

表 4.17 不同年级学生阅读元认知简要总结策略应用水平的描述统计量

年级	N	M	SD	SE	均值的 95%置信区间		min	max
					下限	上限		
7 年级	2 592	0.134 2	1.190 57	0.023 39	0.088 3	0.180 0	−1.72	1.36
8 年级	15 299	−0.373 7	0.933 84	0.007 55	−0.388 5	−0.358 9	−1.72	1.36
9 年级	355 004	−0.218 3	0.977 73	0.001 64	−0.221 5	−0.215 1	−1.72	1.36
10 年级	571 643	−0.044 1	0.944 33	0.001 25	−0.046 6	−0.041 7	−1.72	1.36
11 年级	13 835	0.223 7	0.795 86	0.006 77	0.210 4	0.236 9	−1.72	1.36
12 年级	492	0.081 2	0.485 24	0.021 88	0.038 2	0.124 2	−0.18	1.36
总计	958 865	−0.109 5	0.960 41	0.000 98	−0.111 4	−0.107 5	−1.72	1.36

表 4.18 不同年级学生阅读元认知简要总结策略应用水平的单因素方差分析

变异来源	SS	df	MS	F	p
组间	9 419.911	5	1 883.982	2 064.482	0.000
组内	875 024.132	958 858	0.913		
总计	884 444.043	958 863			

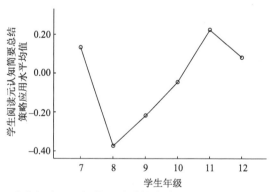

图 4.8 学生阅读元认知简要总结策略应用水平与学生年级的关系

学生阅读元认知评价鉴别策略应用水平随着学生年级的提升而提升，并且各年级间具有显著性差异，具体可参见表 4.19、表 4.20 与图 4.9。

表 4.19 不同年级学生阅读元认知评价鉴别策略应用水平的描述统计量

| 年级 | N | M | SD | SE | 均值的 95%置信区间 | | min | max |
					下限	上限		
7 年级	2 577	−0.533 6	0.587 30	0.011 57	−0.556 2	−0.510 9	−1.41	1.33
8 年级	15 105	−0.299 3	1.076 99	0.008 76	−0.316 5	−0.282 1	−1.41	1.33
9 年级	358 443	−0.078 8	0.961 48	0.001 61	−0.082 0	−0.075 7	−1.41	1.33
10 年级	570 458	0.141 8	0.964 14	0.001 28	0.139 3	0.144 3	−1.41	1.33
11 年级	13 858	0.451 9	0.940 39	0.007 99	0.436 2	0.467 6	−1.41	1.33
12 年级	492	0.556 6	0.533 11	0.024 04	0.509 4	0.603 8	−0.50	1.33
总计	960 933	0.055 4	0.972 20	0.000 99	0.053 5	0.057 4	−1.41	1.33

表 4.20 不同年级学生阅读元认知评价鉴别策略应用水平的单因素方差分析

变异来源	SS	df	MS	F	p
组间	15 812.927	5	3 162.585	3 405.285	0.000
组内	892 440.278	960 927	0.929		
总计	908 253.205	960 932			

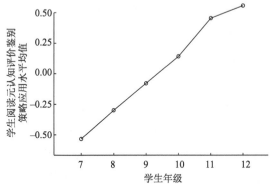

图 4.9 学生阅读元认知评价鉴别策略应用水平与学生年级的关系

四、学生阅读元认知策略的训练建议

（一）研究结论

在阅读元认知理解及记忆策略、简要总结策略、评价鉴别策略的不同水平上，学生阅读素养平均成绩存在显著性差异；总体上，学生阅读素养成绩随着学生阅读元认知理解及记忆策略、简要总结策略、评价鉴别策略应用水平的提升而提升。

学生阅读元认知理解及记忆策略、简要总结策略、评价鉴别策略应用水平存在性别差异；女生阅读元认知策略应用水平比男生高。

学生阅读元认知理解及记忆策略、简要总结策略、评价鉴别策略应用水平存在年级差异；总体上，学生阅读元认知理解及记忆策略和评价鉴别策略应用水平随着学生年级升高而提升，简要总结策略应用水平则随着学生年级升高先降低再升高然后再降低。

（二）相关建议

阅读元认知策略对学生阅读素养成绩有着重要影响（上述分析中 R^2 值分别为 0.110、0.125、0.222），这一影响效应不仅使我们进一步认识到培养学生阅读元认知策略之于学生阅读素养发展的重要意义，也引发了我们更多和更深入的思考。

1. 积极开展元认知的显性化教学以培养更多自主学习者

阅读元认知策略对于学生阅读素养成绩的重要影响，让人们自然联想到更宽泛的一般性元认知教学对于学生发展的教育价值。为此，我们不仅需要让学生充分意识到元认知知识、元认知监控和元认知体验的重要性，更需要在学科教学各个阶段对学生元认知能力培养做出显性化教学安排：在落实教学任务前让学生了解关于认知主体、认知材料和认知策略等元认知知识，使学生掌握各种学习策略，熟悉不同策略应用的不同条件，为后续学习做好准备；在教学过程中创设宽松的认知情境，让学生产生充分的元认知体验；加强学习计划、组织、监测、调节和反思等元认知技能训练和整合内化，提升学生的元认知监控能力。

积极开展元认知的显性化教学，对于培养更多的自主学习者具有更为深远的意义，这也是教育回应人类社会发展和知识经济召唤的历史使命与时代担当。为此，让学生逐步学会评估手头的学习任务，评估自己的优势与劣势，规划恰当的学习方法，应用学习策略与监控学习行为，反思并调整学习方法，树立合理的关于智力和学习的信念；以及向学生示范认知过程，为学生的元认知过程提供认知支持，随着学生达到学习精熟再逐步移除认知支持[1]，逐渐使学生成为一个善于学习的自主学习者，并担负起自我发展和终身发展的责任。

2. 注重学科知识、认知策略与元认知策略教学的有机结合

教育实践中培养学生元认知能力的途径多种多样，其效果各不相同。例如，学生对元认知的"自悟"（从无意识到有意识再到自动化，实际上是放弃对学生元认知能力的主动培养）；教师对元认知的"无意识"教学（教师在学科教学过程中通过偶然点拨发展学生的元认知能力，缺乏教学计划性和系统性）；学科教学之外教师通过专门集中训练发展学生的元认知能力（不结合学科学习的元认知训练）等。这些做法效果都不是很好。与上述途径不同，将学科知识、认知策略和元认知训练有机结合起来[2]，或者说将概念、技能、元认知能力等有机结合[3]，并将提升学生元认知能力作为一项明确的教学目标，遵循学生元认知能力形成规律开展教学，则更加有助于发展学生的元认知能力。前述学生阅读元认知水平存在年级差异并且大体上随着学生年级升高而提升的分析，从某一侧面也说明了学科知识、认知策略对学生元认知策略应用水平的影响。

发展学生阅读元认知策略的教学当然也应当如是开展，即将阅读元认知策略与语文学科知识、认知策略等有机结合起来。研究表明，一个理解并能记忆所读材料的好的阅读者，通常都会这样做：明确阅读目的、确定学习和记忆内容、理解阅读材料意义、澄清模糊观点、总结所读内容等[4]。这些做法实质上就是帮助学生理解和记忆所读材料的元认知策略，并与认知策略、语文本体知识融为一体。这也正是 PISA 2018 调查学生阅读元认知策略应用水平时针对不同阅读任务匹配不同专门元认知策略的原因所在。这种与不同阅读任务相匹配的专门阅读元认知策略，既有完成不同阅读任务的专门针对性，也将对一般性阅读及整个人的发展具有迁移性作用。

---

① Ambrose S A, Bridges M W, DiPietro M, et al. How Learning Works: Seven Research-Based Principles for Smart Teaching [M]. San Francisco: Jossey-Bass, 2010: 193.

② Sternberg R J. Metacognition, abilities, and developing expertise: What makes an expert student?[J]. Instructional Science, 1998, 26(1): 127-140.

③ 汉纳·杜蒙, 戴维·艾斯坦斯, 弗朗西斯科·贝纳维德. 学习的本质: 以研究启迪实践[M]. 杨刚, 等译. 北京: 教育科学出版社, 2020: 58.

④ Ormrod J E. Human Learning（6th ed.）[M]. New Jersey: Pearson Education, Inc., 2012: 354.

3. 发展男生的阅读元认知策略以促进教育性别平等

在上述阅读元认知策略的具体分析中发现，女生阅读元认知策略平均应用水平高于男生。这一结论可能是源于阅读素养及相关阅读元认知策略属于语言学科的问题，因为在语言学习领域，女生的表现总体上好于男生，而阅读元认知策略又是和阅读策略及语言学科本体性知识相互交织在一起的。或许我们由此可以猜想，问题解决中的元认知策略应用水平，或者工程设计中的元认知策略应用水平，也许存在相反的性别差异现象。当然，是否存在这一现象还需要人们进行专门研究。

女生阅读元认知策略平均应用水平高于男生的研究发现也启发我们，在语言阅读课教学中，教师需要有意识地并且需要全面地关注男生——既要面向全体男生又要特别关注男生中的相对落后群体①，将发展男生的阅读元认知策略与阅读知识、阅读策略教学，以及阅读元认知知识和阅读元认知体验等有机结合起来，切实提高男生阅读活动的效率和效果，促进男生的智力发展和主体性发展，真正实现阅读素养发展以及一般发展、全面发展上的教育性别平等。

4. 注意阅读元认知策略教学的系统性与递进性

学生阅读元认知理解及记忆策略、简要总结策略、评价鉴别策略应用水平的提升不可能一蹴而就，它需要教师就阅读元认知策略的教学进行系统性设计。例如，关于阅读者自身特点的元认知知识（比如阅读者对自己的语言基础的元认知），关于阅读目的（为兴趣阅读、为考试阅读、为信息阅读、为研究阅读、为应用阅读、为消遣阅读等）、阅读任务和阅读材料特点的元认知知识，关于阅读策略的元认知知识（阅读策略的陈述性知识、程序性知识、条件性知识），以及建立阅读目标、激活已有知识、利用逻辑结构、评价理解水平、应付阅读失败等阅读理解中的元认知监控等，它们如何与阅读教学内容和认知策略相结合，都需要整体性的考虑和安排。唯此，阅读元认知策略教学才会更有实效，学生阅读素养提高也才更有保障。

学生阅读元认知策略应用水平的提升不仅涉及系统性安排问题，还涉及递进性（进阶性）问题，亦即阅读元认知策略教学要与学生身心发展水平相契合。事

---

① 这里并不是要求教师不去关注女生中的相对落后群体，而是希望教师对男生中的相对落后群体给予更多关注，因为在两性比较中，相对落后群体中的男性比女性占比更高。特此说明。

实上，也是在更宽泛的意义上，元认知是一种"复杂认知过程"（complex cognitive process），包括对于思考和学习总体性质的反思、了解自己学习和记忆容量的限度、明确在特定时期能够完成的学习任务、为一个学习任务规划合理的方法、应用有效的策略去学习和记忆新材料、对此前学习努力进行反思等丰富的内涵，并且随着学生年龄增长，他们变得越来越能够觉察自己的想法和学习过程，自我调节水平在总体上也一直在提升。这也意味着，学生元认知水平随着年龄增长在提升[1]。但遗憾的是，并不是所有的青少年都能掌握高水平的自我觉察和自我调节（及监控），部分原因可能是传统教学并没有培养这种能力。这恰恰是元认知教学包括阅读元认知策略教学的递进性（进阶性）必须回应的问题和挑战。

5. 从阅读元认知策略教学到一般的元认知教学

阅读元认知策略教学是元认知教学在阅读教学（不仅涉及语文学科，也涉及其他学科中的阅读问题，例如数学阅读、科学阅读等）中的具体表现，它不仅对其他形式的元认知策略教学具有迁移价值，同时也促使我们思考更为一般性的元认知教学问题。

对于阅读元认知策略教学，我们必须强调一般性元认知（更宽泛的意义上是强调"元学习"）教学的重要性。元认知是对思维进行反思的过程，由于它涉及自我反思个人当下的处境、未来的目标、潜在的行为与策略以及各种结果，因此它对学习和生活的各个方面都很重要，特别是它可以促进知识、技能、性格品质在非直接学习情境中的应用，因而成为 21 世纪课程开发框架（图 4.10）的第四个维度（前三个维度是知识、技能、品格）元学习的重要内容。元学习是 21 世纪课程开发框架最后的但并非不重要的一个维度，更是框架的一种背景与底色，它包括元认知和成长心向两个方面，它特别关注学习者对学习过程的计划、监控、反思和调节，鼓励学习者正确认识个体发展中所遭遇的困顿、挫折及失败（不成功），把每一次困顿、挫折及失败（不成功）看作是自己学习的新的契机和"营养"。在元学习的循环过程中，学习者需要评估当前的学习任务，同时考虑到任务的目标和条件；评价自身的知识与技能，确认自己的优势与劣势；运用

---

[1] Ormrod J E. Complex cognitive processes[M]//Ormrod J E. Essentials of Educational Psychology: Big Ideas to Guide Effective Teaching（3rd ed.）. Harlow-Essex: Pearson Education Limited, 2014: 111-112.

多种策略实施计划，不断监控任务进展；反思当前方法的有效性，以便根据需要调整方法，或重新启动新的元学习循环。[1]元学习依赖于其他三个维度的目标达成，同时对提高其他三个维度的学习成效，以及确保实现学习迁移，进而培养学生终身学习能力和习惯，都是非常必要的。

图 4.10 21 世纪课程开发框架中的"元学习"[2]

元认知的价值及其在学习中的重要作用，也可以通过专家和新手的比较来说明。对于同一数学问题的解决，当新手学生和经验丰富的数学家相比较时，新手学生选择了看似有用的策略，但是由于缺乏元认知的监控，实际上并没有什么结果，而富有经验的数学家却一直应用元认知监控他们解决问题的取向以判断解题策略是否导向问题的解决。当然，元认知教学适合于各种认知水平的学生，并可以在当下的学习情境中得到应用，以促进他们的学习迁移，提升他们的学习素养。对于低成就起点的学生来说，元认知教学的作用可能更大一些，因为高成就

① Ambrose S A, Bridges M W, DiPietro M, et al. How Learning Works: Seven Research-Based Principles for Smart Teaching[M]. San Francisco: Jossey-Bass, 2010: 193.

② Fadel C. Redesigning the Curriculum for the 21st Century Education[R]. Boston: Center for Curriculum Redesign, 2020. https://curriculumredesign.org/our-work/papers/[2021-12-30]. 维恩图交叉区域略有改动。

学生已经采用了被证明对他们更有用的策略。[①] 从这一层面来看，元认知教学不仅有助于提升整体教学质量，也有助于促进教育公平。

6. 从一般的元认知教学走向自我理解的自觉

我们通过认知去理解世界，然后通过元认知去思考我们的思考过程。在我们通过认知去理解世界的"世界"里，当然还包括我们自己，相应的元认知就成为对于我们自己认识的思考了，亦即对于理解自我（或者说是"自我理解"）的自觉。那么何谓理解自我？为什么要理解自我？应该怎样正确理解自我？理解自我的途径有哪些？我们又是如何认识和思考理解自我这一类问题的？

为了理解"理解自我"这个概念，我们不仅需要从"自我"说起，更需要从"人"这个概念出发。在心理学中有一个相当于"人"的概念，即"自体"（self）。这个"自体"就相当于康德提出的"物自体"的"人自体"，是人的反身，也就是"人"。自体是自我的世界，自我（ego）是自体中主动与能动的部分，它决定着自体的状态和性质，是人的核心。[②]"理解自我"实质上就是要认识"自体"（也相当于"人"）中的主动与能动的部分，包括肯定自身的价值、自身存在状态、自身的社会角色、自身的生活习惯、自身的优势与不足等，也包括公开的自我、盲区中的自我、隐藏的自我和潜能的自我等。一旦理解了自我，我们也就理解了人，从而也就能够基于对人的理解尊重人，关爱人，从而过上一种澄明的、透彻的属于自己的生活。这既是社会文明的内涵，也是教育文明的内涵，因而也是教师专业发展的必然要求。

从一般的元认知教学走向自我理解的自觉，还涉及应该怎样正确理解自我和理解自我的途径等问题。正确理解自我首先要全面认识自己。我们既要认识自己的外在形象，如外貌、衣着、举止、风度、谈吐，又要认识自己的内在素质，如学识、心理、道德、能力等，既要看到自己的优点和长处，又要看到自己的缺点和不足。正确理解自我还要动态地认识自己。我们每个人也都是在不断发展变化的，我们必须要用发展的眼光看自己，及时发现自己的发展与变化。在理解自我的具体途径上，我们既需要从心理学、人类学、社会学的视角进行理论的观照，

---

① 查尔斯·菲德尔，玛雅·比亚利克，伯尼·特里林. 四个维度的教育：学习者迈向成功的必备素养[M]. 罗德红译. 上海：华东师范大学出版社，2017：139.
② 季苹，崔艳丽，涂元玲. 理解自我：教育文明的基础[M]. 北京：教育科学出版社，2014：7.

更需要自己切身的体察与反思。事实上，心理学（主要是社会心理学、人本主义心理学等）中对于理解自我的问题有着十分丰富的研究成果，例如威廉·詹姆斯（William James）、米德（G. H. Mead）、罗杰斯（C. R. Rogers）、西格蒙德·弗洛伊德（Sigmund Freud）、埃里克森（E. H. Erikson）等对于理解自我问题的创造性贡献，社会学和人类学则能够帮助我们看到人的发展所受到的外在影响，以及人与人之间的差异性及其相关影响因素。相对于这些理论的"营养"，我们更需要切身地自我体察与反思，唯有切身地自我体察与反思，我们才会更加有同情心、同理心以及耐心，也才会站在自身的角度理解他者以及站在他者的角度理解自我，并进而担当起自我的责任以及相互间的责任。[①]当我们有了这种理解自我以及责任担当的自觉，以人为本的现代教育才能真正实现。至此我们也就不难理解，为什么在《教育目标的新分类学》中特别强调自我系统维度的重要性了。[②]因为在人类心智的控制过程中，有些过程（或操作）控制着其他过程（或操作）的运作，因而前一过程（或操作）就处于更为基础同时也更为优先的地位，尽管这些过程（或操作）之间以及与学习任务之间存在着互动的关系。相对于个体的认知系统以及元认知系统，人们是否愿意在某个时间段投入到一项新的任务中去，其自我系统检测与判断起着更为重要也更为根本的作用，也只有在新的学习任务被选中以后，为新的学习任务设立目标并进而对新的学习任务进行比较、分类、推理等认知加工才成为可能。

---

① 艾尔玛·霍伦施泰因. 人的自我理解: 自我意识, 主体间责任, 跨文化理解[M]. 徐献军译. 杭州: 浙江大学出版社, 2012: 61-62.

② 罗伯特·J. 马扎诺, 约翰·S. 肯德尔. 教育目标的新分类学(第 2 版)[M]. 高凌飚, 吴有昌, 苏峻译. 北京: 教育科学出版社, 2020: 10-11.

第五章

学生合作与竞争表现及竞-合素养培育

　　合作与竞争对于学生当下和未来发展都有着重要的价值。基于 PISA 2018 中国四省市（B-S-J-Z）学生调查数据发现：合作与竞争都有助于提升学生学业成绩，竞争更能调动学生学习积极性；学生合作或竞争存在着个体差异与学校类型差异；大多数学生重视并参与合作，同时也重视并喜欢竞争；学生对合作与竞争的重要性认识及现状判断具有相关性，但对自身合作与竞争行为判断表现出相斥性。这些发现启发我们，培养学生合作能力的同时必须关注学生的竞争能力，超越合作与竞争的简单对立思维，全面发展学生的竞-合（competition-cooperation）素养，这成为时代对我们每一位教育者提出的挑战。

合作与竞争是人类社会生产、生活、工作和学习中的十分常见的现象，对人类社会发展和每个个体发展都有着特别重要的价值。来自进化论的证据以及来自人类生活的经验，让我们看到了合作与竞争（以及合作中的竞争、竞争中的合作等）的普遍性和长期性——尽管人们更多强调合作的重要性而把竞争当作一种缄默知识，这也使培养学生合作能力、竞争能力以及竞-合素养，成为每一位教育者的重任。然而，合作与竞争的教育价值究竟何在，其间有着怎样的联系，现实中学生合作与竞争能力表现如何，这是我们需要考虑的问题。为此，本章结合PISA 2018 中国四省市学生样本调查数据对这些问题进行尝试性探究。

一、学生合作与竞争及竞-合素养概述

国际 21 世纪教育委员会向联合国教科文组织提交的报告《教育——财富蕴藏其中》指出，学会合作是面向 21 世纪的四大教育支柱之一。[①]这一判断或者源于人们对工业社会竞争行为、竞争文化的深刻反思，或者源于对全球化、后工业化发展带来的风险社会、知识经济社会的理性自觉。在社会变化剧烈和加速化的条件下，在社会的高度复杂性和不确定性状态中，唯有合作才能为人类开拓未来。

倡导合作并不是反对竞争。事实上，竞争赋予人类社会发展以活力，对于人类的进化和发展起着独特的作用，我们今天所取得的社会发展成就，无论是物质财富还是精神财富，都得益于人类的合作与竞争，没有竞争便不可能有我们今天的人类生活。无论在当下，还是在未来，人类社会中的竞争现象将长期存在。从这一层面来说，学会竞争也是当今社会发展对于人的素质的一项基本要求。

当然，我们也需要看到竞争对社会发展所带来的腐蚀作用，有些竞争腐蚀了社会关系以及人的生活形态，也增加了社会总体上的资源消耗和运行成本。[②]竞争给人类社会发展带来利益，同时也给人们带来了诸多弊端，因此应倡导竞-合——合作与竞争相互结合（合作-竞争理论，cooperation-competition theory），转变传统的竞争胜利者将拥有所有、失败者将空手而归的零和游戏，克服竞争对抗性

① 联合国教科文组织. 教育——财富蕴藏其中[M]. 联合国教科文组织总部中文科译. 北京: 教育科学出版社, 1996: 82-83.

② 张康之. 论从竞争到合作的历史走向[J]. 浙江学刊, 2019 (3): 4-13.

本身所固有的缺点，实现合作与竞争双方共赢的非零和博弈。生活中争吵导致两败俱伤就是一个只有竞争没有合作的失败案例，而通过争吵了解对方的价值观和共识点，基于共识点寻求双方合作共赢，就是一个竞-合的成功案例。

倡导竞-合是以正确认识竞争与合作的价值为前提的，而它又必须以澄清合作与竞争的内涵为基础。合作是为了共同的目标而由两个或两个以上的个体共同完成某一行为，是个体间协调作用的最高水平的行为；合作是为了共同的利益而愿意和别人结合在一起以共同达到目标的行为或态度、情感；合作是个体为了实现共同的目标而表现出来的协同行为。尽管人们对合作概念的表述并不相同，但是其本质却是相近的，即共同目标或利益以及协同配合是合作行为发生的两个前提条件。与人们对"合作"定义达成一致的情况有所不同，人们对"竞争"则褒贬不一。陶琲与谢朝斌在《竞争论》中提到，"竞争的本质与内在动因是一定的独立的行为主体对利益的追逐"[①]；美国社会心理学家霍曼斯则认为，竞争是为了实现有利于自己的目的而进行的活动，通常这种活动趋向于否定其他人的收益；还有学者认为竞争不利于合作，竞争是在某种程度上会动摇共同活动的相互作用，是共同活动的一种阻力[②]。

竞-合是基于竞争或通过竞争的合作，是以双赢为指向的。可以说竞-合的最终目的是合作，但是它并没有忽视竞争的价值，而是把合作与竞争的双方利益（双方共赢）作为其根本目标追求。在教育实践领域，学生合作是指学生为了共同的任务、有着明确责任分工的互助性行为，而学生竞争则主要是指为了完成各自的学习任务、达到各自学习目标而开展的较量性行为，学生合作也罢，竞争也罢，竞-合也罢，学生的全面发展——包括认知、情感、道德、身心健康等，自然也包括学生学业成绩、阅读素养等——才是教学的最根本目标。那么学生合作或竞争对其学业成绩是否存在影响，又是如何影响的？学生如何看待合作与竞争，其合作或竞争的行为策略选择受哪些因素影响？教育者又该如何开展合作与竞争的教育，换言之，教育者究竟如何培养学生的合作能力、竞争能力、竞-合素养？为此，以下结合 PISA 2018 关于学生合作及竞争的调查结果，特别是中国四省市测试数据进行试探性分析，以期厘清上述问题。

① 陶琲, 谢朝斌. 竞争论[M]. 沈阳: 辽宁人民出版社, 1990: 2.
② 转引自陈哲远. 竞争——教学交往的基本方式之一. 教育研究与实验, 2000(4): 58-61.

二、学生合作与竞争研究设计

（一）研究对象

PISA 2018 对参与此次项目的 79 个国家和地区接近完成基础教育的 15 岁样本学生进行了阅读、科学、数学和全球胜任力（global competence）方面的测试。本章聚焦中国四省市学生样本的合作与竞争调查数据，同时选择素养测试成绩总体均值排名靠前或者是深受中国传统文化影响的多个国家和地区的相关资料，以及相关维度的 OECD 学生平均水平作为参照，对中国四省市学生合作与竞争问题展开分析，同时基于 PISA 2018 有关合作与竞争问题的学生原始数据进行分析。

（二）研究工具

本章采用的研究工具为 PISA 2018 编订的学生合作、竞争测评问题，通过考查学生对"合作"与"竞争"问题表述（例如"学生重视合作""学生正在互相合作""学生分享合作很重要的感受""学生觉得自己被鼓励去和他人合作"，以及"学生重视竞争""学生正在互相竞争""学生分享竞争很重要的感受""学生觉得自己被拿来和别人比较"等）的真实性程度（完全不真实、稍微真实、非常真实、极为真实等四个水平）的反应，了解学生对学生之间相互"合作"与"竞争"的观察、认识和感受。

在学生合作与竞争行为选择的影响因素上，本章特别关注学生性别、家庭社会经济地位、家长受教育程度及移民背景等学生特征及学校地理位置、类型及移民学生（学生流动性，例如进城务工人员子女在城区就读等）集中程度（所占比例）等学校特征对学生合作、竞争行为产生的影响。[1]这些资料也源于 PISA 2018 编订的问题。

（三）数据获取与处理

本研究以 PISA 2018 中国四省市学生样本数据为基础，参照新加坡等多个国

---

① PISA 参测国家移民程度表显示，中国是移民学生比例相对较小的国家，因而本章暂不考虑移民背景这个影响因素。

家和地区的学生合作与竞争表现情况（合作指数、竞争指数等），以及 OECD 学生平均水平。研究数据源于 OECD 官网（https://www.oecd.org/pisa/data/2018 database/）及 PISA 2018 相关分析报告（选用内容等会适当标注），部分数据通过 SPSS24 进行处理。

需要说明的是，OECD 学生合作指数的平均值为 0，标准差为 1。一个国家或地区的学生合作指数为正值，表示学生之间的合作程度比 OECD 学生平均合作水平高。与学生合作指数评定一样，一个国家或地区的学生竞争指数为正值，表示学生之间的竞争程度比 OECD 学生平均竞争程度高。[①]

三、学生合作与竞争能力的结果与分析

（一）比较视域下的合作与竞争（基于换算后的数据）[②]

1. 学生合作或竞争与其阅读得分表现的关系

多项研究表明，与竞争环境中的学生相比，合作学习环境中的学生在学业上表现更好，与同学的关系更加融洽，对学校的依恋性也更强。[③]但是，也有研究表明，竞争同样可以提高学生的学习成绩和学习效率，只要明确规定目标，竞争同样可以使人兴奋和愉快。[④]那么，合作和竞争究竟对学生会造成何种影响呢？下面以 PISA 2018 学生平均合作指数、平均竞争指数分别增加一个单位时，学生阅读得分的变化来研究合作和竞争的价值。

从表 5.1 可以看出，就整体而言，学生平均合作指数与平均竞争指数提高时，学生的阅读得分就会增加，这说明合作和竞争都能促进学生学业成绩的提高，只是合作与竞争发挥的作用大小不同。在考虑到学生和学校的社会经济状况

---

① OECD. PISA 2018 Results（Vol. Ⅲ）: What School Life Means for Students' Lives[M]. Paris: OECD Publishing, 2019: 120.

② 研究生陶倩倩在这一部分的研究中，就相关数据整理和比较做了大量的前期准备和基础工作，特此说明与感谢。

③ Gillies R. Cooperative learning: Review of research and practice[J]. Australian Journal of Teacher Education, 2016, 41（3）: 39-54.

④ Johnson D W, Johnson R T. Instructional goal structure: Cooperative, competitive, or individualistic[J]. Review of Educational Research, 1974, 44（2）: 213-240.

之后，在整个 OECD 国家中，当学生之间呈现的是合作行为时，他们在阅读方面的得分变化更大。大部分国家和地区的学生都是如此，合作比竞争行为更能促进学生阅读成绩的提高。但是，中国四省市呈现的是截然不同的状况，当学生之间呈现的是合作行为时，他们在阅读方面的得分变化不如竞争时的变化大（有 4 分的差距），这说明竞争更能调动中国四省市学生的学习积极性，促进其学业成绩的提高。这或许是因为中国四省市的学生处于竞争激烈的教育环境中，对"竞争"习以为常，因而"竞争"发挥的效能比"合作"更高。

表 5.1　学生合作或竞争与其阅读得分表现情况[①]

国家和地区	平均合作指数增加一个单位，学生阅读得分的变化			平均竞争指数增加一个单位，学生阅读得分的变化		
	未考虑学生和学校社会经济地位/分	阅读得分的解释方差 $R^2 \cdot 100$/%	考虑学生和学校社会经济地位/分	未考虑学生和学校社会经济地位/分	阅读得分的解释方差 $R^2 \cdot 100$/%	考虑学生和学校社会经济地位/分
OECD 学生平均水平	11	1.5	6	2	0.4	0
中国四省市	4	0.2	0	10	1.2	4
新加坡	16	1.8	9	12	1	7
中国澳门	8	0.7	8	6	0.4	5
中国香港	14	1.9	10	13	1.6	7
爱沙尼亚	16	2.6	12	2	0	−2
芬兰	10	0.9	6	7	0.4	4
爱尔兰	4	0.1	1	3	0.1	0
中国台湾	10	1	6	17	3.1	9

2. 不同国家和地区的学生合作或竞争情况

不同国家和地区有着不同的主流文化和价值导向，因而其学生对合作和竞争的选择也不相同。表 5.2、表 5.3 是部分国家和地区学生的合作、竞争指数情况（其中 OECD 学生平均合作指数 0 与平均竞争指数 0[②]作为参照点，指数值越大表

[①] OECD. PISA 2018 Results（Vol. III）: What School Life Means for Students' Lives[M]. Paris: OECD Publishing, 2019: 353.

[②] 理论上该值是 0，但因为数据处理等原因，表 5.3 中的数值为−0.01。

示合作或竞争程度越高）。

表 5.2　不同国家和地区的学生合作情况[①]

国家和地区	平均合作指数	学生重视合作占比/%	学生正在互相合作占比/%	学生分享合作很重要的感受占比/%	学生觉得自己被鼓励去和他人合作占比/%
OECD 学生平均水平	0	56.9	62	59.7	60
中国四省市	0.18	57.7	66.4	67.6	67.2
新加坡	0.19	65.4	68.2	68.2	72
中国澳门	0.04	57.4	64.4	62.7	70.4
中国香港	0.07	61.1	65.2	65.6	65.1
爱沙尼亚	−0.12	46.6	58.6	55.4	53.3
芬兰	0.08	63.7	70.1	64	67.7
爱尔兰	−0.17	50.2	56.9	52	57.9
中国台湾	0.28	67.1	71.5	70.5	71.3

从表 5.2 可以看出，中国四省市学生平均合作指数为 0.18，比 OECD 学生平均合作指数高 0.18，而且排在第三位，说明中国四省市学生比较重视合作，这与整个社会强调社会主义核心价值观及注重合作共赢的经济改革的整体氛围是分不开的。表 5.3 呈现了不同国家和地区的学生竞争情况，中国四省市学生平均竞争指数为 0.18，也高于 OECD 学生平均竞争指数，其中有 62.7%的学生认为自己正在和他人竞争，这可能是因为学生们受到中、高考教育制度的影响，考试这根"弦"平时绷得比较紧，学习中因此常常伴随着彼此的竞争。但是，与新加坡学生高达 0.61 的平均竞争指数相比，中国四省市学生平均竞争指数明显偏低，新加坡学生重视竞争的比率达 69.1%，而中国四省市这一数据仅为 38.8%，这说明中国四省市的大部分学生没有认识到竞争的重要性，只是在被动地参与竞争。

① OECD. PISA 2018 Results（Vol. III）: What School Life Means for Students' Lives[M]. Paris: OECD Publishing, 2019: 298.

表 5.3 不同国家和地区的学生竞争情况[①]

国家和地区	平均竞争指数	学生重视竞争占比/%	学生正在互相竞争占比/%	学生分享竞争很重要的感受占比/%	学生觉得自己正在被比较占比/%
OECD 学生平均水平	−0.01	48.2	49.9	44	54.9
中国四省市	0.18	38.8	62.7	52.7	50.6
新加坡	0.61	69.1	76.3	65.2	78.6
中国澳门	0.16	52.4	58.8	46.6	56.8
中国香港	0.42	62.6	67.4	63	66.1
爱沙尼亚	−0.31	37.3	33.4	30.2	48.3
芬兰	0.1	54.4	58.5	47.9	52.5
爱尔兰	0.2	61	57.1	50.4	65.1
中国台湾	0.35	59.3	66.2	56.7	60.3

结合表 5.2 和表 5.3 可以看出，不同国家和地区中学生对合作和竞争行为选择的差异较为显著，相比于合作，新加坡、中国澳门、中国香港、爱尔兰等国家和地区的学生更倾向于竞争，而爱沙尼亚的学生更倾向于合作。值得注意的是，中国四省市是唯一的合作和竞争指数相对持平的地区，其原因值得进一步研究，这可能与中国四省市学生深受儒家文化"中庸之道"的影响有关。尽管如此，中国四省市学生整体上更倾向于合作，不仅学生更重视合作的价值（重视合作占比为 57.7%，而重视竞争占比为 38.8%），而且学校也比较鼓励合作行为。

3. 学生合作或竞争的个体差异分析

除了学生所在国家或地区的历史文化会影响学生的合作或竞争指数外，学生自身也是一个很重要的影响因素。表 5.4 描述了学生之间合作或竞争的性别差异情况。

---

① OECD. PISA 2018 Results（Vol. III）: What School Life Means for Students' Lives[M]. Paris: OECD Publishing, 2019: 304.

表 5.4 学生合作或竞争的性别差异[①]

国家和地区	男生平均合作指数	女生平均合作指数	离差值	男生平均竞争指数	女生平均竞争指数	离差值
OECD 学生平均水平	0	−0.1	−0.1	0.06	−0.08	−0.14
中国四省市	0.23	0.14	−0.09	0.25	0.09	−0.16
新加坡	0.23	0.16	−0.07	0.65	0.56	−0.09
中国澳门	−0.01	0.08	0.09	0.17	0.15	−0.02
中国香港	0.05	0.1	0.05	0.39	0.44	0.05
爱沙尼亚	−0.11	−0.13	−0.02	−0.25	−0.37	−0.12
芬兰	0.13	0.04	−0.09	0.2	0	−0.2
爱尔兰	−0.23	−0.12	0.11	0.25	0.16	−0.09
中国台湾	0.25	0.3	0.05	0.38	0.32	−0.06

从表 5.4 可以看出，OECD 男、女生平均合作指数相差 0.1，平均竞争指数相差 0.14，说明在总体上，男生比女生更倾向于合作，同时也更倾向于竞争；在合作与竞争的比较上，男生平均竞争指数为 0.06，高于平均合作指数 0，说明男生更倾向于竞争。中国四省市的情况也大致如此，男生比女生更倾向于合作（平均合作指数 0.23 对 0.14），同时也更倾向于竞争（平均竞争指数 0.25 对 0.09），这可能源于整体上男生较女生更加外向活泼，在学习活动中表现得更为积极主动，也能更快地融入到人际交往中，更容易接受他人的观点和建议，比起女生也更为争强好胜。

学生合作或竞争也存在社会经济地位的差异。从表 5.5 可以看出，在 OECD 国家中，平均而言，处于优势社会经济地位的学生和处于劣势社会经济地位的学生其合作指数相差 0.12，竞争指数相差 0.16，这说明优势学生合作和竞争程度比劣势学生都更高。中国四省市情况也是如此，平均合作指数的离差值 0.28，平均竞争指数的离差值为 0.35，这说明学生因其家庭社会经济地位的不同导致了合作或竞争行为的差距。这也是一个值得特别关注的现象，教育是面向所有学生的，学会合作与竞争并非只是社会经济地位高的学生所必需，如何保证社会经济地位相对较低

① OECD. PISA 2018 Results (Vol. III): What School Life Means for Students' Lives[M]. Paris: OECD Publishing, 2019: 353.

的学生也能发展合作能力和竞争能力，是教育亟待解决的问题之一。

表 5.5　学生合作或竞争的社会经济地位差异[①]

国家和地区	劣势学生[②]平均合作指数	优势学生平均合作指数	离差值	劣势学生平均竞争指数	优势学生平均竞争指数	离差值
OECD 学生平均水平	0	0.12	0.12	−0.09	0.07	0.16
中国四省市	0.06	0.34	0.28	0.02	0.37	0.35
新加坡	0.07	0.32	0.25	0.53	0.71	0.18
中国澳门	−0.07	0.1	0.17	0.1	0.23	0.13
中国香港	−0.03	0.2	0.23	0.31	0.57	0.26
爱沙尼亚	−0.27	0.05	0.32	−0.42	−0.23	0.19
芬兰	−0.08	0.22	0.3	0	0.21	0.21
爱尔兰	−0.24	−0.11	0.13	0.1	0.31	0.21
中国台湾	0.2	0.35	0.15	0.18	0.52	0.34

4. 学生合作或竞争的学校差异分析

作为有计划、有组织地对学生进行系统教育活动的组织机构，学校承载着学生学习和发展的价值引导与支持促进作用，因而学校的类型、社会经济指标与地理位置也将对学生的合作与竞争行为产生重要的影响。表 5.6 描述了学校类型（学校办学性质）对学生合作或竞争的影响状况。

表 5.6　基于学校类型的学生合作或竞争比较情况[③]

国家和地区	公立学校学生平均合作指数	私立学校学生平均合作指数	离差值	公立学校学生平均竞争指数	私立学校学生平均竞争指数	离差值
OECD 学生平均水平	−0.04	0.09	0.13	−0.02	0	0.02

---

① OECD. PISA 2018 Results（Vol. III）: What School Life Means for Students' Lives[M]. Paris: OECD Publishing, 2019: 353.

② 劣势(优势)学生是指社会经济处境不利(有利)的学生，即指其本国或经济体的 PISA 经济、社会和文化地位指数底部(顶部)的学生。

③ OECD. PISA 2018 Results（Vol. III）: What School Life Means for Students' Lives[M]. Paris: OECD Publishing, 2019: 353.

国家和地区	公立学校学生平均合作指数	私立学校学生平均合作指数	离差值	公立学校学生平均竞争指数	私立学校学生平均竞争指数	离差值
中国四省市	0.19	0.15	−0.04	0.17	0.24	0.07
新加坡	0.2	0.18	−0.02	0.61	0.62	0.01
中国澳门	−0.06	0.04	0.10	−0.01	0.17	0.18
中国香港	0.16	0.09	−0.07	0.5	0.41	−0.09
爱沙尼亚	−0.13	0.14	0.27	−0.31	−0.34	−0.03
芬兰	0.07	0.3	0.23	0.1	0.06	−0.04
爱尔兰	−0.21	−0.14	0.07	0.17	0.23	0.06
中国台湾	0.31	0.21	−0.1	0.39	0.26	−0.13

从表 5.6 可以看出，OECD 国家中，私立学校学生平均合作指数（0.09）比公立学校学生平均合作指数（−0.04）高出 0.13，说明私立学校学生的合作程度比公立学校学生的合作程度高，竞争也是如此。中国四省市情况与此有所不同，公立学校学生平均合作指数（0.19）比私立学校（0.15）高 0.04，但公立学校学生平均竞争指数（0.17）则比私立学校（0.24）低 0.07，说明中国四省市中公立学校学生合作程度比私立学校高，但竞争程度比私立学校低。这可能是因为中国四省市一般以公立学校为主，而公立学校是由国家财政拨款，办学经费来自政府，一般按照学区招收学生，而私立学校则是由私人或私立机构投资，招收学生的地区没有特别限定，通常是让学生统一参加入学考试，择优录取，竞争力度较大，这种学校氛围使得学生可能更倾向于竞争。

学校社会经济指标对学生合作或竞争也有重要作用。从表 5.7 可以看出，OECD 国家中处于优势社会经济地位学校的学生相较于劣势学校的学生，其平均合作指数的离差值达到 0.25，但平均竞争指数的离差值仅为 0.08，这说明优势学校的学生比劣势学校的学生更倾向于合作。与此不同的是，中国四省市优势学校的学生比劣势学校的学生合作、竞争程度高，但合作指数的离差值（0.26）低于竞争指数的离差值（0.3），说明优势学校的学生比劣势学校的学生更倾向于竞争。这可能是优势学校优良的师资力量和雄厚的资金支持，能让学生接受更为优质的教育，从而提升了学生的竞争意识的结果。

表 5.7　基于学校社会经济指标的学生合作或竞争比较[1]

国家和地区	劣势学校学生平均合作指数	优势学校学生平均合作指数	离差值	劣势学校学生平均竞争指数	优势学校学生平均竞争指数	离差值
OECD 学生平均水平	−0.12	0.13	0.25	−0.04	0.04	0.08
中国四省市	0.11	0.37	0.26	0.06	0.36	0.30
新加坡	0.09	0.37	0.28	0.54	0.7	0.16
中国澳门	0.04	0.05	0.01	0.17	0.23	0.06
中国香港	−0.07	0.21	0.28	0.21	0.6	0.39
爱沙尼亚	−0.23	0.07	0.3	−0.23	0.07	0.3
芬兰	−0.03	0.22	0.25	0.03	0.18	0.15
爱尔兰	−0.24	−0.07	0.17	−0.24	−0.07	0.17
中国台湾	0.21	0.34	0.13	0.12	0.59	0.47

与学校类型和学校社会经济指标一样，学校地理位置对学生的合作与竞争也有着重要影响。从表 5.8 可以看出，中国四省市的城市、乡村学校学生平均合作指数、平均竞争指数均比 OECD 学生高，但值得注意的是，中国四省市的城市学校学生和乡村学校学生的平均合作指数、平均竞争指数存在差异，城市学校学生平均合作指数比乡村学校学生高 0.08，平均竞争指数则高 0.15，这说明城市学校的学生合作、竞争程度均比乡村学校学生高。这与前述优势学校的学生比劣势学校的学生合作、竞争程度高具有内在的一致性。

表 5.8　基于学校地理位置的学生合作或竞争比较[2]

国家和地区	乡村学校学生平均合作指数	城市学校学生平均合作指数	离差值	乡村学校学生平均竞争指数	城市学校学生平均竞争指数	离差值
OECD 学生平均水平	−0.08	0.01	0.09	−0.01	−0.02	−0.01
中国四省市	0.14	0.22	0.08	0.06	0.21	0.15

① OECD. PISA 2018 Results（Vol. III）: What School Life Means for Students' Lives[M]. Paris: OECD Publishing, 2019: 353.

② OECD. PISA 2018 Results（Vol. III）: What School Life Means for Students' Lives[M]. Paris: OECD Publishing, 2019: 353.

续表

国家和地区	乡村学校学生平均合作指数	城市学校学生平均合作指数	离差值	乡村学校学生平均竞争指数	城市学校学生平均竞争指数	离差值
新加坡	m	0.2	m	m	0.61	m
中国澳门	c	0.04	c	c	0.16	c
中国香港	c	0.09	c	c	0.41	c
爱沙尼亚	−0.13	−0.1	0.03	−0.35	−0.27	0.08
芬兰	−0.05	0.16	0.21	0.03	0.13	0.1
爱尔兰	−0.13	−0.21	−0.08	0.21	0.23	0.02
中国台湾	0.41	0.29	−0.12	0.22	0.39	0.17

注：表中 m 代表数据缺失；c 表示观测值数量太少，无法提供可靠的估计值。

（二）中国四省市学生视角下的合作与竞争

如果说学生合作或竞争与其阅读得分的关系、不同国家和地区学生合作或竞争情况，以及学生合作或竞争的个体差异和学校差异的上述分析，为我们带来了学生合作与竞争的整体画面，那么，中国四省市学生视角下的合作与竞争的观察、认识和感受，则让我们对学生的合作与竞争产生更加具体的认识。

1. 中国四省市学生视角下的合作

关于学生对合作重要性的认识与看法，PISA 2018 学生问卷从学生对"学生重视合作""学生正在互相合作""学生分享合作很重要的感受""学生觉得自己被鼓励去和他人合作"等问题的态度了解学生对合作价值的理解和感受。例如，在"学生正在互相合作"问题中，尽管有 67.8% 的学生认为学生们看起来都在互相合作，但是仍然有 32.2% 的被调查学生认为，学生们看起来并没有互相合作（表 5.9）。

表 5.9 "学生正在互相合作"各选项频数统计结果[①]

问题（"学生正在互相合作"）态度		频数/人	百分比/%	有效百分比/%	累计百分比/%
有效	完全不真实	361	3.0	3.0	3.0

---

① 数据源自 OECD 官网，参见 https://www.oecd.org/pisa/data/2018database/。

续表

问题（"学生正在互相合作"）态度		频数/人	百分比/%	有效百分比/%	累计百分比/%
有效	稍微真实	3 484	28.9	29.2	32.2
	非常真实	5 537	45.9	46.4	78.6
	极为真实	2 561	21.2	21.4	100.0
	总计	11 943	99.0	100.0	
缺失	无回答	47	0.4		
	系统缺失值	68	0.6		
	总计	115	1.0		
总计		12 058	100.0		

学生合作是每一个学生与同学之间的互助行为，因而涉及学生对自身与班级、自身与同学以及自身与自我之间的关系的感受。在这一层面，PISA 2018 学生问卷关注"学校里其他学生似乎喜欢我""我在学校很容易交到朋友""我觉得我属于学校""我在学校感觉自己是个局外人""我在学校里感到尴尬和格格不入""我在学校感到孤独"等学生的自我认知与感受。例如，在"我在学校很容易交到朋友"问题的回答上，依然有 20.3%的学生感觉自己不容易交到朋友（表5.10）。这在某种程度上反映了学生合作的真实情况。

表 5.10 "我在学校很容易交到朋友"的各选项频数统计结果[①]

问题（"我在学校很容易交到朋友"）态度		频数/人	百分比/%	有效百分比/%	累计百分比/%
有效	完全同意	2 676	22.2	22.4	22.4
	同意	6 858	56.9	57.4	79.8
	不同意	2 066	17.1	17.3	97.0
	完全不同意	353	2.9	3.0	100.0
	总计	11 953	99.1	100.0	
缺失	无回答	38	0.3		
	系统缺失值	67	0.6		
	总计	105	0.9		
总计		12 058	100.0		

---

① 数据源自 OECD 官网，参见 https://www.oecd.org/pisa/data/2018database/。

2. 中国四省市学生视角下的竞争

关于学生对竞争重要性的认识与看法，PISA 2018 学生问卷从学生对"学生重视竞争""学生正在互相竞争""学生分享竞争很重要的感受""学生们觉得自己被拿来和别人比较"等问题的态度了解学生对竞争价值的理解和感受。例如，在"学生正在互相竞争"问题中，有 61.4%的被调查学生认为他们觉得这一情况很真实乃至极为真实（表 5.11）。

表 5.11　"学生正在互相竞争"的描述统计量[①]

问题（"学生正在互相竞争"）态度		频数/人	百分比/%	有效百分比/%	累计百分比/%
有效	一点都不真实	512	4.2	4.3	4.3
	有些真实	4 094	34.0	34.3	38.6
	很真实	5 203	43.1	43.5	82.1
	极为真实	2 144	17.8	17.9	100.0
	总计	11 953	99.1	100.0	
缺失	无回答	38	0.3		
	系统缺失值	67	0.6		
	总计	105	0.9		
总计		12 058	100.0		

与合作不同，学生的好胜心使得他们对竞争情有独钟。为了解学生对于竞争的认识与感受，PISA 2018 学生问卷设计了"我喜欢在与他人竞争的情况下工作""对我来说在一项任务上比其他人表现得更好很重要""当我与其他人竞争时我会更加努力"等测试问题。例如，在"当我与其他人竞争时我会更加努力"问题的回答上，高达 93.7%的学生认同这一判断（表 5.12）。这在一定程度上反映了学生喜欢竞争的真实心声。

[①] 数据源自 OECD 官网，参见 https://www.oecd.org/pisa/data/2018database/。

表 5.12　"当我与其他人竞争时我会更加努力"的各选项频数统计结果[①]

问题（"当我与其他人竞争时我会更加努力"）态度		频数/人	百分比/%	有效百分比/%	累计百分比/%
有效	非常不同意	206	1.7	1.7	1.7
	不同意	557	4.6	4.7	6.4
	同意	6 450	53.5	53.9	60.2
	极为同意	4 763	39.5	39.8	100.0
	总计	11 976	99.3	100.0	
缺失	无回答	16	0.1		
	系统缺失值	66	0.5		
	总计	82	0.7		
总计		12 058	100.0		

3. 中国四省市学生对合作与竞争认识的相关性

如果说学生重视合作、学生正在互相合作、学生分享合作很重要的感受、学生觉得自己被鼓励去和他人合作等问题，以及学生重视竞争、学生正在互相竞争、学生分享竞争很重要的感受、学生觉得自己被拿来和别人比较等问题，分别测量了学生对于彼此合作与竞争的重要性及学生合作与竞争现状的认识、判断与感受，那么，这些测试数据的相关性分析，有助于我们认识学生心目中合作与竞争的相互关系。作为代表，表 5.13 仅呈现了学生重视合作、学生正在互相合作、学生重视竞争、学生正在互相竞争等四个变量的相关性。

表 5.13　学生对合作与竞争认识的相关系数[②]

变量		学生重视合作	学生正在互相合作	学生重视竞争	学生正在互相竞争
学生重视合作	相关系数	1.000	0.619**	0.138**	0.091**
	p（双侧）		0.000	0.000	0.000
	N	11 965	11 945	11 934	11 933

① 数据源自 OECD 官网，参见 https://www.oecd.org/pisa/data/2018database/。

② 数据源自 OECD 官网，参见 https://www.oecd.org/pisa/data/2018database/。

续表

变量		学生重视合作	学生正在互相合作	学生重视竞争	学生正在互相竞争
学生正在互相合作	相关系数	0.619**	1.000	0.188**	0.213**
	p（双侧）	0.000		0.000	0.000
	N	11 945	11 953	11 922	11 922
学生重视竞争	相关系数	0.138**	0.188**	1.000	0.826**
	p（双侧）	0.000	0.000		0.000
	N	11 934	11 922	11 943	11 935
学生正在互相竞争	相关系数	0.091**	0.213**	0.826**	1.000
	p（双侧）	0.000	0.000	0.000	
	N	11 933	11 922	11 935	11 943

注：**表示在 0.01 水平（双侧）上显著相关。

从表 5.13 的数据可以看出，学生重视合作与学生正在互相合作的判断呈中高度相关（相关系数为 0.619，$p=0.000$）；学生重视合作与学生重视竞争、学生正在互相竞争等具有一定的相关性（相关系数分别为 0.138 与 0.091，p 值均为 0.000），学生正在互相合作与学生重视竞争、学生正在互相竞争等也具有一定的相关性（相关系数分别为 0.188 与 0.213，p 值均为 0.000）。这些数据说明，学生对合作与竞争的重要性的认识以及对合作与竞争的现实状况的判断，具有一定的相容性和相关性，合作与竞争同样重要，并且在实际中同时存在。

4. 中国四省市学生对自身合作与竞争行为判断的相关性

相对于学生（作为一个群体）是否看重合作与竞争以及对学生（作为一个群体）是否在合作与竞争的判断，学生对自身是否乐于或者善于合作与竞争的感知，更能表达学生对合作与竞争的心声并进而预测合作与竞争行为的发生，而其相关性信息更能给我们带来不一样的意义。表 5.14 选择的是 PISA 2018 学生问卷中中国四省市学生对"我在学校很容易交到朋友""学校里有其他同学喜欢我""我喜欢在与他人竞争的情况下工作""当我与其他人竞争时我会更加努力"等问题的判断的相关性（表 5.14）。

表 5.14 学生对自身合作与竞争行为判断的相关系数[①]

变量		我在学校很容易 交到朋友	学校里有其他同 学喜欢我	我喜欢在与他人竞争 的情况下工作	当我与其他人竞争时 我会更加努力
我在学校很容 易交到朋友	相关系数	1.000	0.563**	−0.186**	−0.139**
	p（双侧）		0.000	0.000	0.000
	N	11 953	11 937	11 946	11 937
学校里有其他 同学喜欢我	相关系数	0.563**	1.000	−0.143**	−0.119**
	p（双侧）	0.000		0.000	0.000
	N	11 937	11 962	11 955	11 946
我喜欢在与他 人竞争的情况 下工作	相关系数	−0.186**	−0.143**	1.000	0.363**
	p（双侧）	0.000	0.000		0.000
	N	11 946	11 955	11 980	11 965
当我与其他人 竞争时我会更 加努力	相关系数	−0.139**	−0.119**	0.363**	1.000
	p（双侧）	0.000	0.000	0.000	
	N	11 937	11 946	11 965	11 971

注：**表示在 0.01 水平（双侧）上显著相关。

从表 5.14 可以看出，"我在学校很容易交到朋友"与"学校里有其他同学喜欢我""我喜欢在与他人竞争的情况下工作""当我与其他人竞争时我会更加努力"分别是中高度正相关（相关系数为 0.563）和低度负相关（相关系数分别为−0.186 与−0.139），并且均达到显著性水平（p 值均为 0.000）。对于同样是描述学生合作问题的调查数据的相关性，我们并不难理解，但是，对于学生在合作与竞争问题调查数据上的负相关，我们似乎窥探到了学生在合作与竞争上的相互排斥性。这一现象可能源于人们厌恶矛盾、不一致，努力寻求同一性。

四、从关注合作到培育学生竞–合素养

（一）研究结论

在国际比较视域下，基于 PISA 2018 学生调查数据，我们可以就学生合作与竞争问题得出以下基本结论。

---

① 数据源自 OECD 官网，参见 https://www.oecd.org/pisa/data/2018database/。

（1）学生合作或竞争与其阅读得分表现的关系：合作和竞争都能促进学生阅读得分的提高，只是合作与竞争发挥的作用大小不同；就中国四省市学生而言，竞争更能调动学生学习积极性，促进学生阅读成绩的提高。

（2）不同国家和地区学生合作或竞争情况：中国四省市学生平均合作指数与平均竞争指数均高于 OECD 学生平均水平；与新加坡相比，中国四省市的大部分学生没有认识到竞争的重要性，只是在被动地参与竞争。

（3）学生合作或竞争的个体差异分析：学生自身也是合作或竞争的一个很重要的影响因素，男生比女生更倾向于合作和竞争；具有优势社会经济地位的学生合作和竞争程度均比劣势学生高。

（4）学生合作或竞争的学校差异分析：中国四省市公立学校学生合作程度比私立学校高，但竞争程度比私立学校低；城市学校的学生合作与竞争程度均比乡村学校学生高。

在中国四省市学生视角下，我们可以就学生合作与竞争问题得出以下基本结论。

（1）中国四省市学生视角下的合作：学生重视合作，学生们在互相合作（67.8%），大多数学生对于自己是否善于合作（是否被人喜欢、容易交到朋友等）的判断是积极的。

（2）中国四省市学生视角下的竞争：调查数据表明，学生重视竞争，学生们在相互竞争（达61.4%），并且喜欢参与竞争，这在一定程度上表现了学生的好胜心。

（3）中国四省市学生对合作与竞争认识的相关性：学生对合作与竞争的重要性认识以及对合作与竞争的现实状况判断，具有一定的相容性和相关性，合作与竞争同样重要，并且同时存在。

（4）中国四省市学生对自身合作与竞争行为判断的相关性：在学生的合作与竞争问题调查数据上呈现负相关，表明学生在合作与竞争问题表现上的相互排斥性，这一现象可能源于人们厌恶矛盾、不一致并喜欢个体的同一性。

（二）相关建议

1. 正确认识合作与竞争现象，促进学生形成正确的竞-合观念

在教育实践中，人们对学生合作问题给予了普遍关注，但是就 PISA 2018 中国四省市学生表现而言，合作在提高其学业成绩方面发挥的效能远不如竞争，这一现象敦促我们去思考学生相互竞争问题，并借此克服合作中的任务可能无法公平有效地分配、团队成员有时会执行自己不适合或不喜欢的任务、一些小组成员可能因为队友十分努力而变得懒散和随心所欲、团队领导者协调任务花费的时间过多等局限，让学生充分认识到在人类生产、生活、工作和学习中，更多同时也更真实的是有合作的竞争与有竞争的合作，以及形式多种多样、有时表现特别极端的竞争与合作，进一步促进学生竞-合观念的形成。这样说当然不是要否定合作之于人类发展的价值——人类社会发展的利他及强互惠的社会偏好[1]以及人类心智发展的社会性本质[2]，也不是在教育中不要求去培养学生的合作能力，只是在发展学生的合作能力的同时，不要忽视人类社会生活中客观存在的竞争现象，以及竞争中的合作（相互依赖）、合作中的竞争问题。

在促进学生形成竞-合观念的过程中，教师需要帮助学生从概念本质、意义价值、竞争类型、竞争伦理、结果归因、与合作之间的关系等方面重新认识并全面把握"竞争"，让学生明白目前学校里学生之间的竞争是一种良性竞争，是同伴之间关于学习机会和学习效果的竞争，是学习时间、学习意志力、专注力等方面的竞争，而不单单是学习结果或分数之间的竞争。更为重要的是，教师要引导学生形成良好的竞争动机，做好正确的竞争结果归因。竞争不只是为了赢，或者不只是为了最后的结果，更多的是在与他人比较和碰撞的过程中产生思维的火花，更好地发展自己。学生只有在对合作和竞争有了重新认识之后，例如从生物学及不同文化相遇与交融等视角认识和理解"我们为什么要合作"，才能超越合作与竞争的简单对立思维，真正理解竞-合这一观念对个体发展和人类社会发展的意义。[3]

2. 加强合作与竞争技能训练，关注学生竞-合技能的发展

相对于对合作、竞争、竞-合等观念的认识与理解，合作、竞争、竞-合等技

① 塞缪尔·鲍尔斯，赫伯特·金迪斯. 合作的物种：人类的互惠性及其演化[M]. 张弘译. 杭州：浙江大学出版社，2015：270-271.
② 列夫·维果茨基. 社会中的心智——高级心理过程的发展[M]. 麻彦坤译. 北京：北京师范大学出版社，2018：107-108.
③ 迈克尔·托马塞洛. 我们为什么要合作：先天与后天之争的新理论[M]. 苏彦捷译. 北京：北京师范大学出版社，2017：90-91.

能的掌握更具有实践和行动意义。为此，教师需要教给学生一些合作沟通的技能和方法，让学生在参与练习中体会自己在团队中的作用，教师需要有针对性地培养学生倾听、说明、反思、自控、协调等方面的能力[1]，还要在提高沟通技能的基础上，引导学生学会在理解他人的基础上提出或提供当前阶段所需的观点或行动，在团队中有效整合不同的个人贡献，提高集体决策能力，迅速推进任务完成的进程。[2]合作沟通技能需要在学校、班级、小组内部等不同层面开展培训和训练。

竞-合技能的发展当然还包括相互竞争技能的训练，为此，教师可以参考游戏闯关等娱乐化形式，调动学生积极参与竞争性学习，争取表现性学习的机会，让学生开展趣味性的竞争。当学生学习竞争时，教师可以对良好的竞争行为和目的进行肯定或赞扬，让学生明确竞争的目标和方法，激发其他学生参与学习竞争。教师还要为学生提供更多的合作与竞争机会，营造良好的合作与竞争氛围，为学生示范合作与竞争的技能，让学生乐于合作，善于竞争，在实践中不断改进和完善自身的竞-合技能，学会彼此合作——因为更多的情况还是"我们如何在一起"[3]以及我们如何"相互依赖"而不是"你死我活"，以及学会基于合作的竞争——认识到在人类社会生活中不公平以及等级结构的存在使人们通过竞争以拥有更多权力的普遍性现象[4]，正确处理好合作与竞争的动态平衡关系。

3. 丰富合作与竞争的情感体验，激发学生对竞-合的价值认同

情感是人性的重要组成部分，情感结构在很大程度上决定了一个人的存在范畴。相对于对合作、竞争、竞-合等观念的认识与理解，以及合作、竞争、竞-合技能的训练，学生对合作、竞争、竞-合的情感体验与价值认同处于核心地位。鉴于价值观认同需要由外到内、由认知经情感再到意志、由观念再到行为的连续推进事实，学生竞-合素养的培养更需要教师深入开展合作与竞争教学，让学生获得更多合作、竞争、竞-合的情感体验，提高学生（个体及群体）对竞-合的价值认同。

认同是个体潜意识地对某一对象的认可与模仿，是个体将外在的理念和标准

① 张玉彬. 合作学习的理论与实践[M]. 北京: 光明日报出版社, 2017: 62-63.
② 蔡歆, 祁红. 高阶思维培养: 小组合作学习的升级之路[J]. 中小学管理, 2019(9): 55-57, 59.
③ 樊浩. "我们", 如何在一起? [J]. 东南大学学报(哲学社会科学版), 2017, 19(1): 5-15.
④ 杰弗瑞·菲佛. 权力: 为什么只为某些人所拥有[M]. 杨洋译. 杭州: 浙江人民出版社, 2015: 229.

内化于心、外化于行的社会心理过程。与此类似，对竞-合的价值认同是人们对竞-合的价值观念的认可，经由竞-合的情感认同体验，进而产生竞-合的实践行为过程。其中，竞-合情感认同体验是实现竞-合的价值认同的根本和关键。例如，PISA 2018 中国四省市学生合作与竞争问题调查数据呈现负相关，不仅表现为学生在合作与竞争问题认识与理解上的相互排斥性（认知不一致），更表现在学生对于合作与竞争在情感体验层面上的喜欢与厌恶（违背个体同一性）。合作、竞争、竞-合都是人类发展的手段，在更多情况下，共赢可能更符合我们每一个人的利益，也符合社会发展的趋势。

在丰富合作与竞争的情感体验和激发学生对竞-合价值认同的教学实践中，要坚持公平性与补偿性原则，关注学生个体差异，照顾弱势群体。前文提及，学生性别、家庭社会经济地位，以及学校类型、学校地理位置等因素都会影响学生合作、竞争、竞-合行为的发生。相比于男性、家庭社会经济地位高、成绩优异、城市学校的学生，女性、家庭社会经济地位低、成绩不好、乡村学校的学生，更应该得到鼓励和支持，并需要给他们提供更多参与合作、竞争、竞-合的机会，建立健全学生合作、竞争、竞-合的有效机制，加深学生对合作、竞争、竞-合的理解，培养学生合作、竞争、竞-合意识和技能，促进学生合作与竞争能力特别是竞-合素养的发展。

第六章

学生需要的教学支持及教师作为

为学生学习提供有效的教学支持是教师的职责所在和根本任务。基于 PISA 2018 中国四省市数据研究发现：教师支持等教学指数普遍比 OECD 均值高，说明教师教学对学生学习的支持总体良好；教师支持等教学因素之间呈中等程度相关，反映了教学的整体性特点；教师支持等教学因素对学生阅读素养成绩的影响各不相同，并表现出各自不同的特点；教师需要更多激励男生参与学习并提升其学习敏感性；同时教师需要基于不同年级学生需求提供学习支持，以引导学生成为自主学习者。这些发现告诉我们，为学生学习提供有效的教学支持，发挥不同类型学习支持的独特作用，特别是鼓励学生积极投入自己的学习活动，落实基于学生真实需求的学习支持，是教师教学必须给予关注的问题。

学生发展的基本机制在于学生自身的能动活动。学生发展不能被外界直接赋予，这一学生发展机制的揭示，使得学生能动的学习活动成为学生发展的基本条件，因而也使得学生学习成为整个课堂教学的中心。[①]学习中心教学的提出，对于改变我国课堂教学以教师及其讲授为中心的格局，提高教育教学质量具有很强的现实针对性和实际指导价值。学习中心教学的主张并不否定教师对学生学习的重要支持作用，毕竟，在影响学生学业成就的学生、家庭、学校、教师、课程、教学方法等六大因素中，教师才是学生学习的最大影响因素。[②]当然，这并不是说所有教师对学生的发展都会产生重要影响，也不是说各种教学方式都会产生同样的学生发展效果。因此，明确不同类型教师的支持方式对学生发展所产生的不同作用，从学生的视角审视学生学习，了解学生学习的真正需求，观察学生学习的困难所在，为学生学习和发展提供他们最需要的、最匹配的，同时也是最富有成效的教学支持，是每一位教育者都需要关注和思考的问题。

一、学生发展离不开教师的教学支持

（一）研究背景

教师支持[③]对学生学习参与和他们对学校的总体感受起着至关重要的作用[④]，并与学生更高水平的内在动机和更低水平的焦虑有关。[⑤]教师的情感支持与学生的学习投入、学术享受和自我效能感等都有着紧密联系，这种联系会激发学生更大的努力和毅力。[⑥]教师支持也与学生在校内外获得更好的福祉有关，它会让学

---

① 陈佑清. 学习中心教学论[M]. 北京: 教育科学出版社, 2019: 146.

② 约翰·哈蒂. 可见的学习: 对 800 多项关于学业成就的元分析的综合报告[M]. 彭正梅, 邓莉, 高原, 等译. 北京: 教育科学出版社, 2015: 108.

③ 这里的"教师支持"是一个较为广义的概念，是指教师对学生学习的各种形式的"教学支持"，与 PISA 2018 中狭义的、反映了一个教育测量维度的"教师支持"概念有所不同。后文中提及的"教师支持等教学因素"是在狭义上应用"教师支持"概念的。特此说明。

④ Federici R A, Skaalvik E M. Students' perceptions of emotional and instrumental teacher support: Relations with motivational and emotional responses[J]. International Education Studies, 2014, 7(1): 21-36.

⑤ Pitzer J, Skinner E. Predictors of changes in students' motivational resilience over the school year: The roles of teacher support, self-appraisals, and emotional reactivity [J]. International Journal of Behavioral Development, 2017, 41(1): 15-29.

⑥ Lee J-S. The effects of the teacher-student relationship and academic press on student engagement and academic performance[J]. International Journal of Educational Research, 2012, 53: 330-340.

生更加快乐，生活满意度也更高。[1]教师还可以通过向学生提供其在任务中做得如何的反馈（教师反馈）来帮助学生提高成绩。[2]教师支持（狭义）与教师直接教学（直接指导）、适应性教学（因材施教）、鼓励学生参与（学习、思考）等教学因素（教学实践）以及教师对所教学科的兴趣、感受（体验热情）和他们如何向学生表达这些感受（表现出的热情）紧密相关[3]，它们彼此联系、相互协调，共同支持学生的学习，整体性地发挥着教育的影响力。或许正是这一原因，PISA 2018 测评特别关注教师怎样教学才能更好地支持学生学习的问题。

教师怎样教学才能更好地支持学生学习的问题并非是一个新问题，本质上它是一个有效教学何以实现的问题。国际上的接受学习、掌握学习、范例教学、发展性教学、情境教学、发现学习等教学改革，国内的八字教学法、异步教学、尝试教学、自学辅导教学、有指导的自主学习等教学尝试[4]，以及近年来的具身认知教学[5]、深度教学等教育教学改革探索，无一不是对有效教学及好的教学的孜孜追求。随着信息技术的不断发展和知识总量的指数式增长，加之对人的发展根本上源于个体活动（实践）的认识深化（学生核心素养的发展不能被外在所赋予），人们对学习以及人的学习能力给予了特别强调，学习中心教学也逐渐成为人们的教改共识[6]，教师怎样教学才能更好地支持学生学习，已渐成为人们并不陌生的教育话语。

实践中人们也非常关注教师怎样教学才能更好地支持学生学习的问题。回应这一问题不仅涉及教学理念、教学实施、教学模式、教学方法、教学评价等教学的诸多要素[7]，涉及教学规律的遵循[8]，教学与课程标准的一致性[9]，课程、教学

---

① Suldo S M, Friedrich A A, White T, et al. Teacher support and adolescents'subjective well-being: A mixed-methods investigation[J]. School Psychology Review, 2009, 38 (1) : 67-85.

② Hattie J, Timperley H. The power of feedback[J]. Review of Educational Research, 2007, 77 (1) : 81-112.

③ Frenzel A C, Taxer J L, Schwab C, et al. Independent and joint effects of teacher enthusiasm and motivation on student motivation and experiences: A field experiment[J]. Motivation and Emotion, 2019, 43 (2) : 255-265.

④ 高慎英, 刘良华. 有效教学论[M]. 广州: 广东教育出版社, 2004: 75.

⑤ 范文翔, 赵瑞斌. 具身认知的知识观、学习观与教学观[J]. 电化教育研究, 2020, 41 (7) : 21-27.

⑥ 陈佑清, 余潇. 学习中心教学论[J]. 课程·教材·教法, 2019 (11) : 89-96.

⑦ 崔允漷. 有效教学: 理念与策略 (上) [J]. 人民教育, 2001 (6) : 46-47.

⑧ 余文森. 论有效教学的三条"铁律"[J]. 中国教育学刊, 2008 (11) : 40-46.

⑨ 崔允漷. 课程实施的新取向: 基于课程标准的教学[J]. 教育研究, 2009 (1) : 74-79, 110.

与评价之间的关系[①]，也涉及学生学习及学习理论变革[②]、教师教学效能感[③]、教师教学技能发展[④]等较为宽泛的问题。教师怎样教学才能更好地支持学生学习，自然还涉及学生学习行为[⑤]、有效学习条件[⑥]、有效学习设计[⑦]，以及相应的问题化、图式化、信息化的教师教学支持等。特别是信息技术与学科教学的"深度融合"[⑧]，为教师营造信息化教学环境、变革传统课堂教学结构、开发相关学科学习资源，更好地支持学生学习，提供了具体方法与途径。

2021 年 7 月，中共中央办公厅、国务院办公厅专门印发了《关于进一步减轻义务教育阶段学生作业负担和校外培训负担的意见》，明确要求各地中小学校健全教学管理规程，优化课堂教学方式，提升教育教学质量，提升学生在校学习效率，全面压减作业总量和时长，提升课后服务水平，确保学生在校内学足学好，进一步减轻义务教育阶段学生作业负担和校外培训负担。[⑨]在这一新的政策背景下，教师怎样教学才能更好地支持学生学习，更成为一个人们不得不直面的同时也非常迫切的问题。

（二）研究问题

教师教学涉及多个方面或者说多个因素，因此也能够在多方面为学生学习提供教学支持。基于上述比较的（同时也是理论的）、历史的、实践的和政策的背景分析，以及研究中国本土教育问题的价值取向、教育实证研究的方法论要求和 OECD 官网上所提供的调研资料便利，本研究主要就教师支持、教师反馈、直接教学、适应性教学、鼓励学生参与、教师热情等因素（指数）的总体表现、相互

---

① 韦斯林，贾远娥. 学习进程：促进课程，教学与评价的一致性[J]. 全球教育展望, 2010(9)：24-31.

② 姚梅林，王泽荣，吕红梅. 从学习理论的变革看有效教学的发展趋势[J]. 北京师范大学学报(社会科学版), 2003(5)：22-27.

③ 俞国良，罗晓路. 教师教学效能感及其相关因素研究[J]. 北京师范大学学报(社会科学版), 2000(1)：72-79.

④ 段作章. 教学理念向教学行为转化的内隐机制[J]. 教育研究, 2013, 34(8)：103-111.

⑤ 向葵花，陈佑清. 聚焦学习行为：教学论研究的视域转换[J]. 课程·教材·教法, 2013(12)：30-35.

⑥ 陈晓端，马建华. 有效教学行为：促进学生课堂有效学习的条件[J]. 现代中小学教育, 2011, 0(6)：9-12.

⑦ 王天蓉，徐谊. 有效学习设计：问题化、图式化、信息化[M]. 北京：教育科学出版社, 2010：13.

⑧ 何克抗. 如何实现信息技术与学科教学的"深度融合"[J]. 教育研究, 2017, 38(10)：88-92.

⑨ 中共中央办公厅，国务院办公厅. 关于进一步减轻义务教育阶段学生作业负担和校外培训负担的意见[EB/OL]. http://www.moe.gov.cn/jyb_xxgk/moe_1777/moe_1778/202107/t20210724_546576.html[2021-12-30].

关系、对学生阅读素养成绩的影响、不同性别和年级的学生感受到的教学支持等问题进行系统思考，探究"双减"政策背景下教师能为学生学习提供怎样的教学支持，以促进学生更加健康地发展。

研究的具体问题包括：教师支持等教学因素的总体表现如何？教师支持等教学因素的相关性如何？教师支持等教学因素与学生阅读素养成绩的关系如何？教师支持等教学因素何以对阅读素养成绩产生影响？学生感受到的教师支持等教学因素是否存在性别差异？学生感受到的教师支持等教学因素是否存在年级差异？等等。

二、学生需要的教师教学支持研究设计

（一）研究过程

研究对象为参与 PISA 2018 的中国四省市学生样本，共 12 058 人，全系 2002 年出生，其中男生 6283 人，女生 5775 人，就读初中和高中，7—12 年级的学生人数分别为 26 人、190 人、4102 人、7601 人、132 人和 7 人。考虑到分组样本人数的实际情况，7 年级和 12 年级的人数偏少，相关分析仅作为参考。

研究工具为 PISA 2018 学生问卷和认知测评项目，涉及的问题包括教师支持（ST100，4）、教师反馈（ST104，3）、直接教学（ST102，4）、适应性教学（ST212，3）、鼓励学生参与（ST152，4）、教师热情（ST213，4），括号中第一个标识为学生问卷中的相应题号，第二个标识为该指数包括的具体测评项目数。鉴于 PISA 2018 评估研究团队的高质量教育评价研究及其不断追求创新，其研究工具质量良好[笔者在用主成分分析法分析相关问题时，发现其共同因素提取、陡坡图（也称碎石图）、方差解释率等指标都满足研究要求]。

研究数据源于 OECD 官网，具体网址为 https://www.oecd.org/pisa/data/2018 database/。有兴趣的读者可以自行下载。

（二）研究方法

研究方法为定量调查研究，或者说是 PISA 2018 数据的再挖掘。相对于 OECD 的 PISA 项目组研究报告，本研究基于中国四省市的测评数据，研究中国

教育教学问题。为此，研究中选取教师支持等 6 个教学因素（涉及 22 个具体测评项目或问题）及阅读素养拟真值（涉及多个阅读素养拟真值）为变量，以及多个 W_FSTURWT（FINAL TRIMMED NONRESPONSE ADJUSTED STUDENT REPLICATE BRR-FAY WEIGHTS）值。

研究中选用 SPSS24 作为数据分析软件，根据具体研究问题分别应用描述性统计、参数检验（平均值比较、单因素方差分析）、相关分析等数据分析方法，以保证数据分析的科学性与合理性。

三、学生感受到的教师教学支持状况与分析

（一）教师支持等教学因素的总体表现

教师教学是影响学生学习和发展的最直接因素，也是学生能够直接体验到的教师教育行为。表 6.1 描述了参与 PISA 2018 调查的中国四省市学生就教师支持、教师反馈、直接教学、适应性教学、鼓励学生参与、教师热情等维度的感受情况（数据经过标准化处理，OECD 学生相应指数值的平均值为 0，标准差为 1）。从表 6.1 中统计量的具体数值来看，教师支持、教师反馈、直接教学、适应性教学、鼓励学生参与、教师热情的指数平均值都为正值，表明在这些维度上，中国教师表现良好。其中，鼓励学生参与指数最高，其次为直接教学指数和适应性教学指数。

表 6.1　各教学因素相关统计量（加权后的）

教学因素	N		M	SE	SD	min	max
	有效	缺失					
教师支持	972 824	4482	0.374 669	0.000 898 7	0.886 399 0	−2.710 6	1.341 1
教师反馈	971 072	6233	0.285 503	0.001 043 9	1.028 691 8	−1.639 1	2.016 5
直接教学	972 620	4685	0.499 545	0.001 031 6	1.017 382 8	−2.942 5	1.820 2
适应性教学	970 322	6983	0.389 340	0.001 044 9	1.029 319 9	−2.265 2	2.007 3
鼓励学生参与	972 353	4953	0.563 055	0.001 044 3	1.029 765 4	−2.300 3	2.087 1
教师热情	972 567	4739	0.294 101	0.000 978 2	0.964 674 0	−2.217 7	1.824 5

　　事实上，上述教师支持、教师反馈、直接教学、适应性教学、鼓励学生参与、教师热情等指数是多个相关测量项目的数学建构结果（并经过标准化处理），也不是连续性变量，其统计分布各有特点。例如，鼓励学生参与指数和适应性教学指数（相应指数值大小的排序分别为 1 和 3）统计分布图如图 6.1、图 6.2 所示，从中可以看出，某些特殊值的学生人数较多，占比较高（分别达到 20.1%和 18.6%）（鼓励学生参与指数和适应性教学指数均值分别高于 OECD 均值 0.563 和 0.389），是这一部分特殊表现群体拉升了中国四省市学生的相应指数均值（有兴趣的读者可以进一步研究其他指数）。

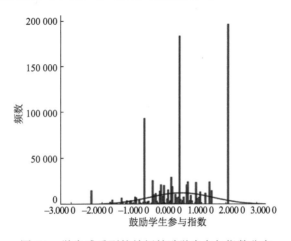

图 6.1　学生感受到的教师鼓励学生参与指数分布

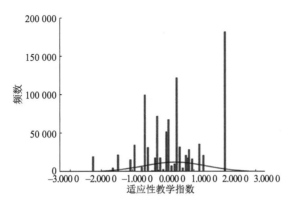

图 6.2　学生感受到的适应性教学指数分布

（二）教师支持等教学因素的相关性分析

教师支持、教师反馈、直接教学、适应性教学、鼓励学生参与、教师热情等教学因素是相互联系的，表 6.2 描述了它们之间的相关性。

表 6.2　各教学因素间的相关系数（加权后的）

教学因素统计量		教师支持	教师反馈	直接教学	适应性教学	鼓励学生参与	教师热情
教师支持	相关系数	1	0.419**	0.605**	0.500**	0.492**	0.472**
	p（双侧）		0.000	0.000	0.000	0.000	0.000
	N	972 824	970 880	972 428	970 130	972 160	972 374
教师反馈	相关系数	0.419**	1	0.480**	0.563**	0.550**	0.536**
	p（双侧）	0.000		0.000	0.000	0.000	0.000
	N	970 880	971 072	970 970	968 766	970 858	971 072
直接教学	相关系数	0.605**	0.480**	1	0.494**	0.499**	0.442**
	p（双侧）	0.000	0.000		0.000	0.000	0.000
	N	972 428	970 970	972 620	970 220	972 250	972 464
适应性教学	相关系数	0.500**	0.563**	0.494**	1	0.570**	0.530**
	p（双侧）	0.000	0.000	0.000		0.000	0.000
	N	970 130	968 766	970 220	970 322	970 032	970 246
鼓励学生参与	相关系数	0.492**	0.550**	0.499**	0.570**	1	0.640**
	p（双侧）	0.000	0.000	0.000	0.000		0.000
	N	972 160	970 858	972 250	970 032	972 353	972 353
教师热情	相关系数	0.472**	0.536**	0.442**	0.530**	0.640**	1
	p（双侧）	0.000	0.000	0.000	0.000	0.000	
	N	972 374	971 072	972 464	970 246	972 353	972 567

注：**表示在 0.01 水平（双侧）上显著相关。

从表 6.2 中可以看到，直接教学等诸因素之间存在中等程度的相关（相关系数介于 0.419—0.640，$p<0.01$）。其中，鼓励学生参与和教师热情、教师支持与直接教学相关性最强（相关系数分别为 0.640 和 0.605），而教师支持和教师反馈、直接教学和教师热情相关性相对较小（相关系数分别为 0.419 和 0.442），但是没有出现相关系数小于 0.4 的情况（OECD 均值中则有这一情况）。

　　教师支持等教学因素之间的彼此相关，反映了教学的整体性特征，也反映了教师教学影响力各层面的相互联系。在分析的思维下，教师支持等教学因素是彼此分开的，但是从综合的视角来看，这些因素之间是你中有我、我中有你的。例如，教师反馈本质上就是一种教师支持；在直接教学中必然存在一些适应性教学的元素，而在适应性教学中也一定存在教师的直接指导行为；鼓励学生参与阅读等学习活动绝不仅仅是教师的智慧，它也一定受到教师热爱所教学科和热爱学习的情感影响。

　　根据教师支持等教学因素的数据特点，下面给出教师支持等教学因素间的相关性的另一种处理（表 6.3），从中也能看出教师支持等教学因素之间的相关关系，具体分析不再赘述。

表 6.3　各教学因素间的等级相关系数

教学因素统计量		教师支持	教师反馈	直接教学	适应性教学	鼓励学生参与	教师热情
教师支持	相关系数	1.000	0.424**	0.595**	0.492**	0.488**	0.472**
	p（双侧）		0.000	0.000	0.000	0.000	0.000
	N	11988	11963	11985	11961	11981	11985
教师反馈	相关系数	0.424**	1.000	0.483**	0.565**	0.547**	0.531**
	p（双侧）	0.000		0.000	0.000	0.000	0.000
	N	11963	11968	11966	11944	11964	11968
直接教学	相关系数	0.595**	0.483**	1.000	0.485**	0.493**	0.436**
	p（双侧）	0.000	0.000		0.000	0.000	0.000
	N	11985	11966	11990	11964	11984	11988
适应性教学	相关系数	0.492**	0.565**	0.485**	1.000	0.582**	0.520**
	p（双侧）	0.000	0.000	0.000		0.000	0.000
	N	11961	11944	11964	11966	11961	11965
鼓励学生参与	相关系数	0.488**	0.547**	0.493**	0.582**	1.000	0.637**
	p（双侧）	0.000	0.000	0.000	0.000		0.000
	N	11981	11964	11984	11961	11986	11986
教师热情	相关系数	0.472**	0.531**	0.436**	0.520**	0.637**	1.000
	p（双侧）	0.000	0.000	0.000	0.000	0.000	
	N	11985	11968	11988	11965	11986	11990

注：**表示在 0.01 水平（双侧）上显著相关。

（三）教师支持等教学因素与学生阅读素养成绩的关系

教师教学对学生学习和发展有着直接影响，这一影响可以通过学生学习和发展的结果与学生感受到的教师直接教学行为、教师热情等因素之间的关系来证明或说明。表 6.4 是（学生感受到的）教师支持等教学因素与学生阅读素养成绩的相关性描述（数据处理过程中考虑并利用了不同的阅读素养成绩值[①]）。从表 6.4 中可以看出，除了直接教学与学生阅读素养成绩呈负相关（−0.0312）外，其他维度与学生阅读素养成绩呈正相关（$p=0.000$），其中，鼓励学生参与对学生阅读素养成绩的影响最大，相关系数为 0.1838，其次是教师热情（0.1291）和适应性教学（0.0927）。教师支持和教师反馈对学生阅读素养成绩的影响没有人们预想的那样大。

表 6.4　各教学因素与阅读素养成绩的相关统计量（加权后的）

教学因素	相关系数	SE	SD	p（双侧）
教师支持	0.056 100 0	0.001 766 67	0.005 586 69	0.000
教师反馈	0.023 000 0	0.001 229 27	0.003 887 30	0.000
直接教学	−0.031 200 0	0.001 420 49	0.004 491 97	0.000
适应性教学	0.092 700 0	0.001 145 52	0.003 622 46	0.000
鼓励学生参与	0.183 800 0	0.001 263 15	0.003 994 44	0.000
教师热情	0.129 100 0	0.001 530 80	0.004 840 80	0.000

教师支持等教学因素对学生阅读素养成绩的直接影响各不相同。教师鼓励学生参与学习非常重要，体现了学生发展必须通过学生活动来实现的学生发展内在规律，也在一定程度上证明了学习中心教学改革的合理性。与此相关，教师的教学热情具有重要的教育感染作用，它能让学生更加热爱阅读和学习。适应性教学及教师支持对发展学生阅读素养具有显著影响，它对教师的教育素养（例如生成性教学、教学机智等）提出了更高要求。教师支持与教师反馈对发展学生阅读素养具有正向作用，但是，它实际产生的效果可能没有我们预想的大（好）。教师直接教学对学生阅读素养成绩的影响不理想（对学生阅读起到了负作用），但并不能完全否认教师直接教学的价值，可能需要深入分析，思考直接教学的适度问

---

① OECD. PISA Data Analysis Manual: SPSS（2nd ed.）[M]. Paris: OECD Publishing, 2009: 100.

题与具体方式，亦即如何开展直接教学才能真正发挥其独特作用（结合具体项目调查数据分析发现，选择"很多课"发生直接教学的学生组阅读素养成绩等最好，说明适度的直接教学能产生最佳效果）。

值得说明的是，教师支持等教学因素与学生阅读素养成绩的关系，并非如上述相关性的分析那么简单，这不仅源于教师支持等教学因素之间的彼此相互关联（参见前文），也与教师支持等教学因素与影响学生学习和发展的课程、评价、学习氛围、学习时间、教育技术以及学生、家长、整个社会环境之间有着千丝万缕的联系。当然，上述相关分析还是能为我们带来一些新的启发。

（四）教师支持等教学因素的具体分析

相对于前文的直接教学等诸因素的总体情况分析，具体项目分析可能更有助于探究问题的本质或成因。结合教师支持等教学因素与学生阅读素养成绩的相关分析，下面就教师支持、教师反馈、鼓励学生参与（与阅读素养成绩正相关且相关系数最大）和直接教学（与阅读素养成绩负相关）维度进行稍详细的具体分析。

在 PISA 2018 学生问卷中，教师支持维度（ST100）共设计了 4 个问题（项目）：老师关注每个学生的学习状态；当学生需要时，老师会提供额外的帮助；老师帮助学生学习；老师会一直讲解，直到学生理解为止。学生根据实际情况在"从不或几乎永远不"（记 4 分）、"一些课"（记 3 分）、"很多课"（记 2 分）、"每节课或几乎每节课"（记 1 分）的描述中选择，亦即数值愈小（愈接近于数值 1），表示教师的支持行为愈频繁。从表 6.5 中可以看出，所有项目平均值都小于 2，表明教师在很多语言课（语文课）上都能够做到支持学生学习。但是相比较而言，在"当学生需要时，老师会提供额外的帮助"和"老师帮助学生学习"项目上教师表现更好，而在"老师会一直讲解，直到学生理解为止"上，教师支持还可以做得更好[学生选择"每节课或几乎每节课"与"很多课"的比例合计分别为 83.6%、85.9%、86.1%、76.7%，相应 OECD 均值分别为 71%、75%、76%、70%，参见 *PISA 2018 Results （Vol.III）: What School Life Means for Students' Lives* 的相关部分[1]]。换言之，教师更需要关注学生的最终学

---

① OECD. PISA 2018 Results（Vol. III）: What School Life Means for Students' Lives[M]. Paris: OECD Publishing, 2019: 216.

习结果和掌握情况。

表 6.5　教师支持的描述统计量（加权后的）

问题	N	R	min	max	M	SE	SD
以下情况发生得有多频繁：老师关注每个学生的学习状态？	972 674	3	1	4	1.65	0.001	0.832
以下情况发生得有多频繁：当学生需要时，老师会提供额外的帮助？	971 666	3	1	4	1.54	0.001	0.808
以下情况发生得有多频繁：老师帮助学生学习？	971 932	3	1	4	1.53	0.001	0.812
以下情况发生得有多频繁：老师会一直讲解，直到学生理解为止？	972 479	3	1	4	1.82	0.001	0.898

注：表中 R 为全距，下同。

在教师反馈维度（ST104），PISA 2018 学生问卷共设计了 3 个问题：老师会告诉我，我在语文课中学得好的地方；老师会告诉我，我还需改进的地方；老师会告诉我，我该如何改进我的表现。记分方法与教师支持维度相反，即"从不或几乎永远不"（记 1 分）、"一些课"（记 2 分）、"很多课"（记 3 分）、"每节课或几乎每节课"（记 4 分）。从表 6.6 中可以看出，各问题回答的均值在 2.5 左右，亦即在 1—4 分的均值附近，学生感受到的教师反馈程度不够高（在 3 个问题上，学生选择"很多课"的比例分别是 23.7%、33.9%、29.5%，对应学生阅读素养成绩等最高的组）。特别是在"老师会告诉我，我在语文课中学得好的地方"问题上，学生认为教师"从不或几乎永远不"和"一些课"上给予反馈的比例达到 59.3%（其他 2 小题类似选项的比例分别为 44.7% 和 50.6%），说明教师在肯定学生学习优势、改进问题与改进方法的反馈上还需要整体性加强。这部分解释了教师反馈对学生阅读素养成绩的影响没有人们所预想的大的现象（另一原因是，感受到"每节课或几乎每节课"都发生反馈的学生组成绩反而下降，比选择"很多课"的组别低，亦即反馈也存在是否适度的问题）。

表 6.6　教师反馈的描述统计量（加权后的）

问题	N	min	max	M	SE	SD
以下情况发生得有多频繁：老师会告诉我，我在语文课中学得好的地方？	972 440	1	4	2.34	0.001	1.017

续表

问题	N	min	max	M	SE	SD
以下情况发生得有多频繁：老师会告诉我，我还需改进的地方？	972 040	1	4	2.67	0.001	0.921
以下情况发生得有多频繁：老师会告诉我，我该如何改进我的表现？	972 036	1	4	2.56	0.001	0.954

为了解学生感受到的教师鼓励学生参与（ST152）情况，PISA 2018 学生问卷共设计了 4 个问题（项目）：老师鼓励学生表达对课文内容的看法；老师帮助学生将阅读的故事与生活联系起来；老师向学生展示课文中的信息是怎样以他们掌握的信息为基础建构起来的；老师提出激发学生参与积极性的问题。学生根据自身语文课实际感受选择作答，并按照"从不或几乎没有记 1 分、有些课堂记 2 分、大部分课堂记 3 分、所有课堂记 4 分"的方法赋分（平均值愈接近 4 分，学生感受到的教师鼓励学生参与行为愈频繁）。学生 4 个项目的回答情况见表 6.7，而且均值非常接近。例如"老师鼓励学生表达对课文内容的看法"选项（M=3.01），选择"大部分课堂"与"所有课堂"的学生比例合计达到 72.1%，反映了教师引导学生学习、帮助学生学习、促进学生学习和鼓励学生学习的教学真谛。这在一定程度上能够解释鼓励学生参与与学生阅读素养成绩相关性最大的问题。

表 6.7　鼓励学生参与的描述统计量（加权后的）

问题	N		M	SE	min	max
	有效	缺失				
以下情况发生得有多频繁：老师鼓励学生表达对课文内容的看法？	972 044	5 261	3.01	0.001	1	4
以下情况发生得有多频繁：老师帮助学生将阅读的故事与生活联系起来？	971 094	6 211	2.97	0.001	1	4
以下情况发生得有多频繁：老师向学生展示课文中的信息是怎样以他们掌握的信息为基础建构起来的？	971 438	5 867	2.94	0.001	1	4
以下情况发生得有多频繁：老师提出激发学生参与积极性的问题？	971 625	5 680	2.97	0.001	1	4

在 PISA 2018 学生问卷中，学生感受到的教师直接教学（ST102）共有 4 个问题（项目），具体包括：老师给我们设置清晰的学习目标；老师会通过提问来检查我们是否理解了已经教过的知识；一节课开始时，老师都会简要回顾上一节课的内容；老师告诉我们必须学习的内容。学生根据自身实际语文课的感受就教师直接教学的发生频率选答，并按照"每节课记 1 分、大部分课记 2 分、有些课记 3 分、没有或几乎没有记 4 分"分别赋分（即平均值愈接近于 1 分，学生感受到的直接教学行为愈频繁）。学生 4 个项目的回答情况见表 6.8，其中，"老师告诉我们必须学习的内容"均值最低（1.51），其中选择"每节课"与"大部分课"教师都"告诉我们必须学习的内容"的比例合计达到 87.6%，反映了直接教学氛围过于浓郁。这在一定程度上能够解释直接教学与学生阅读素养成绩的负相关问题。

表 6.8 直接教学的描述统计量（加权后的）

问题	N		M	SE	min	max
	有效	缺失				
以下情况发生得有多频繁：老师给我们设置清晰的学习目标？	972 031	5 275	1.72	0.001	1	4
以下情况发生得有多频繁：老师会通过提问来检查我们是否理解了已经教过的知识？	971 936	5 369	1.71	0.001	1	4
以下情况发生得有多频繁：一节课开始时，老师都会简要回顾上一节课的内容？	971 899	5 407	2.03	0.001	1	4
以下情况发生得有多频繁：老师告诉我们必须学习的内容？	972 165	5 141	1.51	0.001	1	4

（五）教师支持等教学因素的学生性别差异分析

教师支持、教师反馈、直接教学、适应性教学、鼓励学生参与、教师热情等教学因素，对于不同性别以及不同年级的学生来说其作用是否相同，也是需要人们给予关注的问题。从前文中已知直接教学等因素对学生学习和发展有着重要影响，但是其本身也还值得进一步深入研究，例如，男女学生感受到的直接教学等诸因素是否存在性别差异？不同年级学生对此又有着怎样的感受和认识？下面我们先从性别视角就教师热情（与阅读素养成绩的相关系数为 0.1291）和适应性教学（与阅读素养成绩的相关系数为 0.0927）等问题进行具体分析，具体可参见表6.9、表 6.10 与图 6.3，以及表 6.11、表 6.12 与图 6.4。

表 6.9　不同性别学生感受到的教师热情描述统计量（加权后的）

教学因素	性别	N	M	SD	SE
教师热情	女生	472 357	0.310 201	0.925 060 8	0.001 346 0
	男生	500 210	0.278 898	1.000 405 8	0.001 414 5

表 6.10　不同性别学生感受到的教师热情独立样本检验结果

因变量		方差方程的Levene 检验		均值方程的 t 检验						
		F	p	t	df	p（双侧）	MD	SE	差分的 95%置信区间	
									下限	上限
教师热情	假设方差相等	2 402.609	0.000	15.996	972 565	0.000	0.031 303 0	0.001 956 9	0.027 467 5	0.035 138 5
	假设方差不相等			16.032	972 136.601	0.000	0.031 303 0	0.001 952 5	0.027 476 1	0.035 129 9

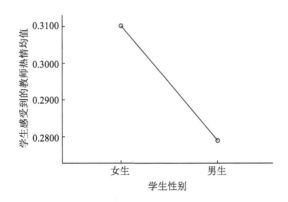

图 6.3　不同性别学生感受到的教师热情均值图

表 6.11　不同性别学生感受到的适应性教学描述统计量（加权后的）

教学因素	性别	N	M	SD	SE
适应性教学	女生	471 415	0.410 401	1.040 074 8	0.001 514 8
	男生	498 907	0.369 439	1.018 654 3	0.001 444 2

表 6.12　不同性别学生感受到的适应性教学独立样本检验结果

因变量		方差方程的 Levene 检验		均值方程的 t 检验						
									差分的 95%置信区间	
		F	p	t	df	p（双侧）	MD	SE	下限	上限
适应性教学	假设方差相等	765.067	0.000	19.596	970 320	0.000	0.040 962 5	0.002 090 3	0.036 865 5	0.045 059 4
	假设方差不相等			19.585	964 530.566	0.000	0.040 962 5	0.002 091 5	0.036 863 1	0.045 061 8

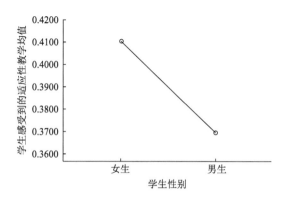

图 6.4　不同性别学生感受到的适应性教学均值

　　从表 6.9—表 6.12 和图 6.3、图 6.4 中可以看出，学生感受到的教师热情以及适应性教学均存在男女性别差异，女生的感受值均高于男生（具有显著性差异）。在直接教学、鼓励学生参与、教师支持、教师反馈等维度，男女生的感受也都存在显著性差异，其中，在直接教学和教师反馈两个维度上，男生的感受值高于女生，而这两个因素（在本研究中）对于学生阅读素养成绩的影响或者是负相关，或者是相关系数最小。总体上看，这在一定程度上反映了女生情感更细腻、感受性更好，而男生对直接教学和教师反馈这两个维度的教学表现出更多的不满意（这个问题还需要进一步思考）。

（六）教师支持等教学因素的学生年级差异分析

　　除了性别差异分析外，不同年级学生对教师支持等教学因素的感受是否存在差异，也是一个值得关注的问题（考虑到 7 年级和 12 年级学生人数较少，可以主要考虑 8—11 年级学生表现）。为此，以下选择教师支持等教学因素的教师支持和教师反馈等指数为例展开分析，具体参见表 6.13—表 6.15、图 6.5，以及表 6.16—表 6.18、图 6.6。

表 6.13　不同年级学生感受到的教师支持描述统计量（加权后的）

| 年级 | N | M | SD | SE | 均值的 95%置信区间 | | min | max | 分量间方差 |
					下限	上限			
7 年级	2 592	0.324 550	0.551 331 5	0.010 829 9	0.303 314	0.345 787	−2.710 6	1.314 0	
8 年级	15 597	0.407 838	0.951 883 5	0.007 622 0	0.392 898	0.422 778	−2.710 6	1.341 1	
9 年级	362 712	0.431 284	0.889 838 7	0.001 477 5	0.428 388	0.434 180	−2.710 6	1.341 1	
10 年级	577 573	0.339 307	0.882 766 8	0.001 161 6	0.337 030	0.341 583	−2.710 6	1.314 0	
11 年级	13 858	0.346 419	0.854 983 1	0.007 262 7	0.332 183	0.360 655	−2.710 6	1.314 0	
12 年级	492	0.157 543	0.379 913 7	0.017 131 5	0.123 883	0.191 203	−0.626 2	1.314 0	
总计	972 824	0.374 669	0.886 399 0	0.000 898 7	0.372 907	0.376 430	−2.710 6	1.341 1	
模型　固定效应			0.885 274 3	0.000 897 6	0.372 910	0.376 428			
随机效应				0.043 940 8	0.261 715	0.487 622			0.003 923 0

表 6.14　不同年级学生感受到的教师支持 LSD 多重比较

| （I）学生年级 | （J）学生年级 | MD（I–J） | SE | p | 差分的 95%置信区间 | |
					下限	上限
7 年级	8 年级	−0.083 288 0*	0.018 778 9	0.000	−0.120 094	−0.046 482
	9 年级	−0.106 733 7*	0.017 451 7	0.000	−0.140 938	−0.072 529
	10 年级	−0.014 756 4	0.017 428 6	0.397	−0.048 916	0.019 403
	11 年级	−0.021 868 5	0.018 946 0	0.248	−0.059 002	0.015 265
	12 年级	0.167 007 4*	0.043 543 1	0.000	0.081 664	0.252 350
8 年级	7 年级	0.083 288 0*	0.018 778 9	0.000	0.046 482	0.120 094
	9 年级	−0.023 445 7*	0.007 239 4	0.001	−0.037 635	−0.009 257
	10 年级	0.068 531 6*	0.007 183 7	0.000	0.054 452	0.082 611
	11 年级	0.061 419 6*	0.010 334 4	0.000	0.041 165	0.081 675
	12 年级	0.250 295 4*	0.040 544 4	0.000	0.170 830	0.329 761

续表

（I）学生年级	（J）学生年级	MD（I–J）	SE	p	差分的95%置信区间	
					下限	上限
9年级	7年级	0.106 733 7*	0.017 451 7	0.000	0.072 529	0.140 938
	8年级	0.023 445 7*	0.007 239 4	0.001	0.009 257	0.037 635
	10年级	0.091 977 3*	0.001 875 5	0.000	0.088 301	0.095 653
	11年级	0.084 865 2*	0.007 662 4	0.000	0.069 847	0.099 883
	12年级	0.273 741 1*	0.039 947 0	0.000	0.195 446	0.352 036
10年级	7年级	0.014 756 4	0.017 428 6	0.397	−0.019 403	0.048 916
	8年级	−0.068 531 6*	0.007 183 7	0.000	−0.082 611	−0.054 452
	9年级	−0.091 977 3*	0.001 875 5	0.000	−0.095 653	−0.088 301
	11年级	−0.007 112 1	0.007 609 7	0.350	−0.022 027	0.007 803
	12年级	0.181 763 8*	0.039 936 9	0.000	0.103 489	0.260 039
11年级	7年级	0.021 868 5	0.018 946 0	0.248	−0.015 265	0.059 002
	8年级	−0.061 419 6*	0.010 334 4	0.000	−0.081 675	−0.041 165
	9年级	−0.084 865 2*	0.007 662 4	0.000	−0.099 883	−0.069 847
	10年级	0.007 112 1	0.007 609 7	0.350	−0.007 803	0.022 027
	12年级	0.188 875 8*	0.040 622 0	0.000	0.109 258	0.268 494
12年级	7年级	−0.167 007 4*	0.043 543 1	0.000	−0.252 350	−0.081 664
	8年级	−0.250 295 4*	0.040 544 4	0.000	−0.329 761	−0.170 830
	9年级	−0.273 741 1*	0.039 947 0	0.000	−0.352 036	−0.195 446
	10年级	−0.181 763 8*	0.039 936 9	0.000	−0.260 039	−0.103 489
	11年级	−0.188 875 8*	0.040 622 0	0.000	−0.268 494	−0.109 258

注：*表示 $p<0.05$。

表6.15　不同年级学生感受到的教师支持同类子集

Tukey B[a, b]

年级	N	α=0.05 的子集			
		1	2	3	4
12年级	491	0.157 543			
7年级	2 591		0.324 550		

续表

年级	N	α=0.05 的子集			
		1	2	3	4
10 年级	577 573	0.339 307			
11 年级	13 858	0.346 419	0.346 419		
8 年级	15 596			0.407 838	0.407 838
9 年级	362 711				0.431 284

注：将显示同类子集中的组均值。

a. 将使用调和均值样本，样本大小为 2343.730。

b. 组大小不相等，将使用组大小的调和均值，将不保证 I 类错误级别。

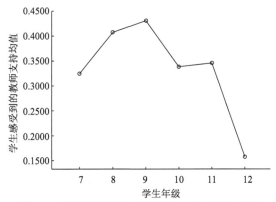

图 6.5　不同年级学生感受到的教师支持均值图

表 6.16　不同年级学生感受到的教师反馈描述统计量（加权后的）

年级	N	M	SD	SE	均值的 95% 置信区间		min	max	分量间方差
					下限	上限			
7 年级	2 592	0.678 578	0.724 531 8	0.014 232 2	0.650 670	0.706 486	−0.325 3	2.016 5	
8 年级	15 500	0.440 099	1.037 791 5	0.008 335 8	0.423 760	0.456 438	−1.639 1	2.016 5	
9 年级	362 104	0.429 638	1.000 240 3	0.001 662 2	0.426 380	0.432 896	−1.639 1	2.016 5	
10 年级	576 526	0.190 119	1.033 582 0	0.001 361 2	0.187 451	0.192 787	−1.639 1	2.016 5	
11 年级	13 858	0.245 969	1.126 345 2	0.009 567 8	0.227 215	0.264 723	−1.639 1	2.016 5	
12 年级	492	0.148 513	0.665 388 8	0.030 004 5	0.089 560	0.207 466	−1.639 1	1.051 4	
总计	971 072	0.285 503	1.028 691 8	0.001 043 9	0.283 457	0.287 549	−1.639 1	2.016 5	

续表

年级		N	M	SD	SE	均值的95%置信区间		min	max	分量间方差
						下限	上限			
模型	固定效应			1.021 879 8	0.001 037 0	0.283 470	0.287 535			
	随机效应				0.116 315 9	−0.013 497	0.584 502			0.027 496 9

表 6.17　不同年级学生感受到的教师反馈 LSD 多重比较

（I）学生年级	（J）学生年级	MD（I–J）	SE	p	差分的95%置信区间	
					下限	上限
7 年级	8 年级	0.238 479 1*	0.021 686 3	0.000	0.195 975	0.280 984
	9 年级	0.248 940 4*	0.020 144 7	0.000	0.209 457	0.288 423
	10 年级	0.488 459 4*	0.020 118 1	0.000	0.449 029	0.527 890
	11 年级	0.432 609 1*	0.021 869 5	0.000	0.389 746	0.475 473
	12 年级	0.530 065 2*	0.050 262 1	0.000	0.431 553	0.628 577
8 年级	7 年级	−0.238 479 1*	0.021 686 3	0.000	−0.280 984	−0.195 975
	9 年级	0.010 461 3	0.008 381 8	0.212	−0.005 967	0.026 889
	10 年级	0.249 980 3*	0.008 317 6	0.000	0.233 678	0.266 282
	11 年级	0.194 129 9*	0.011 946 6	0.000	0.170 715	0.217 545
	12 年级	0.291 586 1*	0.046 805 2	0.000	0.199 850	0.383 323
9 年级	7 年级	−0.248 940 4*	0.020 144 7	0.000	−0.288 423	−0.209 457
	8 年级	−0.010 461 3	0.008 381 8	0.212	−0.026 889	0.005 967
	10 年级	0.239 519 0*	0.002 166 8	0.000	0.235 272	0.243 766
	11 年级	0.183 668 7*	0.008 845 0	0.000	0.166 333	0.201 005
	12 年级	0.281 124 9*	0.046 111 2	0.000	0.190 749	0.371 501
10 年级	7 年级	−0.488 459 4*	0.020 118 1	0.000	−0.527 890	−0.449 029
	8 年级	−0.249 980 3*	0.008 317 6	0.000	−0.266 282	−0.233 678
	9 年级	−0.239 519 0*	0.002 166 8	0.000	−0.243 766	−0.235 272
	11 年级	−0.055 850 3*	0.008 784 2	0.000	−0.073 067	−0.038 634
	12 年级	0.041 605 9	0.046 099 5	0.367	−0.048 748	0.131 959

续表

（I）学生年级	（J）学生年级	MD（I-J）	SE	p	差分的95%置信区间	
					下限	上限
11年级	7年级	-0.432 609 1*	0.021 869 5	0.000	-0.475 473	-0.389 746
	8年级	-0.194 129 9*	0.011 946 6	0.000	-0.217 545	-0.170 715
	9年级	-0.183 668 7*	0.008 845 0	0.000	-0.201 005	-0.166 333
	10年级	0.055 850 3*	0.008 784 2	0.000	0.038 634	0.073 067
	12年级	0.097 456 2*	0.046 890 4	0.038	0.005 553	0.189 360
12年级	7年级	-0.530 065 2*	0.050 262 1	0.000	-0.628 577	-0.431 553
	8年级	-0.291 586 1*	0.046 805 2	0.000	-0.383 323	-0.199 850
	9年级	-0.281 124 9*	0.046 111 2	0.000	-0.371 501	-0.190 749
	10年级	-0.041 605 9	0.046 099 5	0.367	-0.131 959	0.048 748
	11年级	-0.097 456 2*	0.046 890 4	0.038	-0.189 360	-0.005 553

注：*表示均值差的显著性水平为0.05。

表6.18 不同年级学生感受到的教师反馈同类子集

Tukey B[a, b]

年级	N	α=0.05 的子集			
		1	2	3	4
12年级	491	0.148 513			
10年级	576 526	0.190 119	0.190 119		
11年级	13 858		0.245 969		
9年级	362 104			0.429 638	
8年级	15 499			0.440 099	
7年级	2 591				0.678 578

注：将显示同类子集中的组均值。
a. 将使用调和均值样本，样本大小为2343.357。
b. 组大小不相等，将使用组大小的调和均值，将不保证I类错误级别。

从图6.5、表6.13—表6.15（其中，教师支持的方差齐性检验Levene统计量为456.020，$p=0.000$；单因素方差分析 $F=495.782$，$p=0.000$），以及表6.16—表6.18和图6.6（教师反馈的方差齐性检验Levene统计量为286.364，$p=0.000$；单

因素方差分析 F=2598.973，p=0.000）中可以看出，教师支持因素与教师反馈因素在不同年级之间存在显著性差异。教师支持因素与教师反馈因素（结合直接教学因素、适应性教学因素等）随着年级升高的变化规律略有不同，总体上，8 年级、9 年级的学生感受到的教师支持、教师反馈等比较强，10 年级、11 年级学生感受到的教师支持、教师反馈相对弱一些（7 年级和 12 年级人数较少，不作比较）。同类子集的比较中也可以看出大致的规律。这启发我们，相对于低年级学生，高年级学生的学习独立性增强，教师需要为其提供有针对性的学习支持；相对于高年级学生，低年级学生的感受性更强（对教学更敏感），教师则需要充分利用这一特点，为其提供示范性的、具体的学习支持。

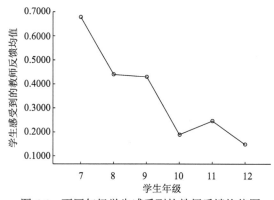

图 6.6　不同年级学生感受到的教师反馈均值图

四、教师如何为学生提供有效的教学支持

（一）研究结论

（1）教师支持等教学因素的总体表现良好。教师支持等教学指数都为正值，比 OECD 均值要高，表明在这些维度上，中国教师表现良好。其中，鼓励学生参与指数最高。

（2）教师支持等教学因素之间呈中度相关。教师支持、教师反馈、直接教学、适应性教学、鼓励学生参与、教师热情等影响学生发展的教学因素是一个相互联系的整体（它们彼此中度相关），对学生发展（例如阅读素养成绩等）共同发挥作用。

（3）教师支持等教学因素对学生学习效果（阅读素养成绩）的影响各不相同。鼓励学生参与对学生阅读素养成绩的影响最大，相关系数为 0.1838，其次是教师热情（0.1291）和适应性教学（0.0927），教师支持和教师反馈对学生阅读素养成绩的影响没有预想的大，直接教学与学生阅读素养成绩呈负相关（-0.0312）。

（4）教师支持等教学因素具体表现有别。教师支持等教学因素对学生发展的直接影响表现出各自不同的特点。例如，教师经常鼓励学生参与学习，这一支持与学生阅读素养成绩的相关性最大；在教师支持维度，教师可以在"老师会一直讲解，直到学生理解为止"上给予学生更多的学习支持；在教师反馈维度，教师在肯定学生学习优势、改进问题与改进方法的反馈上需要整体性加强；直接教学氛围过于浓郁，部分解释了直接教学与学生阅读素养成绩的负相关问题。

（5）不同性别学生感受到的教师支持等教学因素差异。教师支持等教学因素对学生发展的直接影响也表现出男女性别的不同。总体上看，相对于男生，女生对教师支持等教学因素的感受更为深刻和细腻，因而也更容易引发自己的学习情感。

（6）不同年级学生感受到的教师支持等教学因素差异。学生的年级不同，生活经验、阅历和认知基础也不同，因而对教师支持等教学因素的感受自然也不同。对于不同年级的学生，要求教师给予其所需要的，同时也是符合其年级和年龄特点的学习支持。

（二）相关建议

1. 重视教师对于学生学习的支持作用

在信息技术不断发展和知识更新速度加快、脑科学或神经科学等相关理论研究倡导、课堂教学改革国际和本土实践经验以及国家教育教学改革政策的共同促动下，建构学生学习中心课堂已成为我国当今课堂教学转型的基本取向。学生学习中心课堂以学生学习活动为整个课堂教学过程的中心或本体，并让学生能动地、独立地学习成为其学习的基本状态[①]。相应于这一教学范式的改革，教师必须由"为教而教"转变为"为学而教"，更多地担负起学生学习的引导、维持、

---

① 陈佑清. 建构学习中心课堂——我国中小学课堂教学转型的取向探析[J]. 教育研究, 2014, 35（3）: 96-105.

促进和支持责任，这也是中国教学走向现代化的必然选择。

在学生学习中心的课堂里（以及在课后辅导中），教师的教导作用不仅是不可缺少的，甚至是最为关键和重要的。新西兰学者约翰·哈蒂基于大量实证研究证据表明，在影响学生学业成就的学生、家庭、学校、教师、课程和教学方法等六个因素中，相比于家庭、学校、学生自己等对学生学业成就的积极影响，教师对于学生学业成就的贡献更大（其实，学校、课程、教学等领域也都有教师作用的成分），其中，教师表达的清晰度、师生关系、不给学生贴标签、教师期望等因素影响更为显著①。然而，教师的重要贡献往往被人们所忽视，或者说是没有达到文化自觉的程度，因而需要人们给予特别的重视。事实上，教师对于学生学习的重要支持作用也可以从"双减"政策颁布前的社会教育机构的繁荣（尽管它带来了许多教育不公平和内卷的弊端）中得到证明。

2. 鼓励学生积极投入自己的学习活动

在学生学习中心的课堂里（以及在课后辅导中），重视教师对于学生学习的支持作用，不仅涉及教师教育观念的转变，更需要教师教学行为方式的转变。在这些教学行为方式的变化当中，首要的则是教师要鼓励学生积极投入到自己的学习活动中去，通过学习活动或实践实现自身发展，绽放生命的活力。这不仅是教师激发和促进学生能动、独立和有效学习的条件或手段，更是学生发展（学习）只能通过学生亲自活动或实践的一种内在要求和学生主动发展（学习）的生命自觉。毕竟，最好的发展（学习）一定是内源性的发展（学习）②，人的发展（学习）不可能被外界所赋予（但是能够被支持）。

鼓励学生积极投入自己的学习活动，虽然具体方式及途径多种多样，但是情感驱动（情感支持，更广义地说就是情感教育）与教师热情至关重要。情感驱动是完整教育过程的一部分，或者说是教育的底色。脑科学的最新研究成果，以及人类的长期演化历史等，都证明了情感教育乃是儿童教育之根，因此也证明了情感驱动或情感支持的科学性与合理性。情感教育关注学生的态度、情感、信念及情绪，关注学生的个人发展和社会发展，以及他们的自尊，关注每个学生是否能

---

① 约翰·哈蒂. 可见的学习：对 800 多项关于学业成就的元分析的综合报告[M]. 彭正梅, 邓莉, 高原, 等译. 北京：教育科学出版社, 2015: 126.

② 杨刚, 徐晓东, 刘秋艳, 等. 学习本质研究的历史脉络、多元进展与未来展望[J]. 现代远程教育研究, 2019, 31（3）：28-39.

够"感到身心愉悦"。情感教育不只是关注情感，同时也关注认知发展，关注学生的整个生命[1]。正是这种对于学生整个生命的关注，教师支持学生学习找到了突破口和立足点。前文的鼓励学生参与以及教师热情和阅读素养成绩相关紧密也证明了这一点。

3. 发挥不同类型学习支持的独特作用

发挥教师对于学生学习的支持作用，终究需要教师在具体的教学实践中加以落实，并且落实到学生的具体学习中去。但是，就复杂的教育教学实践而言，没有单一的"最佳"教学方式可以包打天下，也不可能有单一的"最佳"学生学习支持方式适合所有学生，教学中何以实现不同类型学习支持的独特价值，究竟选择哪一种教学方式以及学生学习支持方式，如何将它们有机结合起来形成系列或者整体，以及为每种学生学习支持分配多少时间，花多少时间支持有困难的学生并提供反馈，激发学生的学习参与及投入等，都需要教师拥有丰富的教学实践智慧。

发挥不同类型学习支持的独特作用，需要教师了解人类（特别是学生）的学习特点、学习过程以及各种学习理论，熟练掌握各种教学策略、教学方法和教学技能及其与每一种学习目标和知识类型的最佳匹配关系。从学习分类理论来看，学生的核心素养是学生学习的结果，科学地构建中小学学科核心素养体系，宜采用广义知识理论和任务分析技术将作为教育目标的核心素养进行分解并进行教学设计[2]，亦即用广义知识解释后天习得的能力，按照人的知识和应用知识能力的获得规律，将复杂认知行为分解为程序性知识和陈述性知识及其相互作用，为学生提供最佳的学习支持（最佳的教学匹配）。例如，对于元认知的教学，体验式学习比直接教学更为有效，并且可能提高学习者的自我效能感[3]。明乎这一关系，为发展学生元认知能力提供学习支持的问题便有了答案。

4. 落实基于学生真实需求的学习支持

发挥教师对于学生学习的支持作用，从适应性学习的视角来看，它还必须落

---

① 朱小蔓，朱永新. 中国教育：情感缺失[J]. 云南教育：视界，2012（11）：10-15.

② 陈刚，皮连生. 从科学取向教学论看学生的"核心素养"及其体系构建[J]. 湖南师范大学教育科学学报，2016，15（5）：20-27.

③ Aaron S, Richmond, et al. Teaching metacognition experientially[J]. Teaching of Psychology, 2017, 44（4）：298-305.

实在学生的真实学习需求上，亦即要基于学生真实需求提供学习支持。为此，教师要从男女性别差异和年级水平差异维度上整体把握学生真实需求的类型特点（例如女生与男生的学习方式偏好存在差异，对教师的学习支持的敏感性也不同，不同年级学生的学习需求总体特征也不同，高年级学生比低年级学生的学习独立性强，但更希望获得教师的社会性支持等），并结合教学实践关注具体学生的真实情感需求与认知需求。

落实基于学生真实需求的学习支持，教师不仅要在学习情境创设、学习动机激发、学习反馈跟进上为学生提供学习支持，还要结合学科课程特点进行学生学习设计（教学设计中的学习目标、学习评价、学习活动设计等），使学生获得更好的学习体验和学习效果。例如，科学探究教学的 V 形图工具，对于学生生成和评估科学证据，形成科学解释和发展推理能力具有很好的支持作用[①]。在终身学习的境脉下，相比于教师提供的学习支持，学生学习的自我支持能力则更为重要，让学生练习反思，了解自身学习方式，学会根据其目标调整学习的方式和行为，这是学习主体由"学生"向"学习者"转变的关键，也是教师为学生提供学习支持的理想境界。

---

① Knaggs C M, Schneider R M. Thinking like a scientist: Using vee-maps to understand process and concepts in science[J]. Research in Science Education, 2012, 42（4）: 609-632.

第七章

学生相对年龄效应及其教育意义

相对年龄因关涉教育公平和学生发展逐渐被人们所关注。基于PISA 2018中国四省市调查数据分析发现：相对年龄对学生阅读素养成绩有显著影响，下半年出生的学生比同年度上半年出生的学生阅读素养成绩均值要低；相对年龄对女生和男生阅读素养成绩均有显著影响，男生比女生相对年龄效应更为明显；相对年龄对不同年级学生阅读素养成绩均有显著影响，但是9年级学生阅读素养成绩出现了"相对年龄效应逆转"，即下半年出生的学生阅读素养成绩比同年度上半年出生的学生成绩更好一些。这些现象与发现给人们带来了诸多启示，相关问题也值得人们进一步关注。

个体发展受其身心成熟水平的影响，并表现出一定的随其年龄变化而不断变化的规律性。在教育实践中，国家制定了适龄儿童入学政策，将年龄大体相同的儿童编入同一年级施教，这遵循了儿童发展受其身心成熟水平影响的教育规律。但是，年龄大体相同只是一个比较粗略的或者说是比较模糊的概念，因为即使是同一个年度出生的儿童，在撇开个体差异的前提下，其出生月份不同使得身心成熟水平（统计上的）依然不同，这种不同是否影响学生的发展？如果存在影响又具有什么规律或特点？教育实践又该如何应对这一可能的问题？特别是在追求教育公平的今天，这一最初源于竞技体育领域发现（在竞技体育中比较普遍地存在[①]）、同时在幼儿发展中也存在着的相对年龄效应问题（平均年龄相差 0.5 岁的两组幼儿自尊发展存在稳定的相对年龄差异并且不随生理年龄的增长而减小[②]），更需要人们给予关注和重视。

一、学生相对年龄效应的基本意涵

（一）研究背景

相对年龄是指儿童实际年龄与用于队列选择的资格截止日期之间的差异，它对儿童学业成绩、教育程度、自尊发展和未来成就等都有着重要影响，这一影响被称为相对年龄效应。[③]相对年龄效应也称为生日效应（the birthdate effect）[④]，通常是指在同龄人中或者在同一届（组）学生中，那些出生年龄（月份）较早、相对年龄偏大因而经常会获得偏爱进而导致相对发展较好的现象。

相对年龄与运动员选拔或者公共健康与疾病预防问题有着紧密的联系，相关研究成果也比较多。运动中的相对年龄效应是一种世界性现象[⑤]，存在于足球项

① 刘卫民，秦更生，张继辉. 相对年龄效应对运动员选材与发展影响的元分析[J]. 上海体育学院学报，2012, 36(6): 67-71.

② 刘少英，武志俊，陈霞芳，等. 幼儿自尊发展的相对年龄效应：追踪研究[J]. 应用心理学，2018, 24(1): 15-22.

③ Barnsley R, Thompson A, Barnsley P E. Hockey success and birthdate: The relative age effect[J]. Journal of the Canadian Association for Health Physical Education & Recreation, 1985, 51(8): 23-28.

④ Gredler G R. The birthdate effect: Fact or artifact?[J]. Journal of Learning Disabilities, 1980, 13(5): 239-242.

⑤ Musch J, Grondin S. Unequal competition as an impediment to personal development: A review of the relative age effect in sport[J]. Developmental Review, 2001, 21(2): 147-167.

目、田径项目[①]、曲棍球项目[②]等许多竞技运动中，并有其内在的生理和心理机制。那些拥有相对年龄优势的球员比出生于同一年度下半年的球员更有可能参加小型曲棍球比赛[③]，并且更有可能为顶级球队效力。

相对年龄也影响着人的心理和社会性发展。相对年龄对学生的自尊发展、领导力发展、社交网络和社交形式[④]、对竞争的偏好，以及青春期发育等都存在着一定的影响。有证据表明，相对年龄影响着学生对于竞争的偏好，亦即在学校里相对年长往往会对将来的职业成就产生持久的积极影响，尤其是在竞争环境（体育、政治）中[⑤]，而那些相对年轻的学生则可能在未来情感和经济利益等方面受到损害。[⑥]表面上看，相对年龄效应（也不仅是心理和社会性层面，更包括基础的生理层面）一方面会随着学生年龄增长而减弱——因为相对年龄差异占整个年龄的百分比在下降，但是另一方面，它也可能会因为累积效应而增强——至少是在整个成年期内，由于相对年龄问题而导致的发育结果差异仍将持续存在。

相对年龄因关涉教育公平实现和学生核心素养发展而逐渐被教育界所重视。有研究表明，与早些出生的儿童相比，相对较晚出生的儿童在小学阶段遭遇学业问题的可能性更大[⑦]，换言之，夏天出生的孩子更可能处于不利地位[⑧]，年龄相对较小的学生尤其是男孩也不太可能被推荐参加学术课程[⑨]。我国小学入学制度对

---

① 袁玲, 彭召方, 刘鸿优. 田径比赛项目中的相对年龄优势探究[J]. 福建体育科技, 2018, 37(6): 27-30, 34.

② Pierson K, Addona V, Yates P. A behavioural dynamic model of the relative age effect[J]. Journal of Sports Sciences, 2014, 32(8): 776-784.

③ Barnsley R H, Thompson A H. Birthdate and success in minor hockey: The key to the NHL[J]. Canadian Journal of Behavioural Science, 1988, 20(2): 167-176.

④ Fumarco L, Baert S. Relative age effect on European adolescents' social network[J]. Journal of Economic Behavior & Organization, 2019, 168: 318-337.

⑤ Sarkar D, Goncalves J, Page L. The older the bolder: Does relative age among peers influence children's preference for competition?[J]. Journal of Economic Psychology, 2017, 63: 43-81.

⑥ Dixon J, Horton S, Weir P. Relative age effects: Implications for leadership development[J]. The International Journal of Sport and Society, 2011, 2(2): 1-16.

⑦ Dipasquale G W, Moule A D, Flewelling R W. The birthdate effect[J]. Journal of Learning Disabilities, 1980, 13(5): 234-238.

⑧ Bell J F, Daniels S. Are summer-born children disadvantaged? the birthdate effect in education[J]. Oxford Review of Education, 1990, 16(1): 67-80.

⑨ Jürges H, Schneider K. Why young boys stumble: Early tracking, age and gender bias in the german school system[J]. German Economic Review, 2011, 12(4): 371-394.

出生截止日期的规定也可能导致一些教育不平等现象，例如 7—8 月出生的青少年在教育获得及发展上处于劣势[1]，尽管这些差异不能全归于出生月份和入学年龄的原因[2]，但是，这种影响又确实是普遍存在的，并将迁移到中学教育阶段[3]。另外，相对年龄对正规学校学生前十年学业成绩的影响研究[4]，以及特殊教育需求的诊断研究等[5]，丰富了人们对教育中相对年龄效应问题的理解。

在阅读素养的相对年龄效应问题上，也有一些研究有所涉猎，例如，相对年龄对全国阅读素养测试的影响[6]。但是，就中国四省市学生阅读素养相对年龄问题专门进行的研究还比较缺乏。为此，本章研究以中国四省市学生阅读素养成绩（这里既有阅读素养对于个体发展的重要性考虑，也有研究资料获取的便利性原因）为切入口，探究相对年龄对学生阅读素养成绩的影响，进而思考相对年龄效应的教育意义。

（二）研究问题

基于对相对年龄效应研究成果梳理和研究背景的分析，并结合 PISA 2018 中国四省市学生问卷调查数据（辅之以 PISA 2015 中国四省市学生问卷调查数据等），本章研究聚焦于相对年龄对学生阅读素养成绩的影响这一核心问题，具体探讨以下子问题：相对年龄对阅读素养成绩是否存在影响？如果存在影响又是怎样的影响？相对年龄对阅读素养成绩的影响（如果存在）是否存在性别和年级上的差异性，亦即是否存在性别特殊性和年级特殊性？在此基础上进一步探究相对年龄对阅读素养成绩之影响的教育意义。

---

① 刘德寰, 李雪莲. "七八月"的孩子们——小学入学年龄限制与青少年教育获得及发展[J]. 社会学研究, 2015, 30 (6): 169-192.

② 张春泥, 谢宇. 入学年龄限制真的造成了"七八月陷阱"吗？——兼评刘德寰, 李雪莲《"七八月"的孩子们》[J]. 社会学研究, 2017 (1): 54-77.

③ Cobley S, Mckenna J, Baker J, et al. How pervasive are relative age effects in secondary school education?[J]. Journal of Educational Psychology, 2009, 101 (2): 520-528.

④ Mavilidi M, Marsh H, Xu K, et al. Relative age effects on academic achievement in the first ten years of formal schooling: A nationally representative longitudinal prospective study[J]. Journal of Educational Psychology, 2021 (4): 308-325.

⑤ Dhuey E, Lipscomb S. Disabled or young? Relative age and special education diagnoses in schools[J]. Economics of Education Review, 2010, 29 (5): 857-872.

⑥ Vestheim O P, Husby M, Aune T K, et al. A population study of relative age effects on national tests in reading literacy[J]. Frontiers in Psychology, 2019, 10 (8): 1-7.

二、学生相对年龄效应的研究设计

（一）研究过程

为探讨学生相对年龄对阅读素养成绩的影响，本章选取参与 PISA 2018 中国四省市学生（全体或其中部分）为研究对象，并辅之以 PISA 2015 中国四省市学生数据，根据其认知测评成绩（阅读素养成绩等）和相关学生问卷回答情况开展研究。

本章选用 PISA 2018 学生问卷和相关阅读素养、数学素养、科学素养测评项目作为研究工具，因而能够保证研究工具有较好的信度和效度（笔者在分析过程中曾对其中部分项目进行了检验，也证明了这一判断）。研究中选择 SPSS 24 为数据分析工具，并从输出文件直接复制了部分相关数据分析表格，保证了研究过程的可重复性。

研究中用到的数据源于 OECD 官网，有兴趣的读者可以自行下载分析。具体可参见 https://www.oecd.org/pisa/data/2018database/。

（二）研究方法

为了探讨学生阅读素养成绩是否存在相对年龄效应，本章选择学生出生月份和阅读素养（及数学素养、科学素养等）成绩作为研究变量，并把基于阅读素养等的拟真值得出的后验期望估计值作为学生阅读素养等的成绩[1]。这样的数据处理可能会带来一定的偏差（误差），但是并不影响学生阅读素养等的平均成绩的分析[2]。

在具体分析学生相对年龄对阅读素养成绩的影响问题中，本章研究选择描述统计、均值比较的单因素方差分析等具体统计方法，分别就 PISA 2018 中国四省市（全体或部分）学生阅读素养成绩是否存在相对年龄效应展开研究。在应用 SPSS 24 分析过程中，会考虑两阶段抽样的学生权重和抽样复制问题（加权处理等），并且根据数据方差齐性与否选择不同的多重比较方法。

---

① OECD. PISA Data Analysis Manual: SPSS（2nd ed.）[M]. Paris: OECD Publishing, 2009: 97-98.

② 罗照盛. 项目反应理论基础[M]. 北京: 北京师范大学出版社, 2012: 57-58. 张心, 涂冬波. 计算机化自适应测验中几种常用能力估计方法的特性与评价[J]. 中国考试, 2014(5): 18-25.

三、学生相对年龄效应的表现与分析

（一）研究对象的性别分布与年级分布情况

参与 PISA 2018 中国四省市学生总数为 12 058 人（其中女生 5775 人，男生 6283 人），都是 2002 年出生的，其出生月份与性别和年级分布情况如表 7.1 所示。从学生就读的年级分布来看，9 年级和 10 年级学生人数最多，分别达到 4102 人和 7601 人。后文在讨论相对年龄对阅读素养成绩是否存在影响时专门选取 9 年级和 10 年级来分析，也是源于这两个年级学生人数较多，分布到每一个月后还能有一定的样本数量保证。进一步分析表 7.1 可以看出，9—12 月出生的学生相对集中于 9 年级，1—8 月出生的学生相对集中于 10 年级。这与我国义务教育小学一年级 9 月 1 日左右开学以及儿童入学年龄规定是相吻合的。

表 7.1　PISA 2018 中国四省市学生出生月份与性别、年级分布情况 单位：人

出生月份	学生性别		学生年级						总计
	女生	男生	7 年级	8 年级	9 年级	10 年级	11 年级	12 年级	
1 月	482	533	0	3	62	911	38	1	1 015
2 月	414	482	3	13	41	821	16	2	896
3 月	478	522	4	11	77	898	10	0	1 000
4 月	438	453	3	4	66	804	13	1	891
5 月	446	482	2	7	73	836	10	0	928
6 月	441	474	1	5	96	804	8	1	915
7 月	501	476	3	10	97	858	9	0	977
8 月	515	571	2	20	140	916	8	0	1 086
9 月	425	529	1	20	622	305	6	0	954
10 月	518	558	2	19	861	188	5	1	1 076
11 月	574	616	2	34	997	153	3	1	1 190
12 月	543	587	3	44	970	107	6	0	1 130
合计	5 775	6 283	26	190	4 102	7 601	132	7	12 058

（二）相对年龄对阅读素养成绩的影响之总体分析

为了在总体上把握学生相对年龄对阅读素养成绩的影响情况，可以选取参与
PISA 2018 中国四省市 12 058 名学生为研究对象，就其阅读素养成绩的相对年龄
分布情况进行单因素方差分析。统计结果（表 7.2）表明，学生阅读素养成绩存
在相对年龄效应，亦即同一个年度不同月份出生的学生，其阅读素养成绩存在显
著性差异（$F=741.055$，$p=0.000$）。从表 7.3 和图 7.1 可进一步看出，总体上，
学生阅读素养成绩随着学生出生月份的往后顺延而逐渐降低（9—12 月出生的学
生阅读素养成绩较低）。

表 7.2　PISA 2018 中国四省市学生阅读素养成绩相对年龄分布的描述统计量（加权后的）

出生月份	N	M	SD	SE	均值的 95%置信区间		min	max	分量间方差
					下限	上限			
1 月	75 681	561.8170	82.90780	0.30137	561.2263	562.4077	272.13	765.43	
2 月	71 384	558.8005	79.33264	0.29693	558.2185	559.3825	281.46	749.61	
3 月	76 752	558.2828	79.87601	0.28832	557.7177	558.8479	244.76	751.65	
4 月	68 750	568.5240	81.00222	0.30893	567.9184	569.1295	253.69	778.35	
5 月	68 597	569.4008	89.37082	0.34123	568.7320	570.0696	263.23	786.03	
6 月	73 555	561.8134	80.36389	0.29632	561.2326	562.3942	278.46	770.66	
7 月	76 187	555.6869	83.60246	0.30288	555.0933	556.2806	246.06	795.45	
8 月	83 183	561.0309	86.05452	0.29837	560.4461	561.6157	252.52	777.75	
9 月	79 754	552.2017	86.28852	0.30555	551.6028	552.8006	248.65	756.70	
10 月	94 173	544.5169	79.73119	0.25982	544.0077	545.0261	241.06	745.38	
11 月	104 272	549.8908	80.40102	0.24899	549.4028	550.3788	247.57	772.81	
12 月	105 018	547.8279	81.26461	0.25077	547.3364	548.3194	278.29	761.06	
总计	977 306	556.5508	82.78047	0.08374	556.3867	556.7149	241.06	795.45	
模型　固定效应			82.43785	0.08339	556.3874	556.7142			
随机效应				2.29817	551.4925	561.6090			61.88293

表 7.3 PISA 2018 中国四省市学生阅读素养成绩相对年龄分布的同类子集

Tukey B[a, b]

出生月份	N	α=0.05 的子集							
		1	2	3	4	5	6	7	8
10 月	94 172	544.516 9							
12 月	105 017		547.827 9						
11 月	104 272			549.890 8					
9 月	79 754				552.201 7				
7 月	76 187					555.686 9			
3 月	76 751						558.282 8		
2 月	71 384						558.800 5		
8 月	83 182							561.030 9	
6 月	73 555							561.813 4	
1 月	75 680							561.817 0	
4 月	68 749								568.524 0
5 月	68 596								569.400 8

注：将显示同类子集中的组均值。

a. 将使用调和均值样本，样本大小为 79 794.192。

b. 组大小不相等，将使用组大小的调和均值，将不保证 I 类错误级别。

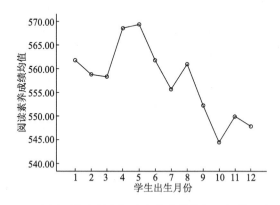

图 7.1 PISA 2018 中国四省市学生阅读素养成绩的相对年龄分布（加权后的）

学生阅读素养成绩的上述相对年龄效应，也可以利用 PISA 2015 数据进一步检验和验证，甚至也可以利用 PISA 2018 数学素养和科学素养成绩来补充说明（PISA 2018 中国四省市学生数学素养成绩相对年龄分布情况、同类子集可以分别参见表 7.4、表 7.5 和图 7.2）。毕竟，如果存在相对年龄效应，就不应该仅仅发生在 PISA 2018 学生阅读素养成绩上，学生的健康、运动能力、领导力乃至终身成就都可能在某种程度上受其影响。

表 7.4　PISA 2018 中国四省市学生数学素养成绩相对年龄分布情况描述（加权后的）

出生月份	N	M	SD	SE	均值的 95% 置信区间		min	max
					下限	上限		
1 月	75 681	597.465 1	73.494 96	0.267 16	596.941 5	597.988 7	317.22	780.36
2 月	71 384	598.080 1	70.148 89	0.262 55	597.565 5	598.594 7	296.56	791.20
3 月	76 752	592.028 2	75.211 48	0.271 48	591.496 1	592.560 3	285.87	805.34
4 月	68 750	601.286 9	73.257 00	0.279 39	600.739 3	601.834 5	315.59	772.84
5 月	68 597	602.122 2	78.012 94	0.297 86	601.538 4	602.706 0	305.57	767.37
6 月	73 555	593.164 4	70.540 04	0.260 09	592.654 6	593.674 2	336.06	777.16
7 月	76 187	588.149 4	74.713 56	0.270 68	587.618 9	588.680 0	311.68	773.55
8 月	83 183	589.503 1	74.422 34	0.258 04	588.997 3	590.008 9	293.15	790.38
9 月	79 754	588.039 2	75.364 95	0.266 87	587.516 1	588.562 2	291.19	766.81
10 月	94 173	590.497 2	70.038 64	0.228 23	590.049 9	590.944 5	326.64	793.60
11 月	104 272	588.101 1	68.918 61	0.213 43	587.682 8	588.519 4	285.61	781.42
12 月	105 018	589.782 0	70.962 17	0.218 98	589.352 8	590.211 2	332.10	777.67
总计	977 306	592.685 9	72.904 04	0.073 75	592.541 3	592.830 4	285.61	805.34

表 7.5　PISA 2018 中国四省市学生数学素养成绩相对年龄分布的同类子集

Tukey B[a, b]

出生月份	N	α=0.05 的子集					
		1	2	3	4	5	6
9 月	79 754	588.039 2					
11 月	104 272	588.101 1					
7 月	76 187	588.149 4					
8 月	83 182		589.503 1				
12 月	105 017		589.782 0				
10 月	94 172		590.497 2				
3 月	76 751			592.028 2			

续表

出生月份	N	α=0.05 的子集					
		1	2	3	4	5	6
6月	73 555				593.164 4		
1月	75 680					597.465 1	
2月	71 384					598.080 1	
4月	68 749						601.286 9
5月	68 596						602.122 2

注：将显示同类子集中的组均值。

a. 将使用调和均值样本，样本大小为 79 794.192。

b. 组大小不相等，将使用组大小的调和均值，将不保证 I 类错误级别。

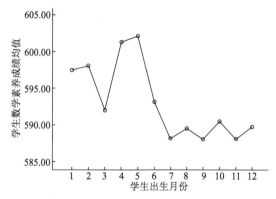

图 7.2　PISA 2018 中国四省市学生数学素养成绩的相对年龄分布（加权后的）

（三）相对年龄对阅读素养成绩的影响之不同性别表现

相对年龄对学生阅读素养成绩有显著影响（亦即学生阅读素养成绩存在相对年龄效应），这种影响必然会反映到学生性别上。从性别视角看，男女生相对年龄对阅读素养成绩的影响又有着怎样的表现呢？为此，本章分别选取 PISA 2018 中国四省市男生和女生为对象进行分析。女生和男生阅读素养成绩相对年龄分布情况及相应的均值图参见表 7.6 与表 7.7、图 7.3 与图 7.4。统计结果表明，学生相对年龄对女生和男生的阅读素养成绩均存在显著影响，亦即无论是女生还是男生，阅读素养成绩均存在相对年龄效应。从女生和男生阅读素养成绩相对年龄分布情况描述和阅读素养成绩均值图可以看出，总体上，同一月份出生的女生阅读素养成绩均值要高于男生，而男生阅读素养成绩标准差大于女生，说明相对于女生，男生阅读素养成绩分布范围更大，阅读素养成绩的相对年龄效应更为明显。

表 7.6　PISA 2018 中国四省市女生阅读素养成绩相对年龄分布的描述统计量（加权后的）

出生月份	N	M	SD	SE	均值的 95%置信区间		min	max
					下限	上限		
1 月	36 212	566.126 7	80.339 93	0.422 19	565.299 2	566.954 2	303.13	762.30
2 月	33 835	568.178 1	79.181 59	0.430 47	567.334 4	569.021 8	304.53	749.61
3 月	38 163	558.646 2	76.133 75	0.389 73	557.882 3	559.410 1	297.22	751.65
4 月	33 638	579.101 8	76.405 88	0.416 59	578.285 3	579.918 4	278.07	765.57
5 月	31 938	576.236 7	82.536 86	0.461 85	575.331 5	577.142 0	341.03	755.78
6 月	36 807	566.657 4	75.265 62	0.392 31	565.888 4	567.426 3	278.86	742.27
7 月	39 478	559.501 2	84.780 54	0.426 70	558.664 9	560.337 6	246.06	795.45
8 月	38 088	573.091 8	84.109 39	0.430 97	572.247 1	573.936 5	288.41	777.75
9 月	37 319	555.067 8	84.126 34	0.435 48	554.214 2	555.921 3	309.52	749.82
10 月	46 110	549.512 7	71.845 91	0.334 59	548.856 9	550.168 4	264.14	722.38
11 月	52 737	558.100 1	76.002 53	0.330 96	557.451 4	558.748 8	334.89	761.06
12 月	49 575	552.317 5	79.083 87	0.355 19	551.621 3	553.013 7	278.29	761.06
总计	473 899	562.497 0	79.539 89	0.115 54	562.270 5	562.723 4	246.06	795.45

表 7.7　PISA 2018 中国四省市男生阅读素养成绩相对年龄分布的描述统计量（加权后的）

出生月份	N	M	SD	SE	均值的 95%置信区间		min	max
					下限	上限		
1 月	39 469	557.863 0	85.004 73	0.427 87	557.024 4	558.701 7	272.13	765.43
2 月	37 549	550.350 4	78.516 00	0.405 19	549.556 2	551.144 6	281.46	740.75
3 月	38 589	557.923 3	83.411 36	0.424 61	557.091 1	558.755 6	244.76	742.36
4 月	35 111	558.389 9	83.933 25	0.447 93	557.511 9	559.267 9	253.69	778.35
5 月	36 659	563.445 3	94.523 43	0.493 68	562.477 6	564.412 9	263.23	786.03
6 月	36 748	556.961 6	84.889 35	0.442 83	556.093 6	557.829 6	278.46	770.66
7 月	36 710	551.585 0	82.120 41	0.428 61	550.744 9	552.425 1	272.76	734.83
8 月	45 095	550.844 1	86.362 40	0.406 69	550.047 0	551.641 2	252.52	746.99
9 月	42 435	549.681 1	88.070 16	0.427 53	548.843 1	550.519 1	248.65	756.70

续表

| 出生月份 | N | M | SD | SE | 均值的95%置信区间 | | min | max |
					下限	上限		
10月	48 063	539.724 2	86.353 50	0.393 89	538.952 1	540.496 2	241.06	745.38
11月	51 535	541.489 9	83.838 52	0.369 31	540.766 1	542.213 8	247.57	772.81
12月	55 442	543.813 5	82.961 38	0.352 33	543.122 9	544.504 1	288.23	741.14
总计	503 405	550.953 2	85.341 55	0.120 28	550.717 4	551.188 9	241.06	786.03

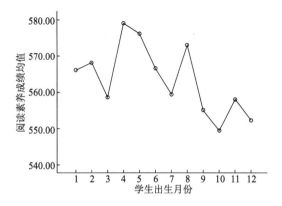

图 7.3　PISA 2018 中国四省市女生阅读素养成绩均值图（加权后的）

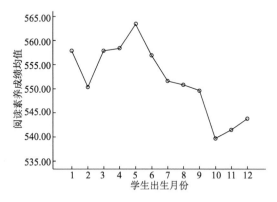

图 7.4　PISA 2018 中国四省市男生阅读素养成绩均值图（加权后的）

上述现象也可以结合男女生的留级情况来理解。在 PISA 2018 调查数据中，男生相对于女生在小学和初中阶段的留级比例更高：小学阶段，女生 240 人留级一次、5 人两次或多次留级，男生 351 人留级一次、28 人两次或多次留级；在初中阶段，女生留级 44 人次，而男生 98 人留级一次、2 人两次或多次留级。这里面可能就有男生相对年龄效应更为显著的影响。

（四）相对年龄对阅读素养成绩的影响之不同年级表现

从年级视角看，学生相对年龄对阅读素养成绩的影响又有着怎样的表现呢？鉴于 PISA 2018 中国四省市学生主要分布在 9 年级（共 4102 人）和 10 年级（共 7601 人），因此可以分别选取 9 年级和 10 年级学生为对象进行专门分析。10 年级（人数最多）和 9 年级学生阅读素养成绩相对年龄分布情况及其相应均值图分别参见表 7.8 与表 7.9、图 7.5 与图 7.6。统计结果表明，9 年级和 10 年级学生阅读素养成绩存在出生月份差异，亦即相对年龄对 9 年级和 10 年级学生阅读素养成绩存在显著影响，并表现出一些不同特点。

表 7.8　PISA 2018 中国四省市 10 年级学生阅读素养成绩相对年龄分布的描述统计量（加权后的）

出生月份	N	M	SD	SE	均值的 95%置信区间		min	max
					下限	上限		
1 月	66 712	564.536 6	80.578 52	0.311 97	563.925 1	565.148 1	303.13	765.43
2 月	63 124	563.525 3	78.260 59	0.311 49	562.914 8	564.135 8	281.46	749.61
3 月	65 767	569.374 0	74.165 07	0.289 20	568.807 2	569.940 9	262.62	751.65
4 月	59 900	575.086 6	77.902 67	0.318 30	574.462 7	575.710 5	253.69	778.35
5 月	59 902	578.035 6	81.075 90	0.331 26	577.386 3	578.684 8	272.27	786.03
6 月	60 807	572.298 5	76.855 38	0.311 67	571.687 7	572.909 4	278.46	770.66
7 月	62 634	567.812 6	78.932 06	0.315 39	567.194 5	568.430 8	246.06	795.45
8 月	65 716	575.566 8	80.951 88	0.315 79	574.947 8	576.185 7	300.79	777.75
9 月	27 224	578.344 1	79.350 70	0.480 93	577.401 4	579.286 7	309.52	750.10
10 月	18 139	570.529 6	72.168 36	0.535 85	569.479 3	571.579 9	363.34	722.38
11 月	16 677	577.229 8	68.737 41	0.532 27	576.186 5	578.273 1	370.75	717.05
12 月	12 652	558.960 0	76.845 90	0.683 19	557.620 8	560.299 1	341.19	735.25
总计	579 242	570.963 2	78.336 93	0.102 93	570.761 5	571.164 9	246.06	795.45

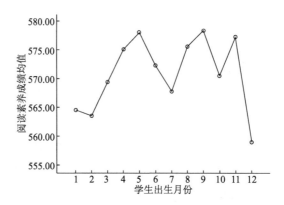

图 7.5　PISA 2018 中国四省市 10 年级学生阅读素养成绩均值图（加权后的）

表 7.9　PISA 2018 中国四省市 9 年级学生阅读素养成绩相对年龄分布的描述统计量（加权后的）

出生月份	N	M	SD	SE	均值的 95%置信区间		min	max
					下限	上限		
1 月	4 526	494.176 3	85.197 06	1.266 43	491.693 5	496.659 1	272.13	658.90
2 月	4 898	515.015 2	73.340 30	1.047 93	512.960 7	517.069 6	289.21	648.96
3 月	8 983	485.171 2	81.524 30	0.860 14	483.485 1	486.857 2	244.76	732.38
4 月	7 019	516.289 0	76.664 53	0.915 05	514.495 2	518.082 8	264.79	708.12
5 月	6 953	481.261 6	98.222 34	1.177 92	478.952 6	483.570 7	263.23	667.28
6 月	11 499	507.455 4	74.308 37	0.692 97	506.097 1	508.813 8	278.86	671.38
7 月	10 924	495.883 4	70.515 59	0.674 68	494.560 9	497.205 9	283.13	655.18
8 月	15 652	505.328 5	80.631 55	0.644 50	504.065 2	506.591 8	252.52	694.81
9 月	50 313	537.603 3	85.302 16	0.380 29	536.857 9	538.348 6	313.25	749.82
10 月	73 225	540.012 1	80.404 26	0.297 13	539.429 7	540.594 5	241.06	745.38
11 月	84 764	545.814 9	80.714 68	0.277 23	545.271 5	546.358 3	247.57	772.81
12 月	86 642	550.386 6	80.446 23	0.273 30	549.851 0	550.922 3	278.29	761.06
总计	365 398	535.832 3	83.129 33	0.137 52	535.562 8	536.101 8	241.06	772.81

　　从表 7.8、表 7.9 和图 7.5、图 7.6 可以看出，对于 10 年级学生而言，4 月、5 月、6 月、8 月、9 月、11 月出生的学生阅读素养成绩较高，1 月、2 月、12 月出生的学生阅读素养成绩相对较低；对于 9 年级学生，9—12 月出生的学生阅读素养成绩更好一些。如果说相对年龄效应源于下半年出生的孩子不如同一年度上

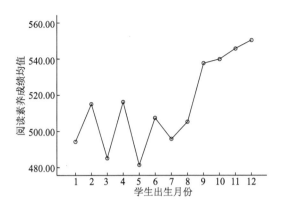

图 7.6　PISA 2018 中国四省市 9 年级学生阅读素养成绩均值图（加权后的）

半年出生的孩子相对更为成熟（这是总体情况），那么在 9 年级则出现了"相对年龄效应逆转"现象。这里是否存在上半年出生的学生本应该读 10 年级可能由于某种原因导致上学推迟才读 9 年级的原因，或者在 9 年级学生中上半年出生的学生人数偏少导致其统计效果缺乏一定的说服力？这一问题还需要专门的研究。需要说明的是，在 PISA 2018 的 9 年级学生数学素养与科学素养分析中，以及在 PISA 2015 的 9 年级学生阅读素养、数学素养与科学素养分析中，也都有类似的现象。

四、学生相对年龄效应的教育意义

（一）研究结论

（1）相对年龄对阅读素养成绩有显著影响。总体上看，同年度下半年（特别是 8—12 月）出生的学生，阅读素养成绩均值比上半年出生的学生要低一些。

（2）相对年龄对男女生阅读素养成绩的影响均达到显著性水平。相对于女生，男生阅读素养成绩分布范围更大，相对年龄效应更为明显一些。

（3）相对年龄对不同年级（这里主要指 9 年级和 10 年级）学生阅读素养成绩的影响均达到显著性水平。对于 9 年级学生，下半年（主要是指 9—12 月）出生的学生相较于同年度上半年出生的学生，其阅读素养成绩均值总体上更好，亦即 9 年级学生的阅读素养成绩出现了"相对年龄效应逆转"。

（二）相关建议

上述相对年龄对阅读素养成绩的影响问题研究，尽管研究对象仅限于特定地域（中国四省市）和特定年龄段（15 岁）样本学生，研究数据也是截面式的，但是其研究发现对于我国教育理论研究、教育政策制定和教学实践改进依然具有十分重要的参考意义，并引发我们进一步思考。

1. 教学与发展以及教育与成熟的相互关系问题

相对年龄对学生阅读素养成绩有显著影响，实质上反映了教学与学生发展的相互关系。辩证唯物主义观点认为，教学和发展各有自己活动的规律，二者之间不能等同，但也不是互不相关。苏联著名教育学者列·符·赞科夫在总结前人研究成果时认为，教学不仅可以跟在发展的后面走，不仅可以和发展齐步走，而且可以走在发展的前面，推动发展前进，并在它里面引起新的构成物[①]。相对年龄对阅读素养成绩的影响，在某种程度上可以看作是发展应走在教学的前面并为教学开路、发展的任务又要靠教学来实现（即教学促进学生发展，教学是学生发展的重要推力）的一个例证。

相对年龄对学生阅读素养成绩有显著影响，归根到底还是源于教育与学生成熟的相互关系。我们知道，生命成长总要经历从稚嫩走向成熟这么一个过程，这个过程又往往伴随着人们的受教育经历，因此，教育与人的身体、心理以及社会性成熟之间也是一种相互影响的关系。相对年龄对阅读素养成绩有显著影响，说明了人的发展（包括智力或认知发展）有一个发育成熟的过程，只有达到某个特定的阶段，个体才会有特定的推理和思维水平。换言之，只有当孩子们达到了特定的发展水平，某种学习才能导致某种行为[②]。相对年龄对学生阅读素养成绩有显著影响，这一现象与现代教育理论与教学实践都特别强调具身认知之于人的发展的价值具有内在的一致性。

2. 义务教育阶段的小学入学年龄规定问题

相对年龄对学生阅读素养成绩有显著影响，这一发现对于义务教育的入学年龄规定具有重要的指导意义。《中华人民共和国义务教育法》第十一条明确规

---

① 赞科夫. 教学与发展（第 3 版）[M]. 杜殿坤, 张世臣, 俞翔辉, 等译. 北京: 人民教育出版社, 2008: 12.
② Roger R. Hock. 改变心理学的 40 项研究（第 7 版）[M]. 白学军, 等译. 北京: 人民邮电出版社, 2020: 156.

定："凡年满六周岁的儿童，其父母或者其他法定监护人应当送其入学接受并完成义务教育；条件不具备的地区的儿童，可以推迟到七周岁"，但是，它并没有规定 6 周岁以下的儿童不可以入学，而是允许或倡导一些地方在执行现行做法的基础上开展相关实践探索①。这样一个原则性与灵活性兼具、公正而富有人文主义关怀的义务教育规定，不仅体现了"努力让每个孩子都能享有公平而有质量的教育"的理想和追求②，也符合儿童成长发育的自然规律。

相对年龄对学生阅读素养成绩有显著影响，这一发现为家长为子女选择入学时机也提供了某种参考。基于上述分析可以发现，那些 8 月份以后出生的孩子（特别是男孩），在一般情况下，真的没有必要与上半年出生的孩子赶着同时入学，因为从长远看，那些早起的鸟儿并不一定保证就能有虫吃；而那些在上半年（及 7—8 月）出生的孩子（特别是女孩），在一般情况下，也没有必要与 9—12 月出生的孩子一道去赶下一班入学车。这当然是基于统计学的分析，实际中还需要家长结合孩子的实际情况进行判断和选择。

3. 学生相对年龄效应的教育实践应对问题

相对年龄对学生阅读素养成绩有着显著影响，这一相对年龄效应对教师教育教学，特别是对小学低年级教师的教育教学提出了更高要求。相对于小学高年级和初中及高中阶段，小学低年级（以及幼儿园）学生的相对年龄效应更为明显，这就要求教师对学生要有更为深入的了解（包括但又不止于学生的出生月份），通过向年龄不利的儿童提供额外的、有特别针对性的教育支持，弥补年龄不利的儿童因为相对年龄效应所产生的学习准备（身体准备、认知准备、情感准备等）不足，注重鼓励性的训练，激发他们的天赋和潜能，帮助他们更好地完成学习计划和学习任务，真正实现教育过程的公正和平等。

相对年龄对学生阅读素养成绩有着显著影响，并非仅仅发生于小学低年级阶段，而是可能贯穿于小学高年级、初中、高中，乃至整个人生（对于一部分人）。这可能源于相对年龄效应的长期积累效果，特别是个体早期经验对学生发展产生的终身影响，以及 12—14 岁左右这段特殊的人的成长和发展瓶颈期。为

---

① 教育部. 对十三届全国人大二次会议第 2388 号建议的答复(教建议字〔2019〕512 号)[EB/OL].
http://www.moe.gov.cn/jyb_xxgk/xxgk_jyta/jyta_jijiaosi/201912/t20191205_410944. html[2021-12-30].
② 顾明远. 树立科学的教育质量观使每个孩子享有公平而有质量的教育[J]. 中国教育报, 2019-07-12(2).

此，不仅需要教师（幼儿园教师、小学低年级、小学高年级、初中、高中教师）对学生的相对年龄效应有一个较为深入的了解，更需要教师（同时教育学生）决不固守于所谓的相对年龄效应，用成长型思维看待学生的学习优势与劣势、成长与不足，化相对年龄效应的劣势于无形之中。有研究者以诺贝尔奖（Nobel Prize）、菲尔兹奖（Fields Medal）和沃尔夫奖（Wolf Prize）等获奖者为对象进行出生月份统计检验，得出任一月份出生的人都有同样的可能成为优秀科学家（或者卡方检验更具有说服力）[①]，从而定量说明了人的最佳发展可以完全超越相对年龄效应的限制。学生留级现象并没有出现明显的相对年龄效应（学生留级人数的月份分布相对均匀，具体表格从略），也从另一侧面说明并不存在固定的相对年龄效应[②]。

4. 相对年龄效应逆转等新的教育问题

相对年龄对阅读素养成绩的影响研究，不仅具有十分重要的教育理论、教育政策和教学实践意义，而且拓展了教育的研究问题域。相对年龄对学生阅读素养成绩有显著影响（或者说学生阅读素养成绩存在着相对年龄效应），并且对于不同性别以及不同年级就读的学生，其具体表现形式又有着不同的特点。其中"相对年龄效应逆转"就是一个值得人们进一步探讨的问题[③]：这个问题真实存在吗？这一现象存在的条件是什么？如何解释这一逆转现象？这一问题又该如何去解决？

相对于上述对 PISA 2018 测评数据所做的简单分析，未来相对年龄效应问题研究当然还需要进行专门的研究设计，以便更好地开展多视角的（对应于相对年龄效应的多维性）或者是纵贯性的（对应于相对年龄效应的发展性与积累性）实证探讨（类似对运动员的相对年龄效应的纵向研究，以及学生学业成就的相对年龄效应结构模型研究[④]），而不是仅凭研究者的个人感觉做出的基于经验的判断。相对年龄效应等问题研究得愈为深入与具体，就越有利于教育公平和学生核心素养的发展。

---

① 刘群锋, 熊辉. 诺贝尔奖得主出生月份的统计分析[J]. 东莞理工学院学报, 2008, 15（1）: 7-10.

② 当然，留级率约为 5%的比例致使每一月份的留级人数偏少，在一定程度上缺乏充分的解释力。特此说明。

③ 对 PISA 2018 全体学生（612 004 人）数据分析发现，也存在着"相对年龄效应"和"相对年龄效应逆转"现象，但是，对中国香港、新加坡等地区数据分析发现，一些国家和地区存在"相对年龄效应"但不存在"相对年龄效应逆转"现象，说明这一现象并不一定是普遍现象，可能与一定的教育条件相联系。

④ Navarro J-J, García-Rubio J, Olivares P R. The relative age effect and its influence on academic performance[J]. PLoS ONE, 2015, 10（10）: e0141895.

第八章

学生性别差异表现及性别平等

　　学生性别差异与学校教育之间存在双向作用关系。基于 PISA 2018 中国四省市学生调查数据分析发现，男女生在生命意义体悟、生活满意度感受、成长型思维认同、未来受教育期望等方面存在性别差异，男生相对于女生在生命意义体悟和生活满意度上更高一些，并且更认同智力是可以大幅改变的，女生比男生更期望在未来能接受高等教育。总体上，女生的数据分布相对集中，而男生的数据分布范围更广，在利克特量表的两端选项的比例高于女生，相当于在"最佳"与"最差"的两个极端水平上男生比例都高于女生。上述发现启发我们，要正确认识学生的性别差异，养成对学生性别差异的教育敏感，克服男女生性别角色的刻板印象，真正实现基于学生性别差异的教育性别平等。

学生性别差异是学生最为基本的自然差别和社会角色差别，也是学生发展问题研究必须关注的一个重要维度。学生性别差异与学校教育之间存在双向作用关系：一方面，学生性别差异构成了学校教育的重要背景与教育资源；另一方面，学校教育又形塑着学生的社会性别差异。为了实现公平而卓越的教育以及将教育政策制定建立在研究、数据和证据的基础上[1]，同时也为了提高教育工作者的学生性别差异和教育性别平等意识，要引导教育者对学生性别议题的关心与敏感，获得有关学生性别差异的知识和技能，把个人有关学生性别的感性认识上升到理性自觉高度。本书结合 PISA 2018 中国四省市学生样本数据进行分析，尝试绘出学生性别差异问题的几个侧面[2]，为教育工作者解构、减少甚至消除学校教育中性别不平等现象提供参考。

一、学生性别差异研究背景与问题

（一）研究背景

学生性别差异是学生个体差异中最不容忽视的一个方面，它从根本上影响学生的学习与发展。在成就动机、兴趣爱好、智力类型及水平、思维方式、问题解决能力、情绪反应、性格特征、行为习惯、社会关系、社会交往等各个方面，不同性别的学生往往表现出不同类型的特征。学生性别差异不仅源于不同性别学生在大脑结构以及生理机能和神经机能等方面的不同，也受家庭氛围、学校教育、社会环境以及广泛的历史文化等因素的影响。在教育教学实践过程中，我们必须树立科学合理的学生性别差异理念，针对实际存在的学生性别差异采取不同的教育教学应对方法，要真正做到这一点，又必须建立在对学生性别差异问题的科学研究之上。

学生性别差异研究首先涉及人们对"性别差异"概念的理解，因而也涉及人们对"男性"与"女性"、"自然性别"（sex）与"社会性别"（gender）等相关概念的理解。性别具有生物属性和社会属性，相对于一个人的自然性别——生

---

① 张民选，陆璟，占胜利，等. 专业视野中的 PISA[J]. 教育研究, 2011（6）：3-10.

② 在前面的研究中，也有一些研究主题涉及学生性别的问题，本单元的讨论或者是研究关注点的不同，或者是研究的深化。特此说明。

物学意义上的生而具有的是男性或者女性的事实，社会性别则是指社会对男女两性所赋予的价值与意义，是由语言、交流、符号和教育等文化因素构成的判断性别的社会标准①，凸显了社会生活对人们的性别意识和性别行为的形塑作用。②学生性别差异研究还涉及学生性别差异的表现、形成原因③，以及人们对学生性别差异的看法和基于性别差异的教育等问题。在当今学校教育实践中，女孩教育越来越受到人们的关注，但是，一些教师的性别刻板印象使得女孩教育问题依然存在，表现为女童教育公平表象下的不公平。④与此相对，"男孩危机"作为一个新的教育现象也引起了人们的广泛关注。尽管这一提法受到女性主义的普遍质疑，认为"男孩危机"是在"男性优越"的思维模式下提出的，女孩作为整体仍然处于结构性的弱势地位，"关爱女孩"更显迫切。面对"男孩危机"的争论，我们需要对这一现象进行全面考证——它可能就是一个危言耸听的伪命题⑤，并且用一种超越性别对立的胸怀，站在社会发展和教育公平的视野下来关注学生的成长和发展。⑥学生性别差异研究有时也表现为对农村地区或者是民族地区女孩或男孩教育问题的关注。在农村义务教育普及过程中，农村女孩接受义务教育的情况不容乐观，这里既有传统性别歧视观念的影响，也有政策法规在实践中落实不到位的因素。⑦学生性别差异研究不只是出于某种兴趣，人们关注学生性别差异旨在把握学生性别差异的特点与规律，并通过基于性别差异的教学，尊重学生性别权利⑧，进而采取一系列有效对策和措施，消除教育领域中各种或明或暗的性别不平等因素，促进两性平等及学生发展，实现教育性别平等。⑨

　　教育性别平等是"性别平等"（gender equality）的下位概念。"性别平

① 佟新. 社会性别研究导论(第二版)[M]. 北京: 北京大学出版社, 2011: 18.

② 肖巍. 关于"性别差异"的哲学争论[J]. 道德与文明, 2007(4): 15-19.

③ 任亮, 刘正萍. 论儿童性心理差异的成因与教育[J]. 河北师范大学学报(教育科学版), 2005, 7(5): 50-53.

④ 杨宝忠, 石燕君. 掩藏在女童教育公平下的不公平——从性别刻板印象角度探讨[J]. 山西师范大学学报(社会科学版), 2009(S1): 33-35.

⑤ 胡晓红, 左孟华. 教育公平视野下对"男孩危机"的性别解读[J]. 长春: 东北师大学报(哲学社会科学版), 2010(6): 231-236.

⑥ 徐安琪. 男孩危机: 一个危言耸听的伪命题[J]. 青年研究, 2010, 0(1): 40-46.

⑦ 刘勇. 农村义务教育普及中女性教育存在的问题及思考[J]. 理论学刊, 2009(8): 72-74.

⑧ 王珺. 社会公正、教育公平与性别权利[J]. 华中科技大学学报(社会科学版), 2010(1): 98-100.

⑨ 查啸虎, 陈玉梅. 走向两性平等——教育公平性别视角的分析[J]. 安徽教育学院学报, 2003, 21(2): 94-97.

等"与"性别差异"有关，更与"性别差距"有着紧密联系。性别平等是指每个人不论性别，均享有同等的条件充分实现其人权，均能够平等地参与政治、经济、文化和社会发展活动并从中受益。①性别平等是世界经济论坛特别关注的主题，自 2006 年起，世界经济论坛每年都发表全球性别差距报告，衡量各国在教育、健康和生存、经济机会，以及政治权利等 4 个领域中的男女平等进展情况。从《全球性别差距报告 2021》（*Global Gender Gap Report 2021*）中可以看出，我国实现教育性别平等的任务还十分艰巨（主要是教育获得的相对位次还不理想）。②性别平等也是联合国教科文组织最为关切的重要目标之一，其新近发布的《新的一代：教育性别平等的 25 年努力》报告在肯定全球教育性别平等状况有了较大改善后，继续呼吁消除教育入学率、参与度、完成率方面的性别差异，通过增进对性别身份的理解与尊重来减少性别暴力，进一步推进教育性别平等。③性别平等也影响着人类社会的可持续发展，2015 年联合国通过的《改变我们的世界：2030 年可持续发展议程》的 17 个目标中特别强调实现性别平等（目标5），中国也在系统研究落实如何实现性别平等，积极探索适合国情的中国途径，总结具有示范意义的中国模式。④在这一宏观背景下，把握学生性别差异的实然状况，对基于学生性别差异开展教学、进一步缩小乃至消除学生性别差距最终实现教育性别平等具有重要而现实的意义。

（二）研究问题

本章研究从学生性别问题切入，重点关注我国 15 岁学生群体在生命意义体悟、生活满意度等方面是否存在性别差异，进而探讨相关问题的教育应对。研究具体问题如下：在生命意义体悟（感知）上，男女学生是否存在性别差异？在生活满意度上，男女学生是否存在性别差异？在成长型思维认同上，男女学生是否存在性别差异？在未来受教育期望上，男女学生是否存在性别差异？等等。

---

① UNESCO. Every learner matters: A renewed drive for inclusion in education in Cali[EB/OL]. https: //en.unesco. org/news/every-learner-matters-renewed-drive-inclusion-education-cali[2021-12-30].

② WEF(World Economic Forum). Global Gender Gap Report 2021[R/OL]. https: //www.weforum.org/reports/ global-gender-gap-report-2021/digest#report-nav[2021-12-30].

③ 王晓真. 联合国教科文组织报告：进一步推进教育性别平等[N]. 中国社会科学报, 2020-10-16（2）.

④ 李英桃, 王海媚. 性别平等的可持续发展[M]. 北京：社会科学文献出版社, 2016: 182.

二、学生性别差异表现的研究设计

（一）研究工具

研究工具不仅涉及调查问卷、量表、测验等，也涉及数据处理软件。本研究选择 PISA 2018 学生问卷、学生认知测评项目等为研究工具，其信度、效度等在质量上满足要求（笔者在应用因素分析等处理相关数据时发现，该研究工具对中国四省市学生测评有很好的共同性与区分性等），同时选择 SPSS 24 作为量化研究工具，并辅之以 TIMSS 开发的相关数据分析软件。

（二）数据获取

研究数据取自 PISA 2018 数据库，从中选取中国四省市 12 058 名学生的问卷数据、认知测评数据和 361 所学校问卷数据等。具体参见 OECD 官网：https://www.oecd.org/pisa/data/2018database/。

（三）比较方法

在比较男女生就某一看法是否存在性别差异时，根据比较内容选择不同的统计学方法。PISA 2018 学生问卷中用多个测量项目测量同一属性，例如，用三个具体问题来测量学生"生命意义感"的心理特质（构念），本研究借助 PISA 2018 数据库中"生命意义感指数"变量，利用独立样本 t 检验方法进行分析，或者应用主成分分析法（因素分析）抽取一个共同因素——生命意义感指数（依然是定序变量，不过等级更多了），然后选用双样本 K-S 检验法进行分析，或者辅之以其中三个或某一具体问题作为参照，了解学生在生命意义感上是否存在性别差异；对于生活满意度、成长型思维等感知程度变量（定序变量，可近似等级变量处理），选用双样本 K-S 检验（或者曼-惠特尼 U 检验）及卡方检验方法来分析其是否存在性别差异[①]；对于学生"未来受教育期望"问题，则选择卡方检验方法分析其可能存在的性别差异。

---

① 双样本 K-S 检验、曼-惠特尼 U 检验及卡方检验各有特点，本书根据研究问题及研究工具的实际情况，选用双样本 K-S 检验(等级一致性)及卡方检验方法(分布一致性)，特此说明。参见杜智敏. 抽样调查与 SPSS 应用[M]. 北京: 电子工业出版社, 2010: 450.

三、学生性别差异表现的结果与分析

按照前文研究计划和比较方法，以下就学生生命意义体悟、生活满意度等性别差异问题逐次展开分析。

（一）学生生命意义体悟上的性别差异

生命意义是人生的大问题，也是人生的根本问题。对于 15 岁中学生来说，明确人生意义和生命价值，也就明确了学习的目的与方向，因而也就有了学习的动力和使命感。PISA 2018 专门设计了"是否同意：我的人生有明确的意义或目的？""是否同意：我找到了满意的人生的意义？""是否同意：我清楚意识到是什么让我的人生有意义？"等生命意义体悟问题，并且设置了非常不同意、不同意、同意、非常同意等四种水平，以了解学生对于个体生命意义的体悟情况。表 8.1 是中国四省市学生等在 PISA 2018 生命意义体悟的三个具体问题上的反应描述统计量，从表 8.1 中可以看出，在这三个具体测量问题中，中国四省市学生与 PISA 学生总体（简称 PISA 总体，即全体抽样学生，都是 PISA 2018 数据）对"是否同意：我找到了满意的人生的意义？"问题的回答平均值差异最大（平均值 2.69 对平均值 2.79），中国四省市男女生的平均值差异也最大（平均值 2.73 对平均值 2.65）。

表 8.1 学生生命意义体悟的描述统计量

生命意义体悟问题	类别	N	min	max	M	SE	SD
是否同意：我的人生有明确的意义或目的？	男生	6241	1	4	2.97	0.010	0.755
	女生	5734	1	4	2.94	0.009	0.705
	中国四省市	11975	1	4	2.95	0.007	0.731
	PISA 总体	513351	1	4	2.93	0.001	0.832
是否同意：我找到了满意的人生的意义？	男生	6237	1	4	2.73	0.010	0.812
	女生	5735	1	4	2.65	0.010	0.750
	中国四省市	11972	1	4	2.69	0.007	0.784
	PISA 总体	510763	1	4	2.79	0.001	0.818

续表

生命意义体悟问题	类别	N	min	max	M	SE	SD
是否同意：我清楚意识到是什么让我的人生有意义？	男生	6 241	1	4	2.92	0.010	0.804
	女生	5 733	1	4	2.85	0.010	0.760
	中国四省市	11 974	1	4	2.89	0.007	0.784
	PISA 总体	510 354	1	4	2.90	0.001	0.840

注：有效的 N（列表状态）分别为 6 230、5 727、11 957、506 695。

为了判断男女生在个体生命意义体悟上是否存在差异，对 PISA 2018 "生命意义感指数" 数据（这些数据实际上是一个经过处理的等级定序变量，相对于原来 3 个题目和每题 4 个等级而言，等级更多了，笔者对此进行的主成分分析实践也呈现同样的特点），进行双样本 K-S 检验（表 8.2），证明男女生在生命意义体悟上存在性别差异（$p=0.000$），而且男生体悟相对于女生更为深刻或者说更能体悟到生命的意义[①]。

表 8.2　不同性别学生生命意义体悟的双样本 K-S 检验

检验统计量		统计值
N	女生	5 727
	男生	6 230
	总计	11 957
最极端差别	绝对值	0.054
	正	0.012
	负	−0.054
K-S Z		2.925
渐进显著性（双侧）		0.000

鉴于男女学生在 "是否同意：我找到了满意的人生的意义？" 问题上差异比

---

① 这里也结合了曼-惠特尼 U 检验中的秩均值（男生 6147.10、女生 5796.13）的分析以及 t 检验（将等级更多的生命意义感指数近似看作连续变量）的分析，特此说明。另外，在笔者的主成分分析中，如果学生在生命意义体悟上不存在性别差异，那么生命意义感指数的标准化平均值为 0，而在本研究中，经独立样本 t 检验计算其平均值分别为 0.040 838 0（男生）与−0.044 424 8（女生），说明男生相对于女生，对生命意义体悟更为深刻，或者更为积极。

较大的特点，下面专门就这一问题与学生性别列出了交叉表，从表 8.3 及表 8.4 中可以看出，对于个体生命意义体悟，男生在"非常不同意"和"非常同意"的选择上都要高于女生（平均值 4.9%对平均值 3.6%；平均值 18.2%对平均值 13.1%），表明男生在个体生命意义体悟上的"两头多"现象。这一现象与在大多数情况中男人的行为或心理分布更加趋于两极化[①]是一致的。

表 8.3 **"是否同意：我找到了满意的人生的意义"×学生性别交叉制表**

问题	同意程度	统计量	学生性别		总计
			女生	男生	
是否同意：我找到了满意的人生的意义？	非常不同意	计数/人	204	306	510
		班级内占比/%	40.0	60.0	100
		同性别内占比/%	3.6	4.9	4.3
		标准残差	−2.6	2.5	
	不同意	计数/人	2358	2216	4574
		班级内占比/%	51.6	48.4	100
		同性别内占比/%	41.1	35.5	38.2
		标准残差	3.6	−3.4	
	同意	计数/人	2419	2581	5000
		班级内占比/%	48.4	51.6	100
		同性别内占比/%	42.2	41.4	41.8
		标准残差	0.5	−0.5	
	非常同意	计数/人	754	1134	1888
		班级内占比/%	39.9	60.1	100
		同性别内占比/%	13.1	18.2	15.8
		标准残差	−5.0	4.8	
总计		计数/人	5735	6237	11972
		班级内占比/%	47.9	52.1	100
		同性别内占比/%	100	100	100

---

① 罗伊·F. 鲍迈斯特. 部落动物：关于男人、女人和两性文化的心理学[M]. 刘聪慧，刘洁，袁荔，等译. 北京：机械工业出版社，2014：57.

表 8.4 不同性别学生生命意义体悟的卡方检验结果

统计量	统计值	df	渐进显著性（双侧）
Pearson's χ^2	85.641[a]	3	0.000
LR	86.149	3	0.000
线性和线性组合	30.522	1	0.000
有效案例中的 N	11 972		

注：LR 为似然比。

a. 0 单元格（0.0%）的期望计数少于 5，最小期望计数为 244.31。

（二）学生生活满意度的性别差异

学生生活满意度是衡量学生生活质量的重要参数，它反映了学生对学校（近期）生活的总体满意度。为了把握学生学习的实际情况以及测量学生的幸福感，PISA 2018 专门设计了调查学生生活满意度的问题，并且设置了从 0（表示"一点都不满意"）到 10（表示"完全满意"）的多阶水平。表 8.5 是中国四省市男生、女生、学生总体和 PISA 学生总体就这一问题回答的描述统计量，从表 8.5 中可以看出，中国四省市学生的生活满意度比 PISA 总体水平略低（6.68±2.499 对 7.24±2.595），而男生的生活满意度比女生的生活满意度高（6.79±2.559 对 6.57±2.427）。

表 8.5 不同性别学生生活满意度的描述统计量

问题	类别	N	min	max	M	SE	SD
总的说来，你对自己最近生活的满意度是多少？	男生	6 220	0	10	6.79	0.032	2.559
	女生	5 723	0	10	6.57	0.032	2.427
	中国四省市	11 943	0	10	6.68	0.023	2.499
	PISA 总体	493 202	0	10	7.24	0.004	2.595

为了判断男生和女生对生活满意度的感受差异水平，我们就 PISA 2018 所提供的相关数据进行双样本 K-S 检验（表 8.6），结果证明了这种差异的显著性。

表 8.6 不同性别学生生活满意度的双样本 K-S 检验

检验统计量		统计值
N	女生	5 723
	男生	6 220
	总计	11 943

续表

检验统计量		统计值
最极端差别	绝对值	0.057
	正	0.008
	负	−0.057
K-S Z		3.088
渐进显著性（双侧）		0.000

从表 8.7 中可以看出，对生活非常满意（水平 9—10）的学生占比高达 25.4%，其中男生占比达 27.6%，比女生占比（23.0%）高出许多，特别是在对生活最为满意（满意度为 10）和最不满意（满意度为 0）的两组数据中，男生的比例都比女生高（14.7%对 9.1%；2.6%对 1.9%），表明男生比女生持有更极端或者说更坚定的生活满意度感受（也是男生表现"两头多"的现象）。

表 8.7 "总的说来，你对自己最近生活的满意度是多少"×学生性别交叉制表

问题	满意程度	统计量	学生性别		总计
			女生	男生	
总的说来，你对自己最近生活的满意度是多少？	0	计数/人	109	162	271
		同性别内占比/%	1.9	2.6	2.3
	1	计数/人	138	156	294
		同性别内占比/%	2.4	2.5	2.5
	2	计数/人	174	181	355
		同性别内占比/%	3.0	2.9	3.0
	3	计数/人	274	254	528
		同性别内占比/%	4.8	4.1	4.4
	4	计数/人	386	348	734
		同性别内占比/%	6.7	5.6	6.1
	5	计数/人	668	619	1287
		同性别内占比/%	11.7	10.0	10.8
	6	计数/人	653	603	1256
		同性别内占比/%	11.4	9.7	10.5

续表

问题	满意程度	统计量	学生性别		总计
			女生	男生	
总的说来,你对自己最近生活的满意度是多少?	7	计数/人	935	952	1 887
		同性别内占比/%	16.3	15.3	15.8
	8	计数/人	1 070	1 229	2 299
		同性别内占比/%	18.7	19.8	19.2
	9	计数/人	795	804	1 599
		同性别内占比/%	13.9	12.9	13.4
	10	计数/人	521	912	1 433
		同性别内占比/%	9.1	14.7	12.0
总计		计数/人	5 723	6 220	11 943
		同性别内占比/%	100	100	100

(三)学生成长型思维的性别差异

成长型思维概念源于心理学家卡罗尔·德韦克的经典作品《终身成长》。成长型思维模式认为,天赋只是人发展的起点,人的才智可以通过锻炼不断提高,只要努力就可以做得更好。一个拥有成长型思维模式的人,在对待努力、挑战、挫折、他人的成功和他人的批评时,都和拥有固定型思维模式的人呈现出极大的差别。与生命意义体悟的测评不同,PISA 2018 专门设计"是否同意:你的智力是你难以大幅改变的?"问题(设置"非常同意""同意""不同意""非常不同意"等四种水平,询问学生在多大程度上同意这一说法),以测量学生对成长型思维的认同情况(间接表现情况)。表 8.8 是中国四省市学生在"是否同意:你的智力是你难以大幅改变的?"问题上的反应描述统计量,从表中可以看出,中国四省市学生(男女生总体)对自己的智力是否可以大幅改变的认识与 PISA 总体水平持平(中国四省市学生 2.40±0.901 对 PISA 总体水平 2.37±0.932,注意本题的赋分是反向的,即平均值愈低,愈是赞同自己的智力是可以大幅改变的观点),男生相对于女生更认可或者认同自己的智力是可以大幅改变的(男生 2.35±0.949 对女生 2.46±0.843)。考虑到在中小学教育中并没有直接教授学生

"智力"等心理学、教育学、行为科学等相关概念的事实，出现这一结果只能是男女学生对"智力"概念的默会学习或个人体验所致。

表 8.8   不同性别学生成长型思维的描述统计量

问题	类别	N	min	max	M	SE	SD
是否同意：你的智力是你难以大幅改变的？	男生	6 243	1	4	2.35	0.012	0.949
	女生	5 736	1	4	2.46	0.011	0.843
	中国四省市	11 979	1	4	2.40	0.008	0.901
	PISA 总体	555 458	1	4	2.37	0.001	0.932

为了判断男生和女生在成长型思维表现（认同）上是否存在性别差异，可以就 PISA 2018 数据进行双样本 K-S 检验（表 8.9），结果表明男女生表现存在性别差异（p=0.000）。

表 8.9   不同性别学生成长型思维的双样本 K-S 检验

检验统计量		统计值
N	女生	5736
	男生	6243
	总计	11979
最极端差别	绝对值	0.084
	正	0.084
	负	−0.022
K-S Z		4.613
渐进显著性（双侧）		0.000

在明确男女生在成长型思维表现上有性别差异之后，进一步研究其性别差异的特点或许能给我们带来新的思考。从表 8.10 中可以看出，男生选择"非常不同意""不同意"的比例（55.3%=21.9%+33.4%）比女生的这一比例（50.4%=13.5%+36.9%）要高，表明有更多的男生认为自己的智力是可以大幅改变的。另一个特点是，对"是否同意：你的智力是你难以大幅改变的？"问题持"非常不同意""非常同意"观点的比例，男生都比女生高（21.9%对 13.5%；

11.8%对 9.6%），表明男生比女生对成长型思维持有更极端或者说更坚定的认识。但是，这种对成长型思维持有更极端或者说更坚定的认识（对于男女生总体）并没有给学生阅读素养、数学素养和科学素养（就拟真值而言）带来更好的表现，因此还需要更深入地研究。

表 8.10 "是否同意：你的智力是你难以大幅改变的？"×学生性别交叉制表

| 问题 | 同意程度 | 统计量 | 学生性别 | | 总计 |
			女生	男生	
是否同意：你的智力是你难以大幅改变的？	非常不同意	计数	773	1 368	2 141
		班级内占比/%	36.1	63.9	100
		同性别内占比/%	13.5	21.9	17.9
		标准残差	−7.9	7.5	
	不同意	计数	2 114	2 085	4 199
		班级内占比/%	50.3	49.7	100
		同性别内占比/%	36.9	33.4	35.1
		标准残差	2.3	−2.2	
	同意	计数	2 298	2 053	4 351
		班级内占比/%	52.8	47.2	100
		同性别内占比/%	40.1	32.9	36.3
		标准残差	4.7	−4.5	
	非常同意	计数	551	737	1 288
		班级内占比/%	42.8	57.2	100
		同性别内占比/%	9.6	11.8	10.8
		标准残差	−2.6	2.5	
总计		计数	5 736	6 243	11 979
		班级内占比/%	47.9	52.1	100
		同性别内占比/%	100	100	100

男女生在成长型思维各水平（在"是否同意：你的智力是你难以大幅改变的？"问题上的不同选项）的性别差异表现，也可以在下述卡方检验结果（表8.11）中得到验证。

表 8.11　不同性别学生成长型思维水平的卡方检验结果

统计量	统计值	df	渐进显著性（双侧）
Pearson's χ^2	185.084[a]	3	0.000
LR	187.045	3	0.000
线性和线性组合	46.284	1	0.000
有效案例中的 N	11 979		

a. 0 单元格（0.0%）的期望计数少于 5，最小期望计数为 616.74。

（四）学生未来受教育期望的性别差异

PISA 2018 学生问卷中专门设计了"预计自己会完成以下哪个阶段的教育？"问题，以了解学生对未来接受教育的期望程度。问卷提供了初中、中等职业教育（中专、职高或技校）、普通高中、高中毕业后的职业培训（6 个月—2 年）、专科、本科或研究生（硕士或博士）等 6 种不同程度的教育水平，学生可以在各教育水平上进行选择（可以多选）。从 PISA 2018 调查数据（表 8.12。限于篇幅，这里没有专门对 PISA 总体相关数据进行统计）来看，男女生在上述各教育水平选择上有明显差异（$p<0.05$），其中在前 5 个水平上，男生选择比例都高于女生，而在本科或研究生（硕士或博士）的教育期望上，女生比例高于男生，反映了相比男生女生对未来接受高等教育有更大的期望（67.7%对59.8%）。

表 8.12　不同性别学生未来受教育期望的描述统计量及卡方检验结果（汇总表）

统计量	初中	中等职业教育（中专、职高或技校）	普通高中	高中毕业后的职业培训（6 个月—2 年）	专科	本科或研究生（硕士或博士）
男生数量/人	2 512	1 591	2 365	1 096	1 988	3 735
同性别内占比/%	40.2	25.5	37.8	17.5	31.8	59.8
女生数量/人	1 949	1 061	2 014	708	1 702	3 889
同性别内占比/%	33.9	18.5	35.1	12.3	29.6	67.7
Pearson's χ^2	49.924	84.513	9.825	63.395	6.563	82.310
渐进显著性（双侧）	0.000	0.000	0.002	0.000	0.010	0.000

从表 8.13 和表 8.14 中可以看出男女生在未来受教育期望达到本科或研究生

（硕士或博士）水平上的性别差异。这或许能够在一定程度上解释当下高等教育阶段在校女学生数量已经明显超越男学生的实际情况：2019 年，在校博士生中女生所占比例达到 41.32%，相较于 2010 年的 35.48%有明显提升；在校硕士生中女生数量反超男生，所占比例达到 52.17%；在普通本科在校学生中女生占到了 53.9%，比男生高出逾 7 个百分点。[①]造成这一现象的原因，一是男女生特质不同，一般女生更易全身心投入学习，更适合当下中小学教学方式和中高考选拔模式，二是家长看待子女进入社会选择不同类型工作的思想方式上的差异，三是女生更积极主动选择提高学历以增强自己的求职竞争力。

表 8.13 未来受教育期望达到本科或研究生（硕士或博士）水平 × 学生性别交叉制表

问题	填写情况	统计量	学生性别		总计
			女生	男生	
未来受教育期望达到本科或研究生（硕士或博士）水平	未填写	计数	1 852	2 515	4 367
		班级内占比/%	42.4	57.6	100
		同性别内占比/%	32.3	40.2	36.4
		标准残差	−5.2	5.0	
	填写	计数	3 889	3 735	7 624
		班级内占比/%	51.0	49.0	100
		同性别内占比/%	67.7	59.8	63.6
		标准残差	4.0	−3.8	
	总计	计数	5 741	6 250	11 991
		班级内占比/%	47.9	52.1	100
		同性别内占比/%	100	100	100

表 8.14 不同性别学生未来受教育期望达到本科或研究生（硕士或博士）水平的卡方检验结果

统计量	统计值	df	渐进显著性（双侧）	精确显著性（双侧）	精确显著性（单侧）
Pearson's χ^2	82.310[a]	1	0.000		
连续校正[b]	81.965	1	0.000		

① 阿青. 教育部发布最新统计数据，在校女大学生数量再次超越男生？[EB/OL]. https: //www. 163. com/dy/article/FFEJDDJD0534HJOK. html[2021-12-10].

续表

统计量	统计值	df	渐进显著性（双侧）	精确显著性（双侧）	精确显著性（单侧）
LR	82.545	1	0.000		
Fisher's 精确检验				0.000	0.000
线性和线性组合	82.303	1	0.000		
有效案例中的 N	11 991				

a. 0 单元格（0.0%）的期望计数少于 5，最小期望计数为 2090.81。

b. 仅对 2×2 表计算。

此外，还可以从学生个体生活情感（积极情感与消极情感）、自我效能、失败恐惧、学术韧性（坚毅）、合作与竞争、读书兴趣、读书方式等维度，以及认知过程、个体书面表达的文本结构等层面就学生性别差异问题进行画像。限于篇幅，不再详细叙述。

作为一个补充性说明，下面就学生的生命意义体悟指数尝试进行主成分分析，以增进对学生生命意义体悟指数的理解。具体的相关矩阵、KMO 值（0.727）和 Bartlett 球形检验、公因子方差、解释的总方差（77.398%）、碎石图、成分矩阵等详见表 8.15—表 8.19、图 8.1，这些表与图说明了学生生命意义体悟指数建构的合理性，文中不再进行具体的解释和阐述。

表 8.15　学生生命意义体悟指数相关矩阵

统计量	变量	是否同意：我的人生有明确的意义或目的?	是否同意：我找到了满意的人生的意义?	是否同意：我清楚意识到是什么让我的人生有意义?
相关系数	是否同意：我的人生有明确的意义或目的?	1.000	0.648	0.627
	是否同意：我找到了满意的人生的意义?	0.648	1.000	0.708
	是否同意：我清楚意识到是什么让我的人生有意义?	0.627	0.708	1.000
p（单侧）	是否同意：我的人生有明确的意义或目的?		0.000	0.000
	是否同意：我找到了满意的人生的意义?	0.000		0.000
	是否同意：我清楚意识到是什么让我的人生有意义?	0.000	0.000	

表 8.16   学生生命意义体悟指数 KMO 度量和 Bartlett 球形检验

取样足够度的 KMO 度量		0.727
Bartlett 球形检验	近似 χ^2	16 035.813
	df	3
	p	0.000

表 8.17   学生生命意义体悟指数公因子方差

变量	初始	提取
是否同意：我的人生有明确的意义或目的？	1.000	0.737
是否同意：我找到了满意的人生的意义？	1.000	0.801
是否同意：我清楚意识到是什么让我的人生有意义？	1.000	0.785

注：提取方法：主成分分析。

表 8.18   学生生命意义体悟指数解释的总方差

成分	初始特征值			提取平方和载入		
	总计	方差百分比/%	累计方差百分比/%	总计	方差百分比/%	累计方差百分比/%
1	2.322	77.398	77.398	2.322	77.398	77.398
2	0.387	12.913	90.310			
3	0.291	9.690	100.000			

注：提取方法：主成分分析。

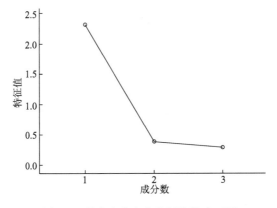

图 8.1   学生生命意义体悟指数碎石图

表 8.19　学生生命意义体悟指数成分矩阵 [a]

变量	成分
	1
是否同意：我的人生有明确的意义或目的？	0.858
是否同意：我找到了满意的人生的意义？	0.895
是否同意：我清楚意识到是什么让我的人生有意义？	0.886

注：提取方法：主成分分析。
a. 已提取 1 个成分。

四、对待学生性别差异的应有态度

（一）研究结论

在生命意义体悟（感知）上，男女生存在性别差异，其中男生体悟更为深刻或者说更为积极。就"是否同意：我找到了满意的人生的意义？"问题而言，男生在"非常不同意"和"非常同意"的选择上比例都高于女生。

在生活满意度上，男女生存在性别差异；在对生活非常满意（水平 9—10）的感受上，男生比例比女生高（27.6%对 23.0%）；在对生活"最为满意"（满意度为 10）和"最不满意"（满意度为 0）的两组数据中，男生的比例都比女生高（14.7%对 9.1%；2.6%对 1.9%），表明男生比女生持有更极端或者说更坚定的生活满意度感受。

在成长型思维表现上，男女生存在性别差异，相对于女生，男生更认可或者认同自己的智力是可以大幅改变的观点（男生 2.35±0.949 对女生 2.46±0.843），而且男生比女生持有更极端或者说更坚定的认识。

在未来受教育期望上，男女生存在性别差异，其中女生比男生更期望在未来能接受本科及以上（硕士、博士）教育（67.7%对 59.8%）。

总体上，男女生在生命意义体悟（感知）、生活满意度感受、成长型思维认同、未来受教育期望等方面都表现出性别差异，在生命意义体悟（感知）、生活满意度感受、成长型思维认同等维度的题目利克特量表的两个极端水平（非常同意与非常不同意等）上，男生占有更大比例，说明男生在一些特征的数量分布上分布范围更广，亦即表现最优秀和表现最不佳的两部分群体更多集中于男生——

男生"两头多现象",女生的表现则相对集中一些。

(二)相关建议

上述结论因研究样本的地域限定(PISA 2018 中国四省市)及年龄限定(15岁),在研究结论推广上需要持谨慎态度。但是,无论研究的生态效度如何,上述研究都为我们如何看待学生的性别差异以及如何对待学生性别差异进而实现教育性别平等带来了诸多启示。

1. 正确认识男女生的性别差异,克服男女生性别角色的刻板印象

男生和女生在生理和心理诸多方面都表现出极大的差异,而且这一性别差异随着年龄的变化而变化。例如,在智力结构上,男女具有各自的优势领域;在智力发展速度和水平上,男性与女性有不同表现;在学习动机的发展上,男性与女性的动机类型及发展水平也有不同;在思维擅长类型、学习兴趣、职业向往、整体与部分关系的把握以及提问行为、优势领域[①]等方面,都存在男女性别差异。基于 PISA 2018 调查数据的上述分析——生命意义体悟、生活满意度、成长型思维、未来受教育期望——再次证明了男女性别差异现象。对教育工作者而言,如何看待男女生性别差异,如何使男女生在自己擅长的领域发挥特长,在自己不擅长的领域从容应对,对学生全面健康发展有着重要意义。这也是教育工作者正确认识学生性别差异的意义所在。

在正确认识学生性别差异的过程中,克服性别角色的刻板印象至关重要。关于性别平等及性别差异的争论总是与人们对性别角色的理解有着不可分的联系。例如,一个比较普遍的刻板印象是,女性不适合从事理工科类的工作——这些领域通常是薪酬最高的职业之一,目前在科学和数学领域表现最好的女性人数不足似乎也在证明科学、技术、工程和数学(STEM)领域持续存在着的性别差距,但是,在 OECD 许多国家,与以往 PISA 测评男孩表现通常优于女孩[②]的情况不同,女孩的科学素养平均成绩已经开始超过男孩,说明与性别相关的成就差异似

---

① 刘蕴坤,陶沙. 数学成就的性别差异[J]. 心理科学进展, 2012, 20(12): 1980-1990.
② OECD. PISA 2015 Results(Vol. I): Excellence and Equity in Education[M]. Paris: OECD Publishing, 2016: 78.

乎既不是天生的，也不是不可避免的。①人工智能时代或将进一步打破这一刻板印象（人工智能为女性提供发展机遇的同时也带来挑战）。②从这一层意义上说，我们既需要承认男女生之间的性别差异，又需要用动态发展的视角看待男女生性别差异，相信所有人（无论其性别）都能自由发展个人的才能，自由做出个人的选择，而不受刻板印象以及固化的性别规范和偏见的限制。

2. 养成对学生性别差异的教育敏感，实现基于学生性别差异的教育性别平等

学生性别差异深受学生个体教育经历的影响，因此，教育者要养成对学生性别差异的教育敏感。学生性别差异不仅是教育的重要影响源，同时也是教育以及整个社会形塑的结果——男女两性个体会依照自己的性别逐渐将外在的社会标准内化为自己的行为准则，使他们获得与性别相适应的心理特征和行为模式（情绪情感、兴趣爱好、社会认知等）。学生性别差异不仅是自然层面的，更是社会层面的，这种社会层面的性别差异要求教师必须具备学生性别平等意识③，熟悉不同性别学生的身心发展特点，了解不同性别学生的学习方式差别。例如，男女生对成长型思维的认同是不一样的，对未来的教育期望也是不一样的，使得他们在面对老师提问时反应也就不一样（男生通常会感到紧张，不愿意回答课堂提问，课堂参与度不高，而女生表现得会相对轻松自然，积极参与教学活动，配合老师的提问等）。明确男女生的这一性别差异，养成对男女生性别差异的教育敏感，也就不难理解实践中的男女生的不同表现。

养成对学生性别差异的教育敏感，其根本目的还是为了实现基于学生性别差异的教育性别平等。性别平等不是指不同性别趋于相同，而是意味着男性、女性人群在人格、尊严和价值上的平等，在各方面都有平等的权利、机会和责任，也意味着不同性别人群的行为、倾向和需求都能得到同等的考虑、重视和支持，有

---

① OECD. PISA 2018 Results（Vol. II）: Where All Students Can Succeed[M]. Paris: OECD Publishing, 2019: 142.

② 刘天红. 人工智能时代更偏爱女性吗[N/OL]. 中国妇女报, 2017-09-20. http://www.cssn.cn/shx/201709/t20170920_3646324.shtml[2021-09-20].

③ 刘天红. 在教育全过程中实现赋权和性别平等——联合国教科文组织发布《在教育全过程推进性别平等战略（2019-2025）》[N/OL]. 中国妇女报, 2019-08-27. https://www.women.org.cn/art/2019/8/27/art_25_162760.html, 2019-08-27/2021-10-19.

相同的机会获取和支配社会、经济和政治资源。[①]教育性别平等是各层次、各类型教育实践中的一个普遍问题，例如：教育中的男孩危机问题是一个真的问题吗？它表现在哪些方面？问题的原因何在？又何以解决这一问题？随着社会发展的加速，男孩危机问题又有着怎样的变化？与年轻女孩相比，一部分年轻男孩更少参与学校活动、技能低下、学业成绩不佳，他们也更有可能提前离开学校，通常没有资格接受更好的教育[②]，在上述未来受教育期望的分析中也窥见出端倪。根据前文 PISA 2018 数据分析可以看出，男孩有男孩的优势与问题，女孩也有女孩的优势与问题，可以说女孩与男孩在智力上没有多大差别，但是在学习动机上则需要注意（如男孩在学业成就水平上的分布更为宽泛，最优秀与最不佳学生占比都要比女孩高）。因此，要实现基于性别差异的教育性别平等，必须充分发挥男女学生的各自性别优势，同时克服男女学生的各自性别短板，帮助学生实现有个性有特色的全面发展。特别是，我们更应该鼓励女生在追求最卓越人生道路上不要为自己设限，勇于去做自己，因为女性不是天生处于相对弱者或者依附的地位。在女性享有与男性同等受教育权利的今天，她们的潜能才有可能被真正激发出来，男性与女性之间的平等才成为可能，而这种真正的平等来自女性内在的自信、经济的独立以及女性对自身意识的根本改变，这是女性走向解放的唯一道路。[③]即便在成人以后，在为人妇、为人母的角色中需要付出更多的心血，作为自信的妻子或母亲，也会从中获得不一样的享受、快乐和成就感。一个女人只有积极投入到对自然、对孩子、对自我、对生活等充满好奇的探究中去，不断自我成长、自我丰富，才不会在终其一生时感叹自己为他人而活。

3. 积极开展基于性别差异的教育研究，总结教育性别平等的本土经验

积极开展基于学生性别差异的教育研究[④]，不仅是教育性别平等理论发展的需要，更是教育性别平等实践的迫切要求。在关于性别问题的研究中，研究者就性别差异提出如下问题：你的性别是男还是女？你是男人还是女人？你是男性化

---

① UN Women Training Center. Gender equality glossary[EB/OL]. https://trainingcentre.unwomen.org/mod/glossary/view.php?id=36&mode=letter&hook=G&sortkey=&sortorder=asc, 2021-10-19/2021-10-19.

② OECD. The ABC of Gender Equality in Education: Aptitude, Behaviour, Confidence[M]. Paris: OECD Publishing, 2015: 20.

③ 西蒙娜·德·波伏瓦. 第二性（Ⅱ）[M]. 郑克鲁译. 上海: 上海译文出版社, 2011: 543.

④ 王雪峰, 高畅. 赋予教育研究以性别意识[J]. 北京: 清华大学教育研究, 2005, 26（4）: 60-64.

的还是女性化的？三个看似差不多的问题，其答案可能完全不是一回事。[①]前两个问题不难回答，而第三个问题回答起来并不容易，每一个个体可能同时都具有男性化特征和女性化特征，或者说拥有不同量的"雄性"及"雌性"特质，一些人可能表现得更加极端化——要么男性化要么女性化，另一些人则可能介于两个极端之间——既有男性化特征也有女性化特征，这属于心理学性别问题。由此可见积极开展基于性别差异的教育研究的必要性。

积极开展基于学生性别差异的教育研究，更需要聚焦于中国教育中的学生性别差异问题，总结本土教育性别平等的实践经验。例如，中国的女童教育问题，男孩教育问题（男孩女性化），男孩危机下优秀女生成为标靶问题[②]，单一性别学校（女子中学、男子中学等）问题，特别是在教育的微观层面，亦即发生在学校和课堂中的基于性别差异的教育问题、总体生活满意度较低学生群体（前文中学生总体生活满意度水平为 0—4 的群体，占比 18.3%）的教育问题等，是我们亟须关注的一些基本问题（重点问题）。为此，研究者需要应用现代科学技术发展产生的最新研究手段和方法，例如利用功能性磁共振成像（functional magnetic resonance imaging，fMRI）技术、人工智能设备等，对学校和课堂中真实发生的男女生学习活动开展性别差异教育实证研究，以总结本土教育性别平等的原创经验。当然，要想解决教育系统中的性别差异教育问题，真正实现教育性别平等，仅仅依靠学校教育系统自身的努力是难以完成的，它需要全社会的共同参与和支持。

---

① 罗杰·霍克. 改变心理学的 40 项研究(第 7 版)[M]. 白学军, 等译. 北京: 人民邮电出版社, 2020: 230.
② 章立明. 性别与发展[M]. 北京: 知识产权出版社, 2016: 178.

学生发展问题研究未来
何以可为

　　学生发展水平是教育质量水平的集中反映，也是国家核心竞争力的重要方面。未来学生发展问题研究不仅需要我们带着对学生发展的积极期盼和由衷热爱，更需要我们从学生发展的各种相关理论视角切入问题和研究方法论的应用自觉，养成对学生发展问题研究的学术敏感，从而进一步丰富学生发展问题的研究成果，提升学生发展问题研究成果的原创性品质。学生发展问题研究当然不能仅仅停留在书斋里、纸本上和话语中，还需要扩大学生发展问题研究成果的实践影响力和社会影响力，最终落实到促进学生核心素养发展的教育实践行动上来。这是学生发展问题研究的生命力所在，也是学生发展问题研究的未来着力点。

学生发展是人才培养的落脚点。学生发展状况不仅是一个地区、学校，以及家庭、个体（自我）教育质量水平的集中反映，也是构成国家核心竞争力的一个重要维度。在全社会都特别重视人才培养质量的背景下，学生发展问题研究显得尤为重要。学生发展问题研究当然不是为了纯粹的学术建构，育人实践更需要学生发展问题研究成果的理论指导。为此，我们需要在充分认识学生发展领域已有相关理论的基础上，进一步增强学生发展问题的研究意识，充实学生发展问题的原创性研究成果，扩大学生发展问题研究成果的实践影响力和社会影响力。这也是今后学生发展问题研究需要人们凝思聚力之所在。

一、增强学生发展问题的原创性研究意识

增强学生发展问题的原创性研究意识，在某种程度上说就是要对学生发展基本问题及核心问题等具有学术敏感性，亦即对于学生发展基本问题及核心问题等具有清晰意识。那么，何以增强学生发展基本问题及核心问题等的研究意识呢？这里不仅涉及研究者（同时也是教育工作者）对于学生发展问题的研究情感、态度以及意愿等问题，也涉及各种学生发展相关理论的不同视角切入问题，更涉及研究者（同时也是教育工作者）对于学生发展问题的不同研究方法论的自觉及应用。

（一）增强学生发展问题研究意识意味着对学生要有更多的关爱和关心

关爱和关心他人，以及被他人关爱和关心，是人类最基本的需要。我们每个人都需要关爱和关心他人，也需要被他人关爱和关心。在人生的每一个发展阶段，我们也都需要被他人关爱和关心，需要被理解、被接受、被认可。没有这种关爱和关心，我们就无法生存下去，也无法成为一个完整的人。我们每一个人也都需要关爱和关心他人。[①]作为成人社会的代表，教育工作者（包括教育研究者）更需要给予学生更多的关爱和关心，这不仅是教育工作者必须具备的美德元素，更是教育工作者与学生之间需要建立的一种关系性存在，是增强学生发展问

---

① 内尔·诺丁斯. 学会关心——教育的另一种模式[M]. 于天龙译. 北京: 教育科学出版社, 2003: 1.

题研究意识的必要前提。

增强学生发展问题研究意识，给予学生更多的关爱和关心，要求教育工作者必须营造关爱和关心性的人际关系，让学生在富有关爱和关心性特点的人际关系和文化氛围中学习，也要求教育工作者必须组织学生在践履关爱和关心中学会关爱与关心，即以学生亲历践履为重点开展知、情、意、行的整合性学习。只有在这样的学习氛围和学生的亲历践履中，学生才能感受到教育者给予的关爱和关心，并且给予积极的关爱和关心性的教育回应，也只有在这样的学习氛围和学生亲历践履中，教育工作者才能真正感受到学生发展的真实欲求以及学生发展的核心问题所在，逐渐形成学生发展基本问题及核心问题的研究意识。

增强学生发展问题研究意识，给予学生更多的关爱和关心，不仅对教师（教育工作者）的关爱和关心美德及关系建构、关爱和关心能力以及教育研究能力提出了更高要求，同时也提出了如何发展学生的关爱和关心品格，以及积极互赖的关系建构、关爱和关心能力培育的教育任务。特别是在我们已经迈入 21 世纪的今天，在促进孩子智力和道德发展的同时，我们必须将人类关系——关怀性关系——放在首位[①]，帮助学生学会关爱和关心，以及学会被关爱和关心，从关爱和关心自我走向关爱和关心身边的人，进而走向关爱和关心陌生者和远离自己的人，关爱和关心植物、动物至整个地球，以及人类创造的物质世界和人类知识。这也恰恰是学生发展问题研究需要关注的一个重要主题及问题域。

（二）增强学生发展问题研究意识意味着对学生要有更多的理论观察视角

一般而言，研究问题的选择总会涉及与研究问题相关的已有理论（已知的知识），至少是涉及与研究问题相关的已有研究成果。无论是研究者研究问题意识的生成过程，还是研究者的研究问题清晰化过程，都与人们已有的相关理论有着紧密的联系。这一点并不奇怪，因为"问题"固然表示我们对自然界及人类社会实践等的无知、不知，但是它同时也是一种知识，是关于人们不知的知识，而且正是它凝聚着许多已知的知识（已有理论），人们正是从这些已知知识（已有理

---

① 内尔·诺丁斯. 培养有道德的人: 从品格教育到关怀伦理[M]. 汪菊译. 北京: 教育科学出版社, 2017: 43.

论）的边界去开拓未知的领域，去透视未知的世界，也正是在这里人们形成了无数有待研究的问题。[1]我们已知的东西愈多，则我们遇到的未知的东西也就愈多，我们窥视未知世界的窗口和进攻未知世界的前哨也就可能愈多。从这一层意义上说，增强学生发展问题研究意识，与用更多的相关理论观察视角来透视学生发展问题是分不开的。

增强学生发展问题的研究意识，意味着对学生要有更多的理论观察视角，还可以从社会学家华莱士于 1971 年提出的社会研究逻辑模型——科学环——的分析中来进一步理解（"科学环"示意图略，读者可以参考相关书籍）。在"科学环"这一研究模型中，华莱士用方框表示 5 个知识部分，即理论，假设，经验观察，经验概括，被检验过的假设；用椭圆表示研究各个阶段中使用的 6 套方法，即逻辑演绎方法，操作化方法，测量和分析方法，检验假设的方法，逻辑推论的方法，建立概念、命题和理论的方法等。[2]各个知识部分通过应用各种方法转换为其他形式。这一模型的优点是没有终点，也没有始点，表明研究工作是一个周而复始的不断循环的过程，同时也表明理论建构是一个对已有理论不断验证，或者修正和否定以及新的理论不断生成和迭代的过程。当然，任何研究都是从提出问题开始的，而问题或者来自对已有理论解释力的不满意，或者源于渗透着已有理论的观察数据的归纳与总结，无论是哪一种研究问题的生成，都与更多的理论观察视角有关系。

增强学生发展问题研究意识，意味着对学生要有更多的理论观察视角，在实际开展研究中有着非常丰富的选择空间。人们通常认为，学生发展问题与发展心理学有着最直接的联系，因为发展心理学在横向上关注学生的生理发展、认知发展、语言发展、个性和情绪发展、社会性发展、动机发展、发展情境等具体主题[3]，而在纵向上则包括胎儿期、婴儿期（出生后的头两年）、学步期（2—3岁）、学前期（4—6岁）、儿童中期（6—12岁）、青少年早期（12—18岁）等儿童发展的各个阶段。这确实有其合理性及系统性。但是，学生发展问题研究需要超越发展心理学的单一理论视角，教育学视角、社会学视角、人类学视角、

---

① 林定夷. 科学哲学: 以问题为导向的科学方法论导论[M]. 广州: 中山大学出版社, 2009: 320.

② 袁方. 社会研究方法教程[M]. 北京: 北京大学出版社, 1997: 92-93.

③ 特里萨·M. 麦克德维特, 珍妮·埃利斯·奥姆罗德. 儿童发展与教育[M]. 李琪, 闻莉, 罗良, 等译. 北京: 教育科学出版社, 2007: 6-7.

文化学视角、伦理学视角、法学视角、历史学视角等，都是学生发展问题研究可资借鉴的理论资源。随着科学技术的不断发展，教育技术学视角、学习科学视角、神经科学视角、人工智能视角等，也将为学生发展问题研究提供新的方向。

（三）增强学生发展问题研究意识意味着对学生发展问题要有更多的方法论自觉

从理论上说，研究方法要与研究问题相匹配，研究问题决定了研究方法。相对于已经确定了的研究问题，研究方法的确处于次要的、被选择的位置。但是，在确定究竟要研究什么样的问题上，研究方法有时候能够发挥非常重要的甚至是决定性的作用。对于不同的研究者而言，其擅长的研究方法是不一样的，其擅长的研究方法又使研究者更愿意选择他能够驾取的研究问题，从这一层面来说，倒是研究者的研究方法（研究者的研究方法工具库及其驾取能力）在某种程度上决定了他究竟选择什么样的问题来开展研究。因此，增强学生发展问题研究意识，意味着研究者对于学生发展问题要有更多的研究方法论自觉。

增强学生发展问题研究意识，意味着对学生发展问题要有更多的研究方法论自觉，因此要求人们对研究方法必须有一个总体的认识。研究自然涉及数据的收集及解释，获取研究事实（研究资料）成为研究开展的基本手段和必要条件。为此，访谈法、问卷法（包括测验法、日记研究等）、临床法（研究者根据研究参与者对前一个问题的反应相应地提出接下来一个问题的访谈方法）等自我报告法，都是调查者提出问题让研究参与者回答。研究者通常更喜欢直接观察人们的行为，而不是对研究的参与者提问。观察法因观察环境等因素不同还可以细分为自然观察法与结构观察法，以及时间取样和事件取样等。这些研究方法都可以应用于个案研究以及人种志研究，以了解个体生活中的历史事件对于人的发展的影响，或者是了解某一个亚文化群体的独特价值观、文化传统对于人的发展的影响。为了进行假设的检验（不仅仅是事实的简单描述），人们应用较多的则是相关研究、实验研究以及跨文化设计。相关研究一般不做任何人为的建构或者操纵，而是把研究参与者看作是被自然的生活所操纵，试图弄清楚人们生活经历中的一些变化是否与他们的行为或发展模式的差异性有关系。与相关研究不同，实验研究设计则是试图严格地评估两个变量之间可能存在的因果关系，其严格水准、生态效度等会因为具体选用实验室实验、现场实验和自然实验的设计类型而有所不同。①跨文化（不仅包括空间跨度上的，也包括时间流变上的）研究则是探寻来自不同文化和亚文化背景的研究参与者，在某一研究问题上的观点、看法、感受、表现、价值取向等是否具有跨文化的普遍性，以及在什么程度上研究参与者受到其所在具体文化的影响等。

增强学生发展问题研究意识，意味着对学生发展问题要有更多的方法论自觉，因此也要求人们对研究方法的最新发展有所了解与把握。相对于传统的相关研究、调查研究、实验研究、跨文化研究等研究方法，横断研究、追踪研究、序列研究等发展研究设计，能够帮助我们在历时性的维度上搞清楚在人的发展过程中其情感、能力和行为是如何不断变化的。横断研究设计是在同一时间点上研究不同年龄阶段的研究参与者在发展的某些方面是否存在年龄的差异；追踪研究设计则是在某一时间段内对同一群研究参与者进行反复观察；序列研究设计则是将横断研究设计与追踪研究设计结合起来的混合研究设计。此外，微观发生设计则有助于人们探索促进发展变化的具体过程，一些现代技术例如脑电技术等，则有助于人们从生理心理层面来研究学生发展问题。当然，在对学生发展问题有更多的方法论自觉的过程中，我们更需要从教育（教育学）的视角思考，亦即思考对于学生发展教育者需要做什么，又能够做什么。这是学生发展问题研究的教育者初心，也是学生发展问题研究转化为理想教育实践的必由之路。

二、丰富学生发展问题的原创性研究成果

总体上说，学生发展问题研究的原创性成果是比较丰富的，但是，站在时代进步、社会发展和学生发展的视角来看，我们还需要进一步丰富学生发展问题的原创性研究成果，提升学生发展问题研究成果的原创性品质。为此，不仅需要在学生发展问题研究的广度上扩大研究范围和拓宽研究视野，以及在研究的深度上进行更深入更细致的思考，更需要在研究方法上有所突破、有所创造和不断超越。

---

① David R. Shaffer, Katherine Kipp. 发展心理学(第八版)[M]. 邹泓, 等译. 北京: 中国轻工业出版社, 2011: 20-21.

（一）丰富学生发展问题原创性研究成果需要拓展学生发展问题研究的领域

丰富学生发展问题研究成果，与拓展学生发展问题研究的领域直接相关。可以想见，当研究的问题领域被扩大以后，相应研究成果的数量也将会变得丰富起来。OECD 的 PISA 最初只是关注学生的阅读素养、数学素养和科学素养等发展状况，随后逐渐将学生的财经素养、合作解决问题能力、全球胜任力等内容纳入评价范围，丰富了人们对学生发展问题的认识。

随着人类社会的不断发展，财经问题已经深深地渗透到了人们的日常生活之中，金融风险对人们生活的影响也越来越大。在这一背景下，加强学生的财经教育，提高学生的财经素养，让学生的未来人生财富之路走得既轻松又安全，已经成为教育改革的时代话题。PISA 于 2012 年首次引入财经素养测试，旨在了解各国财经教育的实施情况。[①]在教育实践中，加强学生的财经教育，提高学生的财经素养，培养学生对经济金融的兴趣，对于让学生将金融行业作为未来的职业生涯选择，也具有特别重要的意义。

相较于学生财经素养的评估研究，学生合作解决问题能力及其评估研究更具有普遍意义。PISA 在 2015 年将学生"合作解决问题能力"定义为个体有效地参与由两名或两名以上的成员组成的团队，通过共享理解与达成共识，付出努力寻找解决方案，汇集团队成员的知识、技能和行动以实施问题解决方案，最终解决问题的能力。[②]事实上，学生合作解决问题能力涉及"问题""问题解决""问题解决能力""合作解决问题能力"等诸多概念和层次，还涉及"学生学科问题解决能力""学生合作解决问题能力"的表现特征与影响因素，以及"基于纸笔"和"基于计算机"、"静态问题解决的评估方式"与"互动问题解决的评估方式"、"人机交互"或"人人交互"等学生"合作解决问题能力"评估的具体技术问题。该研究领域的拓展不仅大大丰富了学生发展问题的研究成果，也促进了合作解决问题教学的开展。

随着互联网科技的飞速发展和全球化的持续推进，不同国家、种族之间的跨文化交往日益增加，学生们正处于"被国际化"的历史进程之中。在这一复杂的

---

① 杨玉东, 陆璟. PISA 2012 测试新领域"财经素养"的动向和启示[J]. 上海教育科研, 2012(10): 40-43.
② 李新. PISA 视域下的合作解决问题能力: 内涵、测评及反思[J]. 世界教育信息, 2018, 31(5): 61-67.

综合环境下，PISA 发布了 2018 年全球胜任力框架，首次将"全球胜任力"概念引入国际测评项目。全球胜任力是指学生"从多个角度批判地分析全球议题及跨文化议题的能力；理解差异如何影响观念、判断以及对自我和他人的认知能力；在尊重人类尊严的基础上，与不同背景的人进行开放、适宜、有效互动的能力"[①]，具体包括知识、价值观、态度、技能等四个维度。"全球胜任力"的提出具有明确的实际指向，具备全球胜任力的个人能够将知识与理解力、技能、态度和价值观结合在一起，在与他人的合作过程中解决全球性问题，提高人类的集体福祉。

PISA 测评一直都紧跟社会发展的脚步，在关注学生阅读素养、数学素养、科学素养的基础上，渐次将财经素养、合作解决问题能力、全球胜任力等纳入了评估范围，并将目光聚焦于学生的创造性思维，颁布了《PISA 2021 创造性思维框架草案（第三版）》，为学生的创造性思维测试提供了依据和框架。创造性思维是人类文化发展的重要推动力，也是学生适应未来社会发展需要不被机器替代的重要能力。PISA 2021 从产生多样化创意、产生创造性创意、评价和改进创意等三个方面界定创造性思维的核心能力，从书面表达、视觉表达、社会问题解决、科学问题解决等四个领域进行评价工具开发，为创造性思维的概念内涵界定、评价方式选择、培养发展措施等带来了诸多启示。[②]这些评估及其相关研究成果大大拓展了人们对学生发展的认识与理解。

（二）丰富学生发展问题原创性研究成果需要挖掘学生发展问题研究的深度

丰富学生发展问题原创性研究成果，不仅需要拓展学生发展问题的研究领域，更需要挖掘学生发展问题的研究深度，在纵向层面深化人们对学生发展问题的原创性认识。

丰富学生发展问题原创性研究成果，挖掘学生发展问题的研究深度，必须学会透过现象看到问题的本质。只看到事情的表象并在此基础上解决问题是无济于事的，只有看到事物的本质才能从根本上解决问题，否则只是治标不治本，对于问题解决没有实质用处，这样反而会浪费人们的时间和精力。那么，什么是本

---

① 徐星. OECD 宣布：PISA2018 或增加"全球胜任力"评估[J]. 上海教育, 2016(29): 22-23.
② 李川. PISA 2021 创造性思维的评价内容及其启示[J]. 比较教育学报, 2020(3): 74-90.

质？一般而言，本质是指事物的根本属性、问题的发生根源，以及现象背后的底层逻辑。透过现象看本质，意味着人们就是要看透事物的根本属性、问题的发生根源，以及现象背后的底层逻辑。在寻找事物根本属性亦即给事物下定义时，人们通常先会在头脑中给出一个答案，然后借助于"否定再否定思考法"找到事物的根本属性。例如，在 VUCA 时代［VUCA 是 volatility（易变性）、uncertainty（不确定性）、complexity（复杂性）、ambiguity（模糊性）的缩写］以及不确定的人生里，如何使学生成为一个有勇气的人？为了回答这一问题，就需要首先回答"勇气"这一核心概念。①勇气是不害怕，这是人们最容易想到的答案。这一定义并不严格，因为当人们对自己面对的危险一无所知时当然不会觉得害怕，这时根本谈不上勇气，只是无知无畏。于是，关于勇气的概念可以修改为：它是个体在充分知晓风险、不确定性与困难后，在担忧与恐惧的影响之下依然不惧地做出选择与行动。然而，这依然不够严谨。真正的勇气是在充分知晓风险、不确定性与困难后，拥有清醒的头脑与理性，并在担忧与恐惧的影响之下依然不惧地做出选择与行动，它绝不是"匹夫之勇"或者"愚盲之勇"。事实上，勇气既有理性的一面，也有超越理性的一面，爱，还有责任，以及远方，能够指引人们超越理性获得勇气，人生中的一些重大选择，源于我们对命运的感受，而不是或者说不仅仅是对知识的了解。

丰富学生发展问题原创性研究成果，挖掘学生发展问题的研究深度，必须学会用正确的价值观引导思考。正确的价值观如黑夜中的启明星，给人们指明思考的方向。特别是在信息技术高速发展的网络时代，各种观点纷繁复杂，传播途径多种多样，只有正确的价值观引导输出正面、积极、向上的内容，才会经得住时间的考验。为了实现用正确价值观引导人们思考，我们既需要以局外人的视角分析和研究问题，考虑不同的观点与可能，做到思考的客观与公正，也需要从局内人的视角出发，设身处地为当事人着想，分析和解决问题。有时候，我们还需要转到问题的背后，找到问题背后的问题所在，探寻问题之所以成为问题的根源。例如，在关注学生发展问题的研究中，对学生心声问题就需要给予特别的关注。虽然说学生的心声不属于学生发展的某一直接维度的内容，但是，它反映了学生

① 艾菲. 如何让你的思考层层深入？［EB/OL］. http://finance.sina.com.cn/money/smjj/smdt/2021-12-15/doc-ikyakumx4351224.shtml［2022-03-19］.

发展的主动性和权利——学生如何主动地参与为自己创造学习机会的过程，以及提升课堂活动和学校活动质量的过程，也反映了成人世界对于学生的看法、意见和愿望以及学生塑造自己生命力量的尊重。[①]与认真倾听学生的心声相反，亦即如果无视学生的心声，为他们规定我们自己认为是最好的学习时，我们实际上是在鼓励他们的依赖性，而不是促进他们的自主能力、能动性与归属感，因此，也就看不到学生的真正发展。

丰富学生发展问题原创性研究成果，挖掘学生发展问题的研究深度，必须学会基于一定的思维框架进行审慎思考。在这里，思维框架实际上是指人们的一种思维习惯。当你面对一个问题时，一个好的思维框架能够帮助你找到一个好的切入点。一个经典的思维框架是：是什么，为什么，怎么做，如果……还能怎样。5W1H（why、what、when、where、who、how，亦即为什么有必要做、应该做些什么、应该什么时候做、应该在什么地方做、应该由谁做、应该怎么做等）、PEST［political factors、economic factors、social and cultural factors、technological factors，PEST 分析是企事业单位高级管理层具备的相关能力及素养，2010 年后增加了教育（education）因素与人口统计（demographics）因素］、SWOT（strengths、weaknesses、opportunities、threats，亦即优势、劣势、机会、威胁）等一些常见的思维分析框架，也能帮助人们更深入地、更全面地、从不同角度和不同层面进行审慎思考。审慎思考（思维）是缓慢的，需要投入努力和专注力，才能得出问题的答案。例如，识别来自不同方向的声音或者事物，仅靠我们的直觉思维就能快速识别。然而，如果想要快速学会骑车或者开车上路，我们必须得花上一段时间去学习和理解，并思考其中的缘由，才有可能明白其中的道理。在《思考，快与慢》一书中，作者丹尼尔·卡尼曼把它们分别命名为系统 1 和系统2。系统 1 是勤快积极的，很多时候都是它在帮我们的大脑考虑问题和做出决定，然而，它是不周全的、片面的、不够仔细的。如果仅仅（注意是"仅仅"）只靠它来做决定的话，我们做出的决定可能基本上都是错误的。这个时候，只有依靠系统 2 进行进一步的思考和深入研究，才有可能提出正确的决策方案。[②]也可以这么说，系统 2 所想所做的大多数事情都是由系统 1 引起的，当事情变得困

① 徐慧璇，黄显华，霍秉坤. 现代学习与教学论: 性质、关系和研究(第一卷)[M]. 北京: 人民教育出版社, 2014: 353-354.
② 丹尼尔·卡尼曼. 思考，快与慢[M]. 胡晓姣，李爱民，何梦莹译. 北京: 中信出版社, 2012: 8.

难时，善于在熟悉情境中解决问题的系统 1 变得无能为力，系统 2 便会接手难题，亦即系统 2 被激活，进而解决当前问题。

（三）丰富学生发展问题原创性研究成果需要在研究方法应用上发挥创造性

前文的分析表明，研究者的方法论自觉有助于增强学生发展问题研究意识。事实还不仅如此，研究者的方法论自觉使得研究问题的类型更加多样化，从而使得学生发展问题研究成果更为丰富。

丰富学生发展问题原创性研究成果，需要应用与研究问题相匹配的研究方法，特别是与该研究问题相匹配的一些现代科学技术研究方法与手段。例如，脑科学研究成果将为学生发展问题研究提供最直接的证据，它能够使人们基于脑的可塑性规律及大脑工作机制（学习机制）开展教育教学活动，重视情绪和直觉在学生学习中的作用，最大限度地利用学生学习的机遇期以及发展敏感期，注重环境对于学习的影响，照顾脑发展中的性别差异等。而在脑科学的研究过程中，人们一般使用可以记录大脑活动时的血流变化，或者脑电活动的仪器，例如功能性磁共振成像、脑电图（electroencephalogram，EEG）、脑磁图（magnetoencephalography，MEG）、计算机断层扫描术（computer tomography，CT）、单光子发射计算机断层成像（single-photon emission computerized tomography，SPECT）、正电子发射断层显像（positron emission tomography，PET）等。[①]这些方法和技术，为我们理解脑的读写能力、计算能力、创造能力和专长的获得，以及学生学习和发展等都带来了启发。未来，脑机接口技术将是下一个生命科学和信息技术交叉融合的主战场，代表了一种新兴的、具有建设性同时具有潜在破坏性的技术领域。作为一个系统工程，脑机接口技术包括软硬件多个组件，涉及微电子、神经科学、材料学、机器人、临床医学等多个学科交叉融合、环环相扣。

丰富学生发展问题原创性研究成果，需要应用与研究问题相匹配的研究方法，也包括一些数理统计技术和计算机程序等。例如，在学生发展问题研究过程

---

① David A. Sousa. 心智、脑与教育：教育神经科学对课堂教学的启示[M]. 周加仙, 等译. 上海：华东师范大学出版社, 2013: 21.

中，人们经常会遇到心理与教育测量的问题。相对于经典测量理论（classical test theory，CTT），项目反应理论（item response theory，IRT）因所具有的样本独立性、多重信度评估等优点，可以在很大程度上解决经典测量理论的测验依赖性和样本依赖性问题。其中，Rasch 模型（由丹麦数学家和统计学家 Georg Rasch 提出）是一种基于项目反应理论的潜在特质模型。Rasch 模型认为，个体是否能答对题目，完全由个体能力与题目难度决定，当个体能力大于题目难度时，个体能够答对题目；反之，则不能答对该题目。Rasch 模型可以在同一单维度量尺上对个体能力和题目难度进行标定，能够直观清楚地比较不同个体的能力、各个题目的难度，以及个体能力和题目难度之间的相对关系；Rasch 模型提供的题目难度和个体能力参数不随样本的分布和题目难度分布的变化而变化。Rasch 模型从产生至今已有半个世纪，至今仍保有旺盛的生命力，并处于持续不断的发展之中。

丰富学生发展问题原创性研究成果，需要应用与研究问题相匹配的研究方法，我们也可以从一些学者从事教育研究的研究方法（论）自觉中来进一步体会。例如，在教育哲学研究领域，金生鈜老师不仅著有《理解与教育：走向哲学解释学的教育哲学导论》《德性与教化》《规训与教化》《保卫教育的公共性》《教育与正义——教育正义的哲学想象》等学术专著，更有《教育研究的逻辑》这样一本教育研究方法著作，专门就研究性质、问题意识、观点提出、观点论证、研究常犯的谬误、研究语言的使用等方面对教育研究过程进行分析，帮助研究者在研究中正确地选择研究问题、论证观点，清晰而深刻地呈现研究成果。[①]在教育社会学领域，吴康宁老师出版了《教育社会学》《课堂教学社会学》《教育改革的"中国问题"》等学术专著并发表了大量教育社会学研究论文，其教育研究需要研究真的问题[②]、进行个案研究方法的本质特征辨析等[③]，充分体现了作为教育研究者的研究方法（论）自觉。也正是他们对于研究方法（论）的自觉与熟稔，才使得他们有更多的研究成果产出，从而为教育研究后来者做出了表率，同时也指明了方向。

---

① 金生鈜. 教育研究的逻辑[M]. 北京: 教育科学出版社, 2015: 297.

② 吴康宁. 教育研究应研究什么样的"问题"——兼谈"真"问题的判断标准[J]. 教育研究, 2002(11): 8-11.

③ 吴康宁. 个案究竟是什么——兼谈个案研究不能承受之重[J]. 教育研究, 2020, 41(11): 4-10.

三、扩大学生发展问题研究成果的实践影响力

教育研究成果要转化为现实的教育生产力，宣传与普及工作极为重要。扩大学生发展问题研究成果的实践影响力，在一定程度上就是要求我们做更多的教育科学知识以及心理科学知识的宣传教育与普及工作，这是教育理论回归教育实践的必然要求，也是教育理论彰显自身生命力的根本所在。从这一层面来说，扩大学生发展问题研究成果的实践影响力，还不仅仅是学生发展问题研究成果的宣传与普及问题，还有实践落地中的一些相关问题研究，并且最终还要落实到促进学生核心素养发展的教育实践行动上来。

（一）扩大学生发展问题研究成果影响力就是要让更多人了解学生发展的内在规律

教育是一门科学，有其自身的规律性，这是毫无疑义的。教育的对象是学生，学生发展也有其内在的规律性。教育要取得真正的效果，必须遵循学生发展的内在规律，按照学生发展的内在规律开展教育教学活动。因此，扩大学生发展问题研究成果的影响力，让教师、教育管理者、学生、家长等更多人了解学生发展的内在规律，便成为教育研究者以及教育实践者必须考虑的问题。

扩大学生发展问题研究成果的影响力，让更多人了解学生发展的内在规律，特别是了解学生发展的总体性分析框架，即学生发展包括哪些具体纬度和发展水平等。在这一问题上，由 OECD 教育与技能司组织动员 28 个国家和地区的 120 多位专家学者精心打造的《为了更好的学习：教育评价的国际新视野》或许能为我们带来一些启示。该研究报告首次清晰明确地将教育评价分为学生测评、教师考核、学校评估、学校领导考核、教育系统评估等五个不同层面，进行有针对性的评价，既突出各自的特点和要点，又努力兼顾相互之间的联系[①]，它不仅为我们建立了具有广泛适用性的教育评价的总体性分析框架，也确立了以学生为中心的评价观，旨在通过教育评价和测量促进教育变革，回应社会各界对教育评价和改进的关注，努力实现优质而公平的教育。在学生发展问题研究成果的宣传教育

---

① 经济合作与发展组织（OECD）. 为了更好的学习：教育评价的国际新视野[M]. 窦卫霖，等译. 上海：上海教育出版社，2019: 6.

上，我们当然也需要类似的总体性分析框架。如果说，学生发展核心素养研究从目标及结果层面为我们提供了这样一个基本分析框架——学生应具备的适应终身发展和社会发展所需要的人文底蕴、科学精神、学会学习、健康生活、责任担当、实践创新等必备品格和关键能力①，那么，学生发展的具体过程以及学生发展的影响因素等学生发展问题研究，还需要人们给予一定的关注，以形成学生发展问题研究成果的总体性框架。

扩大学生发展问题研究成果的影响力，让更多人了解学生发展的内在规律，还需要结合学生发展的实际内容，就学生发展的关键问题形成更为具体而深刻的认识。例如，在脑可塑性及其对教育的影响等问题的研究上，人们就需要更为具体而深刻的认识。脑能够学习就是因为其具有可塑性，而且它是脑的一种固有属性，为人的学习以及终身学习提供了有力的神经科学依据②。具体说来，脑的可塑性是指大脑可以为环境和经验所修饰，在外界环境和经验的作用下，大脑的结构和功能能够发生改变。脑的可塑性具体可以分为结构可塑和功能可塑。脑的结构可塑是指大脑内部的突触、神经元之间的连接可以由于学习和经验的影响建立新的连接，从而影响个体的行为；脑的功能可塑是指通过学习和训练，大脑某一代表区的功能可以由邻近的脑区代替，也表现为脑损伤患者在经过学习、训练后脑功能在一定程度上的恢复。结构可塑与功能可塑也存在着联系。已有实验研究发现，环境中输入大脑的触觉、味觉、听觉、视觉等感觉运动经验，以及语言、乐器演奏、运动等技能的习得，都会在神经系统产生生物性变化；学习与经验不仅可以形成不同的突触连接，增加树突密度，增多树突分枝层次，改变树突棘的形状，而且还可以改变大脑的功能区；经过学习和训练之后，由于作业的自动化程度提高，负责该功能的某个脑区的激活程度将比学习前减弱，可能是由于学习后加工新单词语义的自动化程度提高，大脑皮层活动程度的减弱引起了脑电波幅的下降；不同类型的学习与经验以不同的方式改变大脑的结构，同样是脑的活动，学习与练习对脑产生的影响并不相同……这些研究成果对于我们理解学生的发展，特别是理解学生的知识迁移和问题解决过程并进而开展教育教学活动，具

① 林崇德. 构建中国化的学生发展核心素养[J]. 北京师范大学学报(社会科学版), 2017(1): 66-73. 林崇德.21 世纪学生发展核心素养研究[M]. 北京: 北京师范大学出版社,2016: 100.
② 经济合作与发展组织. 理解脑——新的学习科学的诞生[M]. 周加仙, 等译. 北京: 教育科学出版社,2010: 23.

有重要的启发意义。

（二）扩大学生发展问题研究成果影响力也需要让学生为自身发展负起应有的责任

学生发展是学生的发展，学生不仅是发展的对象，更是自我发展的主体，是发展的第一责任人。因此，扩大学生发展问题研究成果的影响力，也需要让学生了解自身发展的内在规律，明确自己在自身发展中的可能作用，并为自身发展负起自己应有的责任。

扩大学生发展问题研究成果的影响力，让学生为自身发展负起应有的责任，不仅源于内源性发展是学生发展的最佳方式，同时也源于内源性发展为学生的可持续发展提供了保证。根据发展的条件或者说根据发展的动力来源，发展可以大致分为外推式发展与内源式发展两种类型。外推式发展注重从外界引导或推动事物的发展变化，强调为事物的发展变化提供资源和创造条件；内源式发展则强调发展对象的发展改变自觉，注重发展变化的内在条件和自身力量。在事物发展变化的过程中，内源式发展与外推式发展都具有重要的价值，但是，相对于外推式发展，内源式发展因其发展动力源于事物内部，因而更具有发展的后劲和发展的可持续性。例如，如果医院的患者需要换血，外推式发展类似于从外部输血给患者，而内源式发展则如同患者依靠自身的造血机制源源不断地生成新的血液，因而更有助于患者恢复健康。学生的发展更是如此，我们可以想见，一个希望发展和主动发展的人，一定会积极担负起自身发展的责任，积极寻求自身发展的机会与条件，充分利用环境所提供的发展资源和支持力量。也正是源于此，扩大学生发展问题研究成果的影响力，需要让学生了解有关自身发展的科学研究发现（例如大脑的可塑性、反思之于人的发展的重要性等），从而更好地为自身发展负起应有的责任。

扩大学生发展问题研究成果的影响力，让学生为自身发展负起应有的责任，当然不能仅仅停留在学生应该负责的观念中或者口头上，而是需要学生根据身心发展规律，积极投入到自身的发展活动中去。发展不可能被外界所赋予（直接赋予），特别是学生的发展以及学生的可持续发展更不可能被外界所赋予。学生发展必须通过作为发展主体的学生自主、自觉的学习活动才能实现。事实上，我们也可以从对教学活动的分析中来进一步认识学生应对自身发展负责的重要性。从"教"与"学"这两种不同活动的性质与功能来看，"教"是学生"学"的条件性活动，"学"则是教师"教"的目的性活动，条件性活动必须为目的性活动服务，亦即教师的"教"必须服务于学生的"学"，教师设计教学目标、重组和开发课程资源、选择教学组织形式、管理学习过程、激发与调动学习主体性、促进学习过程有效开展、评价学习结果等，必须服务于学生的知识（符号）学习、操作学习、交往学习、反思学习、观察学习、实践学习等。因此，学生更需要对自己的学习活动负起责任，并且积极地投身到各种学习活动中去。

（三）扩大学生发展问题研究成果影响力最终是要让更多人为学生发展积极行动起来

扩大学生发展问题研究成果影响力，并不仅仅是为了让更多人了解学生发展的内在规律，以及让学生为自身发展负起应有的责任，更重要的还是要让更多人为学生发展积极行动起来，把促进学生发展落实到日常的教育教学活动中去。

扩大学生发展问题研究成果影响力，让更多人为学生发展积极行动起来，首先需要在学生发展环境建设上下功夫。有研究表明，一个人的发展受其生活环境影响，这些环境不仅包括学校、工作单位、亲朋好友及其周围的生活环境，还包括所居住的社区、社会舆论、网络媒体等个体所处的更广阔文化境脉。尽管人类具有基本相似的脑的结构和脑的活动过程，也有着相似的家庭关系与发展阶段，但是，学习与发展并不以同样的方式发生在每一个人身上，因为文化影响从生命的开端便渗入到人的发展之中。换言之，每个个体都在时间和空间维度上占据着其独特位置，并在一生当中对一系列的处境、影响和经验做出反应，这些处境、影响和经验塑造了其学习的内容与方式。因此，每一个人都会在生命进程中发展出独一无二的知识序列和认知资源，它们由学习者的文化、社会、认知、生活环境等因素的相互作用所塑造。[①]也正是基于这一认识，人们特别重视学生学习和发展的环境建设，并且强调以学生为中心、对学生学习有意义的、信息丰富的学习环境建设。这里的学习环境不仅仅是指学校的校舍、师资、教学条件、教学手

① 科拉·巴格利·马雷特，等. 人是如何学习的Ⅱ：学习者、境脉与文化[M]. 裴新宁，王美，郑太年主译. 上海：华东师范大学出版社，2021：34.

段、校风、学风等学校学习环境，还包括家庭为学生学习提供的如安静舒适的房间、和睦的家庭关系、能够辅导学生学习的家庭成员等家庭条件，以及影响学生树立正确的人生观、世界观、价值观的社会环境与文化氛围。从学生学习与发展的视角看，学习环境也可分为物理学习环境、资源学习环境、技术学习环境和情感学习环境。从人类学的视角看，学习环境建设还包括"实践共同体"的建设，强调学生在实践共同体中的社会参与，倡导学生努力从边缘走向中心，实现知识的社会建构以及个体身份的改变。

扩大学生发展问题研究成果影响力，让更多人为学生发展积极行动起来，还需要为学生发展提供更多的学习与实践（活动）机会。综合社会文化历史学派、皮亚杰、杜威等人的教育研究以及我国主体性教育研究等成果发现，学生学习与实践，或者说学生自身能动活动是学生发展的内在根据，换言之，学生的素质是在学生的能动活动中形成和发展的。这种观点也可以概括为"活动-发展"观，亦即学生通过活动或经由活动而发展。这一发展过程不是遗传基因的自然生长（内展说），也不是学生在孤立、封闭中的自我修炼（自省说），不是学生对教师传递的知识的直接接受（接受说），更不是外在事物直接向学生身心结构的灌注（外铄说），而是学生在通过能动的相关活动与外界环境（自然、社会与人类文化等）相互作用中实现的。①学生"活动-发展"观特别强调学生的能动活动，重视学生在能动活动中的亲历过程，倡导学生应用诸如符号、操作、观察、实践、反思、交往等多样化的学习活动类型，通过活动实现自身的全面发展。为此，为学生学习与发展赋能，赋予学生自身强大力量，让学生自己掌控学习，拥有学习与发展的选择权，即从学什么、设计与创作什么到学习进度、学习成效评估都由学生掌控，让学生追求自己的激情、兴奋和未来，帮助学生创造自己的学习与发展地图②，而教师作为向导，有助于调动学生的学习积极性，使学生达到深度学习效果，并能成为问题解决者、探索者、系统思考者、自我导向的学习者，能够为未来做好准备。事实上，学生"活动-发展"观与练习（实践、活动）理论具有内在的一致性，因为人是一个终身练习者——把自己视为"练习

① 陈佑清. 对知识学习与学生发展关系的重新审视[J]. 湖北大学学报(哲学社会科学版), 2011, 38(5): 161-165.
② 约翰·斯宾塞, A. J. 朱利安尼. 为学生赋能: 当学生自己掌控学习时, 会发生什么[M]. 王颐, 董洪远译. 北京: 中国青年出版社, 2019: 54.

人"可能是审视我们自身的一种更好的方式,人在一生之中唯有通过不断练习才能掌握自己的命运,从而使人生充满发展的无限可能。[①]也正是在这一层意义上,为学生发展创造更多的学习与实践(活动)机会才显得那么重要。

扩大学生发展问题研究成果影响力,让更多人为学生发展积极行动起来,更需要切实为学生发展提供适时的教育教学支持。相对于学生发展的学习环境建设,以及为学生发展提供更多的学习与实践机会,为学生发展提供适时的发展支持也非常重要。为此,人们需要根据课程与教学目标实现的需要、教学内容的发展功能、学生的学情以及教学的时空条件,统筹规划和设计学生应参与和完成的学习活动;采取多种策略激发、调动学生参与学习活动的兴趣、需要,使学生主动、积极地投入学习活动;采取多种方式支持、帮助或促进学生独立或者合作地经历学习过程,完成学习任务;积极开展学习方法指导、学习动作示范、学习过程反馈、学习效果评价、疑难问题解答等,为学生树立学习榜样。对于促进学生能动、独立地学习而言,学生的学习活动设计、学习动机激发、学习方法指导、学习动作示范、学习过程反馈等支持作用具有特别重要的意义,相对于教师的讲授教学的认知支持,从情感上给予学生学习和发展支持则更为重要。

另外,在为学生学习和发展提供支持的过程中,我们还需要关注学生的个体差异,给予每一个具体学生以适时适需的教学支持。教育中必须关注每一个具体学生个体,弘扬先贤们所倡导的"因材施教"的教育传统和教育智慧。我们每一个人都希望能将自己有价值的阳光的一面展示给别人,并且希望得到肯定或赞许。作为学生,这一愿望更是强烈。学生在考试中期望获得好的成绩,在比赛中期望获得胜利,在演讲中期望获得喝彩,因为成功能给人带来满足和自信,并使人产生一种继续成功的渴望,故而他们会不断努力,不断争取,并在努力的过程中体验到自我的能力与价值。我们应该肯定学生的优势,并根据他们的实际能力帮助他们设置发展目标,千方百计地为他们创设发展机会,为他们提供最需要的适时支持,使他们体会到成功所带来的喜悦,并在这种喜悦之中实现更好的自我发展。

---

① 安德斯·艾利克森,罗伯特·普尔. 刻意练习:如何从新手到大师[M]. 王正林译. 北京: 机械工业出版社,2016: 315.

论教育研究者的问题意识[①]

  问题意识属于意识范畴，是与问题发现相关的心理态势。问题意识产生于个体对于已有认知结构与当前认知任务不平衡状态的自我觉察，它受到个人生活阅历、已有知识基础、发现问题方法、元认知监控能力等诸多因素的影响。提升教育研究者的问题意识，不仅需要理论观照实践和发现问题方法训练，加强认知反省和学术批判，更需要研究者积极关怀教育现实，培养创造型人格特质。

① 何善亮. 论教育研究者的问题意识[J]. 教育理论与实践, 2017(19): 6-10.

问题是学术的源头。一切学术思维活动及其理论成果都以问题为根源。相较于研究问题，问题意识则处于更基础的地位，并在一定程度上成为学者学术生命力的体现。教育研究也特别强调研究者的问题意识。问题意识究竟意味着什么，它有着怎样的产生机理，受到哪些因素的影响，又有怎样的提升可能，这是我们每一位研究者都需要给予特别关注的问题。

一、问题意识的内在意蕴

科学理性的怀疑首先与"问题意识"有关，亦即与人们通常说的你能不能提出问题、从什么角度提出问题、以什么方式提出问题、在什么样的理论背景下提出问题、提出问题的意义是什么等有关。可到底什么是问题意识，目前学界还没有一个明确而规范的说法。

在哲学视域中，问题意识主要包括三层含义：首先，作为质疑与批判精神的问题意识，它体现了人的一种智慧和理性激情；其次，作为关照现实的研究原则，为这种激情的释放指定了方向；最后，作为一种理论建构姿态，凸显了问题为本的学术研究取向。[①]问题意识不是一种知识，而是一种行动的原则或思维取向。这一揭示让我们从"认识何以可能"的视角领略了主体在对世界做哲学式的求索中应有的姿态。

与关注本体论、认识论和方法论的哲学视角不同，心理学视角的问题意识概念则更多描述或揭示了人的认知感受与认知能力维度。首先，问题意识描述了人的问题性思维品质，体现了个体思维的批判性、深刻性、独立性和创造性水平；在心理感受维度上，问题意识描述了个体对认知不平衡状态的觉察，亦即当个体遭遇已有认知结构难以解决问题的不平衡状态时所产生的迷茫、困惑、不知所措、紧张感等心理感受；在认知能力维度上，问题意识是个体对认知活动的监控、调整、评估等元认知能力的表现，也反映出个体的反思能力和提出问题的能力。[②]换言之，问题意识也可以界定为思维的问题性心理品质，并表现为人们遭遇难以解决的实际问题或理论问题时所产生的一种怀疑、困惑、焦虑、探究的心

① 郭宏福. 论哲学研究的问题意识[J]. 新乡学院学报(社会科学版), 2009, 23(3): 30-32.
② 俞国良, 侯瑞鹤. 问题意识、人格特征与教育创新中的创造力培养[J]. 复旦教育论坛, 2003(4): 11-15.

理状态，而这种心理又驱使个体积极思维和不断提出问题及解决问题。[①]当然，问题意识也表现为人对自己周围的各种现象不采取轻信的态度，总是抱着一种怀疑的、思索的、弄清楚问题的积极态度。[②]

从语词的视角看，"问题意识"是由"问题"与"意识"组合而成的概念。"问题"本身是一个多义词，它与矛盾、疑问、疑难、困难、困惑、张力、目标、给定和障碍等诸多概念关系密切。作为一个重要的认识论概念和基本的方法论范畴，它与认识与实践、主体与客体、对象与方法等认识论范畴有着密切关系，它把理论和经验、思维和观察联结起来，而且把发现、评价、发明和选择、建构等认识活动联系起来。《现代汉语词典》对"问题"概念就有四种解释：一是要求回答或解释的题目；二是须要研究、讨论并加以解决的矛盾、疑难；三是关键、重要之点；四是事故或麻烦。[③]本文中的问题是指上述第二种含义。与"问题"概念类似，"意识"概念也包含多种理解。"意识"首先是一种哲学范畴，意指与物质既对立又统一的精神现象；"意识"也是人类心理活动的最高形式，是人对客观现实世界的能动反映，通常要借助于语言的帮助；意识还是人对外部世界以及自身心理、生理活动等的觉察和感知。[④]在马克思主义经典著作中，"意识"一词也有两种用法：一是当名词用，即指与物质相对立的活动的结果，如知识、思想、观念等；一是当动词用，即指"意识到"的活动，亦即认识活动。[⑤]作为与"物质"相对的认识活动的结果，"意识"研究主要关注意识与存在的关系问题，这主要是哲学研究的任务；而作为人的认识活动，亦即"意识到"的活动，"意识"研究则更关注个体意识的实质、发生和发展、结构和功能等问题。换言之，意识意味着（个体的）主观体验（"体验"可以看作是动词）或可感知的体验（"体验"可以看作是名词），以及体验中无法言传的主观特质[⑥]，它是个体内在的、定性的、主观的状态。之所以说意识状态是定性的，是因为对于任何意识状态而言，都存在着某种从性质上看感觉像是处于这种状态当中的东

① 姚本先. 论学生问题意识的培养[J]. 教育研究, 1995(10): 40-43.

② 俞吾金. 如何理解"问题意识"[N]. 长江日报, 2007-06-28(12).

③ 中国社会科学院语言研究所词典编辑室. 现代汉语词典（第 7 版）[Z]. 北京: 商务印书馆, 2016: 1375-1376.

④ 汪云九, 杨玉芳, 等. 意识与大脑——多学科研究及其意义[M]. 北京: 人民出版社, 2003: 323-324.

⑤ 刘靖华. 马克思的意识概念[D]. 长沙: 湖南师范大学, 2011.

⑥ Susan Blackmore. 意识新探[M]. 薛贵译. 北京: 外语教学与研究出版社, 2007: 153.

西；说它是主观的，意思是说，只有当它被某个人或者另外某种"主体"经验到时，它才是存在的。[①]对这一语词的解构和重组，促进了人们"关于问题意识"（名词"意识"）和"对（于）问题的意识"（动词"意识"，或者说"意识到"问题）的进一步理解。

综上不难发现，"问题意识"是一个复杂的概念，要全面把握"问题意识"不仅需要哲学、心理学、语言学等多学科研究视角的观照以及在广义、狭义和更微观的层面上的深刻理解与阐释，更需要借助真实定义或实质定义的"属"加"种差"定义方法给予逻辑界定。事实上，"问题意识"是"意识"派生出来的下位概念，本质上属于"意识"这一大的范畴，描述了一种与问题相关特别是与发现问题相关的人的心理状态；"问题意识"又与"创新意识""环境意识"等有所不同，它是主体在进行认识或实践活动时，通过对认识和实践对象的深刻洞察、怀疑和批判所产生的、对于认知冲突（更广义地说应是"心理不平衡"）的一种自我觉察和自我感受，表现为人的一种强烈的探索情境真实问题或想做出发现式创新的心理状态，反映了主体对于无知的自知和对于无知的排除愿望以及对于无知的暂时无解的独特体验。因此，在最为本质的意义上，问题意识反映了研究者甚至每一个个体在对世界不断求索中应有的问题敏感性，也是研究者甚至每一个个体在对世界不断求索中对于问题的心理觉察和触动。

二、问题意识的生成机制

问题意识绝不是一个抽象的学术概念，而是在直面生活世界和社会文化的过程中的实践活动亦即"意识到"问题的活动，是贯穿于研究过程始终的自觉行动。只有以实践的方式去看待、践行问题意识，才能产生真正体现"问题导向"的研究。[②]于是，我们不得不进一步追问，问题意识究竟是怎样生成的？换言之，问题是如何被人们"意识到"的？为了回答这一问题，从认识论和方法论的视角，并借用皮亚杰的顺应和同化概念来阐释问题意识发生的心理机制[③]，无疑

---

① 约翰·塞尔. 意识的奥秘[M]. 刘叶涛译. 南京：南京大学出版社，2009：前言，3.
② 吴原. 问题意识与教育研究[J]. 教育发展研究，2014，34（3）：61-65.
③ 当然，人们可以从多个视角对于问题意识的生成机制展开讨论，但更主要的还是应该从心理学视角的分析。

有着重要的启发意义。

问题属于认识论与方法论的范畴，它刻画的是认知主体、认知客体和环境三者之间的一种关系。在这一关系中，实质矛盾构成了问题的本体论根据和根源，问题则是这类矛盾在认知主体头脑中的反映，它是在认知主体对矛盾进行反映加工之后形成的。如果实质矛盾没有反映到认知主体的头脑中，那么它就不成为问题。正是这一实质矛盾在认知主体头脑中的反映以及认知主体对实质矛盾的进一步反映加工，逐渐将认识论与方法论范畴中的"问题"转化为心理学中"问题意识"何以生成的问题。

问题不仅是某个给定的智能活动过程的当前状态与智能主体所要求的目标状态之间的差距，同时也是一个人的智力上的愿望[①]，是整个理论创新中贯穿始终的线索。按照精神分析的观点，每个人的意识和潜意识经常处于对抗状态，但我们在大多数时间都没有意识到这种对抗，亦即没有形成问题意识，因而这种对抗并不表现为问题。[②]当人们的心理处于稳定而习惯的经验状态时，罕见产生心理对抗的感觉，因而没有形成问题意识。而当心理陷入对立时，思想就会在不同的方向被驱动，从而产生混乱的局面。例如，当心中将要产生和形成问题时，换言之，当人们将要"意识到"问题时，内心总会产生并表现出一些惊讶、惊奇或者迷惑、怀疑的心理活动和主观感受，甚至可能会伴随着不舒服、苦恼、紧迫感、冲动感等，而一旦明确问题所在或者问题被澄清和解决，往往又会产生畅快感或如释重负之感。但是，思想在不同方向被驱动和混乱的产生只是形成问题的重要前提条件，它们本身还不是或者说还没有形成问题意识，只有当这种内心的混乱促使我们有意识地去寻找混乱的现象与本质、类型与特征、原因与结果，并引导我们探究何以结束混乱的局面等的线索时，认识论意义上的问题才得以产生。[③]诚然，不同思想之间的接触和碰撞会带来观念之间的对立、差异和心理混乱，但是，如果这种对立和混乱没有被个体意识到，或者说个体缺乏问题形成的敏感性，缺乏把握对立、差异以及分析矛盾的能力，不善于从结构上把握矛盾关系和廓清心理混乱，问题仍然不可能以认识论的形式凸现出来。

问题的心理起点是怀疑，问题的主要心理表现是不一致感、不协调感和冲突

---

① 林定夷. 问题与科学研究——问题学之探究[M]. 广州：中山大学出版社, 2006: 69.

② 张掌然. 问题的哲学研究[M]. 北京：人民出版社, 2005: 168-169, 182.

③ 张掌然. 问题的哲学研究[M]. 北京：人民出版社, 2005: 209-210.

感（认知、情感冲突等）。这种不一致感、不协调感和冲突感导致紧张、焦虑，甚至导致心理震撼和心理危机，并形成探索和解决问题的动机，推动着主体去思考和表达问题。事实上，当个体遇到认知情境、认知对象、认知任务（潜在的"实际困扰""实际问题"或"理论困惑""理论问题"）时，首先要检查已有的认知结构，然后和当前的认知情境进行比较。如果当前的认知情境、认知对象、认知任务或者潜在的"实际困扰""实际问题"或"理论困惑""理论问题"能够用个体已有的认知结构加以解释或解决，则可以用同化方式或者说用已有的问题图式来应对，问题意识及问题没有形成；否则认知则会跃到不平衡状态，此时，个体的元认知便有可能意识到或觉察到这一认知的不平衡状态，然后再调动个体的认知资源和知识积累，与当前的认知情境、认知对象、认知任务加以比较，使问题意识及问题进一步清晰化和显性化。随后便会提出问题（界定问题、表述问题），分析问题，解决问题，这时顺应发生，认知结构改变，紧张消除，认知又回到相对平衡状态，这是个完整的问题发现和问题解决过程。[①]此间，个体对于认知情境、认知对象、认知任务的情感态度也会影响到问题意识的发生以及完整的问题解决过程。

从发现和解决问题的角度看，每个问题的形成和提出都包括从心理上感受问题、从思维（或认知）上把握和澄清问题、用语言符号表达问题三个方面或三个子过程（后两个过程本质上也都是心理过程或与心理过程有关）。问题的心路历程大致要经历由心理问题到认识问题，再到语言学意义上的问题的转变过程。这是一个由内向外的转化过程，一个从知识背景和心理背景中把问题剥离出来的过程。[②]实践中，从感受问题的存在到在思维上澄清问题，再到用语言表达出问题，这一由内向外的转化过程有时需要不断地多次反复，亦即经过由内而外和由外而内的多次循环，方能实现个体的问题意识由模模糊糊变得逐渐清晰。

就学术研究而言，问题意识的形成也有其独特的学理逻辑，这种学理逻辑大致应包括以下几个环节，即发现问题、界定问题、分析问题、解决问题、验证问题，这些环节构成了学术研究中的问题意识。[③]换言之，在方法论的意义上，问

① 俞国良，侯瑞鹤. 问题意识、人格特征与教育创新中的创造力培养[J]. 复旦教育论坛, 2003 (4)：11-15.
② 张掌然. 问题的哲学研究[M]. 北京：人民出版社, 2005：206-207.
③ 劳凯声. 教育研究的问题意识[J]. 教育研究, 2014, 35 (8)：4-14.

题意识要求研究者不断反省[①]：我是否提出了一个"问题"，它的"问题性"究竟何在？它究竟属于宏观、中观和微观的哪一个层次？它属于哪一个专业研究领域？它究竟是一个"私人的问题"（拥有对该问题的专利权）还是一个"公共的问题"？它与前人的类似问题有何不同并有着怎样的前后联系？问题有无现实的解决可能性？问题本身蕴含的求解途径是什么？问题是否具有"新颖性"、"方向性"和"未来性"？问题本身在多大程度上有可能成为创造的开端？诸如此类。

三、问题意识生成的影响因素

问题是认知主体、认知客体和环境三者之间的一种关系，是实质矛盾在认知主体头脑中的反映（是某个给定的智能活动过程的当前状态与智能主体所要求的目标状态之间的差距），表达了一个人的智力上的愿望。由此也自然导出如下命题的成立：个体问题意识的发生与形成必然受到个体内外或者说客观与主观因素的共同作用。其外在因素或客观因素是指实践的需要及其矛盾，包括生活的需要及其矛盾、生存的需要及其矛盾、发展的需要及其矛盾等，以及丰富的信息刺激，为个体问题意识的产生提供了外部的压力和动力；而内在因素或主观因素则是指个体已有的认知结构（知识基础）、发现及界定问题的方法、认知失衡的觉察能力（元认知），以及个体需要和人格特质，对于个体问题意识的发生与形成起着决定性的作用。

"问题意识"的形成首先与研究者的个人生活史有关。个体的人生阅历，当下的生活境遇，以及对未来生活的筹划，是个体"问题意识"形成的最根本原因。从表面上看，学术研究是对于学术问题的思考，但从更为核心的层面来看，学术研究更是一个自我认识和理解的过程，甚至是感情层面上的过程，其中的关键也许是个人心底里最关心的问题。作为研究者学术研究的问题意识的来源和动力，感情其实比理性认识起到更根本的作用。我们习惯性地认为，研究者的"问题意识"主要来自一个学者的学术或理论修养，而在许多研究者的人生经历中，"问题意识"更来自研究者的感情。而且，区别于纯粹的思考，感情的驱动也许

---

① 李政涛. 教育研究的原创性探询[J]. 教育评论, 2001（1）: 11-12.

更强有力，更可能成为个人长期的激励。[①]当然，其中的关键是要从矛盾的感情中获得建设性的动力，而不是让研究者陷入颓丧。同时，也需要将感情上的矛盾配合理性的求真，才能从其中找到有价值的研究问题和建设性的学术路径。

"问题意识"的形成依赖于研究者的知识结构，尤其是理论知识结构。没有理论就不可能有科学的、理性的怀疑。我们知道，知识在一定程度上代表了个体已经达到的学术成就，个体知识的积累和知识水平的提高会使知识圈的周长增大，个体的未知世界也将随之扩大，认知活动中认知结构出现不平衡状态的频率也将随之提高，客观上增加了形成问题意识和提出问题的可能性。而这一可能性能否转变成现实性，还有赖于个体的认知及努力。事实上，当个体的原有认知结构与（潜在）问题情境所产生的认知要求及认知任务之间存在可被意识到的差距，且个体相信经过自身的努力可以建立新的认知结构以填补这一认知差距时（这会涉及个体自我效能感等），问题意识便有可能在这个"最近发展区"内产生出来。于是，我们也就不难理解以下现象：当个体面对一个超出其认知水平和知识积累的认知任务时，新的情境与其所具备的知识体系无法建立实质性的联系，因此对个体不可能构成有效的信息刺激，所以也就没办法形成问题意识。因此，个体的知识积累与完善，认知结构的建构与精致，对于形成问题意识并进而提出有意义的问题是一个必要的条件。研究者的知识结构不仅包括研究者所拥有的概念、命题与判断等理论知识和方法论知识，还包括研究者动员社会资源的能力，以及社会生活的经验积累，因而直接影响到研究质量和研究结果，也决定了在选择课题中发现"问题"的能力。

问题意识虽然以问题为基本内容，亦即关注原有理论和客观事实之间的矛盾，但是它更是一种客观事实作用于某种特定环境中的主观意识的产物，因而具有更强的意识能动作用和行动者的阐释因素。[②]换言之，任何问题的产生都和特定的理论或方法论有着紧密的联系。就此而言，把问题本身作为认识论专题，对问题的生成和存在结构进行反思性探究就显得尤为重要，因为说到底，问题意义生成于提问概念（的思维性质）与认识对象（的显现类型）之间，提问概念（的思维性质）又直接决定问题的性质，并与问题的内在批判结构（观念结构）的清

---

① 黄宗智. 问题意识与学术研究：五十年的回顾[J]. 开放时代, 2015(6)：123-134.
② 秦亚青. 国际关系理论的核心问题与中国学派的生成[J]. 中国社会科学, 2005(3)：165-176.

晰性有着直接关系。^①而基于提问对象的生活提问与逻辑提问的两种类型划分，不仅在提问的性质、提问的力度以及提出问题的质量上表现出明显的差异性及互补性，而且也直接或间接地影响着人们问题意识的形成方式及其质量。

如果说个体知识为问题意识的发生与形成提供了加工材料和可能，那么思维运演特别是不同类型问题发现的思维运演（及其显性表达）则使这种可能变为现实。新近对实践性创造力的研究表明，那些具有高创造力的工程师主要是通过多种事实和逻辑思维的整合联结而产生出新思想，发散思维和聚合思维共同导致了问题意识的产生，关键是二者如何结合的问题。而更为重要的是，不同类型问题发现的思维运演方式（及其显性表达方式）不同，例如，实然问题发现的思维运演方式及其科学式提问方式，即怎么样、是什么、为什么；应然问题发现的思维运演方式及其价值性提问方式，即应该怎么样、应该是什么、应该为什么；发散性问题发现的思维运演方式及其提问基本样式，即还会怎么样、还会是什么、还会为什么、还应怎么样、还应是什么、还应为什么；质疑问题发现的思维运演方式及其提问方式，即"仅仅如此吗？确实如此吗？真的应该如此吗？"。^②所有这些都将为个体问题意识的形成提供具体的样例与参照。

在个体问题意识发生与形成过程中，发挥更大作用的是个体的元认知能力（元认知监控能力）。这一点对问题意识的形成特别重要，因为只有在元认知的有效监控下，个体才能在认知活动中遇到问题情境时明确意识到当前任务目标和已有认知水平之间的关系——如果不能加以同化，则只能通过个体的不断反思和质疑，明确达到目标的困难和距离，以及可采取的方法和途径，从而生成相关的问题意识，发现问题，界定问题，分析问题，解决问题；也只有在元认知的有效监控下，个体才能在认知活动中对于可能发现的"问题"按照性质或创造水平加以分类，例如科学性问题、价值性问题、发散性问题、质疑性问题，或者呈现型问题、发现型问题、创造型问题，进而获得问题质疑的顶峰体验（附图1.1）。^③需要说明的是，"问题"有时深藏在潜意识或下意识中，问题自觉既可能在"顿悟"中突然实现，更可能是"生之有根，长之靠谱"，在邻近的可能中"渐悟"

① 崔平. 生活提问与逻辑提问——对"问题意识"健全结构的哲学分析[J]. 北京师范大学学报(社会科学版), 2007(4): 79-86.
② 黄甫全. 关于教育研究中的问题意识[J]. 华南师范大学学报(社会科学版), 2003(4): 119-124.
③ 龚放, 岳晓东. 强化问题意识, 造就创新人才[J]. 高等教育研究, 2000(1): 57-61.

出来，在问题质疑的不断深化中逐渐生成。其实，我们也不妨大胆猜测，当某一认知情境、认知对象、认知任务已不受直接注意时，潜意识在某种程度上仍然保持对于它们的思索状态。精神高度集中地思考一个认知情境、认知对象、认知任务有时可能造成思路的堵塞或误入歧途，而一旦松弛下来，潜意识或下意识悄然进行的思索倒可能产生稍纵即逝的思想火花，恰如"蓦然回首"时的惊喜感觉。

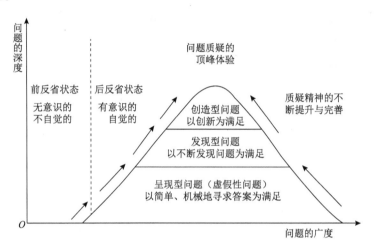

附图 1.1 问题质疑深化图

表面上看，问题意识似乎主要是智力因素影响的结果，但若离开了某些人格特征，它们并不能独立地有助于问题意识的发生与形成。事实上，人格特征与创造力有着直接联系，它为创造力的实现提供了适宜的内环境，因而也为作为创造力前奏的问题意识的发生与形成提供了适宜的内环境。许多关于创造性人格特征的研究表明，高创造力者（通常也是高问题意识者）常表现出与一般人不同的个性特征。例如，他们的自我意识强烈，有特别强的自我感受能力，不循规蹈矩，喜爱反抗旧习俗，独立性、好奇心和勇敢精神突出。①从这一层意义上说，强化个体的"问题意识"就是鼓励人的"智力探险"，其意义主要不在于寻得正确的解答，而在于激发人们对问题、现象保持一种敏感性和好奇心，通过批判性思维形成自己的独立见识。

① 俞国良，侯瑞鹤. 问题意识、人格特征与教育创新中的创造力培养[J]. 复旦教育论坛，2003（4）：11-15.

四、促进问题意识生成的具体路径

问题意识是研究者甚至每一个个体在对世界不断求索中应有的问题自觉和问题敏感。问题意识尤其是自主的问题意识，是研究者的一种学术素养和学术修为，不仅需要国家和社会为学术研究创设一种更为宽松自由的学术氛围和做出科学合理的制度设计（组织化育），更需要研究者个体强化历史责任意识，践行现实社会关怀，以一种忧国奉公同时又超然物外的心态进行反思，以求真务实的品格去执着追问和上下求索，逐渐养成问题自觉能力。

教育问题是绝对存在的，解决教育问题恰恰是提高教育质量的关键，而要想解决教育问题，仅有强烈的现实关怀意向还不够，还要有敏锐的教育问题意识，需要以教育理论关照教育实践，以最新的教育理论关照当下的教育实践。马克思曾经指出，哲学不但使人认识世界，更重要的是改造世界。这也适用于教育研究以及整个社会科学的研究。教育研究中的问题意识不仅仅是为了探索教育问题的内在规律性，更重要的是为了找到解决教育问题的方法和途径，去改造教育现实，把教育研究成果变成可以具体操作的政策或对策，这是教育研究的最终落脚点，也是教育研究产生力量的根本所在。正是从这一层面来说，教育研究并不是"玩学术"，而是要解决教育的基本问题，是对教育世界的一种"现实关怀"。为此，教育研究者需要具有积极的生活态度和教育情怀，富于热情地关怀教育现实，勇于回应教育实践的需要，以促进自我的教育研究问题意识的生成。

"问题意识"的形成依赖于研究者的知识结构，尤其是理论知识结构。没有理论，就不可能有科学的、理性的怀疑。因此，"问题意识"又是和"理论意识"密切关联的。同时，科学的、理性的怀疑又是建立在对社会生活观察的经验积累之上的，是在对社会生活的观察过程中提出自己的疑问。当然，提出疑问还必须考察这样的疑问在人类的"知识库存"中是否得到了解释。说到底，教育理论思想是对教育实践的提升，也是对教育经验的超越。教育理论思想为我们提供了全面、透彻审视教育的高度和视角，帮助我们更好地了解我们从事的教育实践，为我们追求更理想的教育提供了启迪和指导。正是借助于理论特别是最新的理论观照，教育实践问题才得以凸显出来。这里有两点需要说明：一是已有的理论思想在观照实践过程中，有时也会显得力不从心而无力观照，而这恰恰是新的理论思想产生的契机，或者是个体需要加强对相关专业领域知识的学习；二是人们以理论思维的一般性为基础，将有关学科理论揭示的基本问题，通过演绎"迁移"而具体化到教育研究领域，从而发现需要研究解决的教育的实际矛盾和理论疑难。从这一层面上说，问题意识是连接思想理论和现实社会的脐带。

教育工作本身是由复杂的、彼此耦合同时又彼此冲突的多种因素构成的，比如师与生、讲与练、学校与社会、学习与休闲等，它们彼此融为一体但又客观存在着某种天然的矛盾。这些实际矛盾反映到人们的大脑中，便构成了人们迫切需要探明和解决的教育实践问题。当然，教育问题也可以产生于教育实践同理论的差异或对立，还可以产生于一种教育理论内部和两种或多种教育理论之间的差异或对立。于是，在教育研究实践中，人们也就形成了实践归纳、理论演绎和文献综述等三条发现问题的基本途径。其中，实践归纳既具有实用性和基础性地位，同时具有比较容易掌握使用的优点，但是也有特殊性和表面性的限制，因而需要通过文献综述与理论演绎加以深化和升华；同样，理论演绎也需要借助实践归纳和文献综述的途径加以具体化和规范化；而文献综述既可以将上述两条途径发现的问题引渡到未决问题上，又需要借助上述两条途径进行实践检验和理论提升。[①]人们要把握和熟练利用这三条既相互区别又相互统一的发现问题的基本途径，必须获得并激活丰富的实践经验，养成深厚的理论素养，形成技能化的文献综述的功夫。鉴于实践是一切理论和研究的源泉，以及实践有着直接与间接、历史与当下及未来、部分与全面等多种多样的表现形态的特性，从实践中产生问题意识进而发现研究问题则更为重要和迫切。而要完成这样的任务，加强发现及界定问题的训练和练习，无疑有着特别重要的价值。

与强调理论关照实践和注重发现问题方法的训练思路不同，"问题意识"的形成与研究者的认知反省能力和学术批判能力有着重要关系。为此，培养个体对于认知失衡的敏感性和觉察能力，亦即培养个体对问题的悟性或者洞察力，养成反思性教育研究和学术性批判省察的习惯，构成了问题意识提升的第三条道路。在具体做法上，可以借助于"问题意识形成提问单"来促进研究者不断反省，例如：我是否提出了一个"问题"？它的"问题性"何在？它在什么领域和什么层次上成为一个问题？它是"私人问题"还是"公共问题"？与已有理论思想是否一致或矛盾？这样就促使研究者必须反省自己的认知状态，经常进行强化，元认

---

① 黄甫全. 关于教育研究中的问题意识[J]. 华南师范大学学报(社会科学版),2003(4):119-124.

知水平一定会得到提高，问题意识能力也相应会得以提升。而在培养个体对问题的悟性或者洞察力的同时，提高个体的学术批判能力至为重要。例如，针对教育知识生产中的各种具体的教育思想、论点和各种客观材料的批判，尤其是对各种"常识"和"权威看法"的再审查，对于我们惯用的历史宏大叙事方式、经验论认识论模式、看似自明性的方法论原则和诸多西方化话语方式的重新审视，以及针对教育研究主体的知识生产能力及其有效性、精神生产观念本身的合法性等的自我批判（也可以看成是个体的元认知）。退一步说，即使能意识到问题也不能保证研究的价值性，这些问题是我们自己的问题还是异域的问题，是真问题还是假问题，是根本性的影响全局的问题还是伴随性的局部的问题，是思想层面的问题还是技术层面的问题等，都还需要我们批判性地省察。

问题意识的产生离不开研究主体的改造，关注个体需要及其创造型人格特质的培育，构成了问题意识提升的又一条路径。问题意识是研究者在对世界不断求索中的一种问题自觉和问题敏感，作为创造力的前奏和基础，问题自觉所需要的人格表征是：深厚的责任感；密切关注教育实际；强烈的兴趣与好奇心；求真务实和质疑批判；超功利的动机；寻找生命的意义和远景；等等。当然，在经济生活为主体特征的社会里，用这种人格特质来要求每个研究者近乎苛刻和虚妄，但是无论如何，改变非切己的研究方式，去除教育研究中的功利主义驱动，树立教育研究的超功利关怀①，恰恰构成了每一位教育人的现实挑战。研究者也唯有秉持一个学者所应该具有的对中国教育的强烈的使命感与责任感，坚守自己作为学术研究者的良知与良心，才能形成本土问题意识，发现和研究中国的本土问题，并从本土教育问题切入与国际学术界进行对话，在对话中实现本土教育理论的创新，真正为中国教育的发展尽一份力量。当然，所有这些都离不开某种文化倾向的支持和一种健康的学术氛围及导向正确的评价系统，因而需要国家和社会层面进行教育科研管理体制的改革。我们已经看到了这样的一种努力和希望。

---

① 于伟，秦玉友. 本土问题意识与教育理论本土化[J]. 教育研究, 2009, 30(6): 27-31.

附录二

原创性教育研究何以可能？[①]

　　原创性教育研究是最初的、首创的、从根本上开拓或奠基某教育研究对象、范围、问题和学科领域的创造性研究。原创性教育研究不仅需要教育研究者关注实践教育学问题、本土性教育问题和教育实践问题等原发性、结构性、前沿性问题，注重与研究问题相匹配的研究方法（论）创新和综合应用，也需要研究者在教育理论建构及其表达上追求科学化和个性化特色。原创性教育研究是研究者从事的研究，因而需要研究者具有原创研究意识，以及独特的个人学术品格与学术风范追求，同时也需要倡导原创性教育研究的学术文化鼓励和支持。

① 何善亮. 原创性教育研究何以可能？ [J]. 苏州大学学报（教育科学版），2020（3）：30-37.

科学研究依据其发生与发展的关系可以分为原创性研究和继发性研究。原创是最初或最早的创造，就是首创①，是对现有事物的怀疑与否定，对一种新的可能性的预设，对具有某种价值的新的存在的建构。原创性教育研究是最初的、首创的、从根本上开拓或奠基某教育研究对象、研究范围、研究问题和学科领域的创造性研究。无论是基于回应当下中国教育实践问题改进之需要，还是创建有中国特色的教育科学理论以解决教育理论学科失语和全球化过程中本土文化失语问题，都特别需要原创性教育研究。然而，我国哲学社会科学领域的学术原创能力还不强②，本土原创性教育研究还相对薄弱，在这一背景下，系统探讨原创性教育研究何以可能的问题，便显得特别重要而又迫切。

一、原创性教育研究的问题选择

任何有影响力的原创性研究成果，无不是思考和研究当时当地社会突出问题和回答时代之问的结果。毕竟，问题是科学研究的出发点，问题解决是科学研究的根本动力。研究者开展原创性教育研究，首先遭遇的自然也是研究选题的问题。原创性教育研究究竟需要选择怎样的研究问题？

相较于科学教育学问题，原创性教育研究更应该选择实践教育学问题。作为研究教育问题的学科，教育理论不仅关注科学教育学问题——追问教育是什么、为什么的问题，更应关注实践教育学问题——教育应当是什么、应当做什么、不应当做什么的问题。在某种程度上，科学教育学是纯理论性的，仅仅把教育作为一种事实来说明，解释教育现象发生的原因，是阐释性的，其理论生长点在比教育学科更基础的哲学、心理学、社会学、文化学等学科之中，因而很难做出根本意义上的原创性教育研究。实践教育学则更为关注为教育实践制定理性的原则与提供科学的指导，注重对独特的教育实践的研究，强调实践理论扎根于实践，是对教育实践的"对话"与反思，在一定程度上消弭了教育学科的依附性，克服了基础学科自身视野的局限性，因而也决定了实践理论必然的原创性（以及伴随的局限性）。因此，要在"教育理论"自身学科中开展原创性教育研究，必须区分

---

① 傅维利. 教育研究原创性探析[J]. 教育研究, 2003（7）: 19-25.

② 习近平. 在哲学社会科学工作座谈会上的讲话（2016 年 5 月 17 日）[EB/OL]. http://news.cctv.com/2016/05/19/ARTIGzrvOdMXoNMTCqdwbiQQ160519. shtml[2021-05-19].

科学教育学和实践教育学的不同内涵和不同生长点，重点关注教育实践理论的原创性生产。①当然，更加关注实践教育学问题，并不意味着科学教育学问题不重要，而是基于原创性教育研究的追求，实践教育学问题研究更容易在原创性教育理论建树上有所突破。

相较于国际性教育问题，原创性教育研究更应该选择本土性教育问题。原创性教育研究当然希望能得出原创性教育理论，那么理论又是从哪里来的呢？理论来源于实践，来源于对实践问题的研究。理论是从实践土壤里"长"出来的，并随着实践的发展而变得不断丰富。原创性教育理论当然也来源于教育实践，来源于对教育实践问题的研究。这种原创性，对于一个民族来说，就是本土生长的理论，对于一所学校来说就是校本理论，对于教师个体来说，就是教师的实践性知识。特别是鉴于全球化的时代背景和中国近代教育发展的历史原因（中国近代的教育制度、教育模式、教育观念、教育研究范式多来自西方），以及文化的不可通约性（任何文化都有民族的和国家的传统），原创性教育研究更倡导研究本土性的，也是原发性的、当下的教育问题，从本土研究中生长出真正原创性的理论。当然，原创性教育理论还可以从教育理论研究、教育实践及教育理论之国际比较研究，以及教育研究方法论研究中产生，但根本上是从实践中来的。事实上，以本土教育问题引发原创性教育研究，以本土教育问题引发教育理论原创，也是教育理论原创的最终归宿以及判断原创教育理论真假及其合理性的最后标准。

相较于众多的教育实践问题，原创性教育研究更应该选择最为基础的、具有原发性的教育实践问题。唯有最早或最原始的、对基础性问题（包括应用基础性问题）的创造性研究（首创性研究），才有可能就某一研究对象、范围、问题、学科领域研究做一些开拓性或奠基性的工作，进而才有可能对后来研究产生引领性的作用。在自然科学领域，基础研究具有重大的国家战略意义，重视和加强基础研究已经成为当今世界各国科学技术发展的战略重点。在人文学科及社会科学

---

① 理论教育学研究也存在研究者首次将基础学科理论整合应用于教育学科的原创性问题。但是，从原创性教育成果必须出自第一手资料的层面来看，其原创性水准还是要大打折扣的。除了原创性水准外，原创性也有类型的不同，例如科学发现的原创性与技术发明的原创性也是不同的。参见柳海民，孙阳春. 再论教育理论的原创性[J]. 东北师大学报(哲学社会科学版)，2004(5): 5-14. 迈克尔·波兰尼. 个人知识——迈向后批判哲学[M]. 许泽民译. 贵阳: 贵州人民出版社，2000: 273.

传统的教育研究方法或者说单一的教育研究方法不能解决复杂的教育问题时，研究方法的创新便成为原创性教育研究的必然要求。

历史上，由研究方法的创新促成原创性教育研究的例子有很多。例如，使我们有可能从整体或全局的视角来认识、分析和解决教育问题，进而促成原创性教育研究的系统科学方法（论），就是人们在解决复杂性问题的过程中科学思维方式转变的产物。正是这一系统科学方法（论），使我们能够超越简单性思维，从系统与要素、要素与结构、结构与功能、环境与开放性、秩序与组织、整合与涌现等对立统一关系中，对研究对象进行考察、分析和研究，以解决教育理论与实际问题，进而认识到教育问题的整体性、关联性、等级结构性、动态平衡性和时序性等特征，以及教育系统如何从无序向有序、从低序向高序转化也即进化的可能性和途径等问题。更为重要的是，系统科学方法（论）还超越了自然科学、社会科学和人文学科的学科界限，促成了学科之间的有机统一，彰显了科学方法论的普适性意义。

如同系统科学与系统科学方法之间的内在一致性关系，现象学不仅标志着一门科学，同时并且首先标志着一种特殊的哲学思维态度和哲学思维方法，亦即通向认识真理的一条道路、一个过程。事实上，如果没有那种通过对实事的接近和把握而得以明了（"明证"）的认识（"直觉""直观"），那么哲学的思维便始终只是空洞的论证和推断。现象学不仅排斥中介的因素，把直接的把握或这个意义上的直观看作是一切知识的来源和检验一切知识的最终标准，而且在经验的事实的基础上要求通过直观来获取本质洞察，即获得对本质因素以及它们之间的本质关系的把握。[①]因此，"现象学"一词所标识的应当是一种建立在直接直观和本质认识基础上的严格的哲学方法。[②]现象学排斥抽象的概念与空泛的语言，也排斥传统的成见和固守的教条，它更注重于研究特殊现象，关注人的体验，特

---

① 倪梁康. 编者引论: 现象学运动的基本意义——以此纪念现象学运动一百周年[C]//面对实事本身: 现象学经典文选. 北京: 东方出版社, 2000: 7.

② 关于"现象学"究竟是一种"研究方法"还是一种"研究范式"，学界存在着不同的看法，这些看法都有其合理性。严格说来，"现象学"与"现象学方法"是不同的概念。广义意义(也是本文意义)上的现象学方法，是胡塞尔在《逻辑研究》第二卷中发展出来的"本质直观"方法。从根本上来说，现象学观念比现象学方法更为基础和重要，是现象学观念使得现象学成为当下的现象学，是现象学观念指导下的方法论成就了影响世界人文社科研究的现象学思潮。参见叶晓玲，李艺. "方法"还是"方法论"？——现象学与质性研究的关系辨析[J]. 教育研究与实验, 2018(4): 15-22.

别重视出现在意识中的事物，因此现象学研究也就意味着对体验的研究，因此也就需要"回到事情本身"做研究。①加拿大学者马克斯·范梅南（Max van Manen）较早地采用了类似的研究方法，并取得了许多原创性研究成果。从实践层面来看，现象学研究由现象学的直观、现象学的分析和现象学的描述等三种操作方式组成，具体包括悬置与还原（本质还原、先验还原等）、体验与反思、文本写作、资料分析、意义发现、知识构建等具体方法。在本质上，现象学研究是一套复杂的、技术性很强的"看"的训练，即看到日常生活中以自然的思维态度所看不到的东西，看到隐匿在以自然的思维态度所看到的"东西"背后的东西。

跨学科研究法也称"交叉研究法"，是指运用多学科的理论、方法和成果，从整体上对某一问题进行综合性研究。对于复杂的教育理论和实践问题，如果只是基于某一学科或者依靠某一方法，往往不能奏效。这时候，我们不得不借助于跨学科研究（相对单一学科研究而言）或者混合式研究（相对单一研究方式而言）。我们之所以强调跨学科研究，一方面源于人们解决复杂的自然与社会问题的需要，另一方面也源于人们不囿于单门学科问题探究以获得整体性认识之渴望，同时也是对学科局限的克服与批判。②创造性突破往往需要跨学科知识，特别是在科学高度分化又高度综合的背景下，研究者的跨学科（交叉学科）知识结构对原创性科学研究起着决定性作用。例如，在身体哲学研究中，法国知觉现象学家梅洛-庞蒂提出"具身的主体性"，认为身体的知觉是行为产生的基础，人类认识以身体为中介；中国的道教聚焦于身体颜色、骨密度、内质和修身方式问题；而马克思认为身体生产和生存的空间都离不开社会实践活动。这一跨学科的身体哲学研究，既有宏观的视野，又有微观的考虑，为进一步的集成创新奠定了基础。③与此类似，原创性教育研究也需要教育研究者具备合理的跨学科（交叉学科）知识结构，以便能够应用多学科的理论、方法和成果，开展跨学科或混合式教育研究，产生原创性教育研究成果。

在微观层面，原创性教育研究则取决于研究者的文化积累与思维方式。当研

---

① 洛伦·S. 巴里特，托恩·比克曼，汉斯·布利克，等. 教育的现象学研究手册[M]. 刘洁译. 北京：教育科学出版社，2010：33-34.

② 艾伦·普雷克. 如何进行跨学科研究[M]. 傅存良译. 北京：北京大学出版社，2016：34-43.

③ 黄凯锋. 在理论与现实的结合处实现原创性思考[N]. 文汇报，2018-05-17（5）.

究者对于研究问题具备一定的相关文化积累，加之知识经济时代信息获取的便利性，思维方式可能对原创性教育研究有着更为根本的影响。在多样化的思维方式中，教育研究者的创造性思维和批判性思维具有特别重要的作用。这是因为，无论是在原创性教育研究的问题发现与界定上，还是在借助于发散思维、联想思维、想象思维、类比思维、逆向思维、视觉思维，以及向自然学习、向实践学习、向传统学习的原创性教育研究问题的解决方法形成中，以及在原创性教育研究的建构和表述上，创造性思维和批判性思维自始至终都发挥着重要作用。

三、原创性教育研究的理论建构与表达

原创性教育研究不仅需要研究者在问题选择与方法创新上下功夫做文章，而且需要在研究成果的理论建构及话语表达上有所突破，因此也就需要研究者提出一些原创的教育概念、范畴、命题、判断及论证。也正是这些教育概念、范畴、命题、判断及论证等理论建构及其原创性表达，能够在一定程度上促成原创性教育研究成果的学术话语权建构，并且能够从根本上彰显原创性教育研究之所以为原创性教育研究的理论样态和原创特色。

原创性教育研究的理论表达首先涉及的是表达什么内容的问题，也就是原创性教育研究的理论建构问题。我们知道，教育理论是人们为了揭示教育现象背后隐藏的规律，通过科学的研究方法对教育本体及其已有理论进行的正确认识，是经过逻辑论证和实践检验并由一系列概念、判断、推理表达出来的教育知识体系。但是，教育规律并不是外在的、浅表的、显性的，不是很容易被人们直接看破的，恰恰相反，它是深藏于教育实践活动内部的、隐性的，因而需要人们通过从感性认识到理性认识的多次飞跃才能获得。不仅如此，作为人们对教育活动的理性认识的结果，每一种教育理论都还直接或间接地代表和反映了理论提出者的价值取向，是教育研究者根据自身的认知图式和经验基础进行主动建构的结果。因此，建构原创性教育理论需要实现合规律性与合目的性的有机统一。例如，"老师是一份良心活"这一非常朴素也十分真切的原创性认识，不仅深刻揭示了教师既普通又崇高、既平凡又伟大的职业特点，也对教师提出了不能对不起孩子、身为教师要对孩子有大爱的底线伦理同时也是最高要求。它与孟子提出的

"大丈夫"原创性概念为中国文化树立了一个大写的"人"字异曲同工①,对中国教师精神境界的提升有着十分重要的基原性意义。

回答原创性教育理论如何建构的问题,还涉及人们对教育理论多样性的认识与理解。根据是否可以被重复验证和人们的认同状况,可以将教育理论划分为多种类型。例如,有描述教育实际如何的实然的教育理论(既可验证也被认同),也有描述理想的教育是什么样的关涉价值的教育理论(可作为认同或改进的标准,不受可重复、可验证限制),更有以科学方法论为指导或通过科学实验来建构的科学的教育理论(可重复验证,不受认同与否的制约),以及形而上的逻辑的教育理论(不受重复性标准限制,也不受评价和认同的限制)等。也正是源于教育理论类型的丰富多样性,我们有可能通过多种多样的途径来建构教育理论。例如,将缄默的个人知识外化为显性的公共知识,自下而上从事实、现象到概念、判断的归纳推理,基于直觉进行假设自上而下的演绎推理,从一般到一般或从个别到个别的类比推理,以及其他学科的移植构建等。所有这些都可以用于原创性教育研究的理论建构,进而为原创性教育研究的话语表达提供丰富素材。我们熟悉的陶行知先生的"生活教育"理论,就是对杜威"教育即生活"观点的一种借鉴、批判、改造与创新,而皮连生先生提出的"学有规律、教有优法"的教学主张,则是对传统的"教学有法、教无定法"经验观念的一种理性超越。这是通过不同途径实现原创性教育研究的理论建构的两个例子。

与对原创性教育理论建构的关注不同,原创性教育研究的理论表达自然还涉及其话语表达方式的问题。一般而言,教育研究成果有文学性与科学性两种基本的表达方式,或者更具体化为三种表达方式:叙事性表达、议论性表达和科学性表达。②叙事性表达往往选择典型人物(学生或教师)、典型行为、典型事件作为叙事的对象,以案例、故事等形式,偏重客观记录和具体描述典型行为或事件发生的情境、过程及其产生的结果,或者再加上一些分析和评论。议论性表达往往基于作者自身的教育经验或人生经历,以议论或散文的笔调表达自己对教育问题的直觉感悟和判断,喜欢用隐喻或比喻来分析和思考问题。与叙事性表达和议论性表达不同,科学性表达方式以科学思维把握问题,即以分析化思考、概念化

---

① 吴中胜. 大丈夫:中国文论一个原创性概念[N]. 光明日报, 2019-05-13(13).

② 熊和平. 教育研究的表达方式[J]. 教育研究, 2012(4): 23-28, 56. 陈佑清, 向葵花. 浅议教育理论的三种表达形式[J]. 中国教育学刊, 2013(9): 23-26.

思考和逻辑论证等寻求对问题的普遍化理解和发现一般规律。三种表达方式各有特点，叙事性表达容易引起人的阅读兴趣，并容易感染和打动人，也能帮助读者理解抽象的教育原理，可供学习者直接模仿和借用，但其逻辑是总体性的和大体上的，不追求以精细和严密的概念为基础的推理性逻辑来分析教育问题；议论性表达容易引起人的联想并产生情感共鸣和理性共识，但也容易让人淡化或漠视普遍性、客观性、科学性的东西，不利于读者以精确的概念直接去把握规律；科学性表达则主要运用逻辑论证性语言，追求以概念归纳现象、以判断揭示概念间的关系和以命题之间的逻辑关系组成学科体系，因而表达形式直接且简洁，能够呈现普遍性的规律，直接揭示事物的本质，但是比较抽象，也不够具体，这种累积与递进的逻辑结构需要读者具有专业积累才能理解，自然也增加了理论转化为实践的难度。

理论上说来，上述三种表达方式只是一个大致的分类，其间并没有一个严格的界限，三者相互交融，彼此借鉴，都可以用来表达原创性教育研究成果。但是，为了凸显原创性教育研究成果的学术影响力，原创性教育研究成果更加倡导研究者的科学化表达与个性化表达，倡导研究者基于第一手资料进行描述、解释和论证。原创性教育研究成果的科学化表达，在本质上涉及科学研究方法的选择和应用问题，例如涉及教育研究的样本的代表性问题、样本对总体的推断问题、对照组选择问题、数据识别问题、模型选择和使用问题、因果关系解释问题等，因而需要系统的学习和实践。[1]在原创性教育研究成果的科学化表达中，第一手资料的获取和利用特别重要，例如，在《心流：最优体验心理学》研究中，"心流"原创概念的提出及其产生机制的揭示，就源于研究者所获得的大量第一手访谈资料。[2]与倡导科学性表达不同，原创性教育研究成果的个性化表达，也不只是在语言上的遣词造句以及整体上的谋篇布局问题，更需要研究者追求观点明确、概念准确、判断清晰、推理严密、论证有力、富于逻辑，表达内容与表达方式相得益彰，能让读者眼睛一亮、不忍释卷、回味无穷。因此，研究者需要运用概念指称对象，形成观念，形成命题，进行论证。表达所证成的信念，形成和发展用以解释教育问题的理论，需要对概念进行定义和分析；需要逻辑和修辞，以正确的方式讲述正确合理的思想。

---

① 乔晓春. 中国社会科学离科学还有多远？[M]. 北京：北京大学出版社，2017：176-177.

② Csikszentmihaly M. Flow: The Psychology of Optimal Experience[M]. New York: Harper Collins Publishers, 2008: 48.

学术研究虽然是追求真理，但研究的表达往往具有个人风格（特别是一些学术思想的"比喻"的创造性表达），从而使思想表现出个人的精气神来，让读者看到独特的思想方式和独特的精神内涵。例如，杨启亮先生曾发表过数篇文章探讨基础教育课程改革等问题，呼吁课程改革的本土化，其学术论文与教育讲座善用各种类比，语言平和、幽默、深刻，是一种独特的既有思想品质又有温度温情的话语表达方式，为中小学教师所推崇。在论述知识、能力、素养的关系问题时，有研究者将安全驾驶看作关键能力、礼貌行车作为必备品格、尊重生命视为价值观念的驾驶素养比喻，凸显了表达创新在教育研究原创中的独特作用。有时候，原创性教育研究成果不仅需要作者对语言文字加以个性化的独特排列组合，还需要作者借助于视觉化进行表达，亦即通过图形、表格与模型等方式，表达研究者的原创性思考。[①]在教育实践中，一些中小学校的愿景、校风、校训以及校本课程的结构化图示，以及一些优秀教师与骨干教师的个人教学主张提炼，无不是在追求一种个性化的表达，并在根本上体现为对原创性教育研究（个人教学思想的凝练）的向往。

四、原创性教育研究的学术风范

原创是一个时代不断前行的真正动力，也是一个学者进行学术研究所期望达到的最高境界和真正标准。毕竟，研究的主体还是人，原创性教育研究是研究者的原创性教育研究，因而它呼吁教育研究者的独特的问题意识、方法（论）意识和理论成果表达意识，更呼吁教育研究者的原创意识和学术使命，及其综合而成的个人独特学术品格与学术风范。

传统上，认识论的目标是用与个人无关的术语定义真理与谬误，因为只有这些术语才被认为具有真正的普遍性。而按照波兰尼的"寄托"逻辑（框架），真理只是某种被人相信时才能得到考虑的东西。[②]换言之，知识是一种信念，是一种个人寄托，是识知者充满热情、"无所不在的"个人参与的结果。研究也就是一种识知，是研究者的个人行为，每个研究者都有自己特殊的学术背景、知识积

---

① Booth W C, Colomb G G, Williams J M. The Craft of Research（Third edition）[M]. Chicago: The University of Chicago Press, 2008: 230-231.

② 迈克尔·波兰尼. 个人知识——迈向后批判哲学[M]. 许泽民译. 贵阳: 贵州人民出版社, 2000: 468.

累和专业领域，并且以一种个人特有的思维方式来思考自己面对的学术问题，使得学术创新带有个人标记。[1]即使是团队合作性研究，在根本上依然决定于团队中的每一位个体，学术团队创新也是在个人创新基础上的综合与集成。我们暂且不谈马斯洛的人的"需要层次"、奥苏贝尔的"有意义学习"、维果茨基的"最近发展区"、杜威的"教育即生长"等国外学者的原创性概念，就是在国内教育界，基础教育领域中富有影响力的"基于生命立场的教育"概念是与叶澜老师联系在一起的，课程与教学论领域中教学本质的"特殊认识说"是与王策三先生联系在一起的，道德教育领域中"人学基础"和"回归生活"的德育思想是与鲁洁老先生联系在一起的，中小学实践中中国本土的"情境教育"是与李吉林的求真品格相呼应的。也正是源于学术创新与学术研究的个人性质，原创性教育研究才更为呼吁作为教育研究者的个体原创意识，把学术创新与学术研究当作自己热爱的专业、职业和事业，努力发现教育的规律，解决教育理论和实践问题。

学术创新与学术研究是个人性的，它带有个人的印记。从研究的过程看，每一位研究者都是以一种非常特殊的方式在从事个人化的思考，这种思考因为每个研究者的经验积累和生活阅历不同而不同；研究和创新过程中的问题聚焦和所需要的"灵感"或"直觉"也是个人性的，它无法产生于一个集体，尽管有时也需要他人的启发。从研究的结果看，学术研究中的"新"也只能是研究者个人发现的，是研究者个人"标新立异"和"刻意出新"的结果；研究结果的表达也是非常个人化的，每一位研究者在语言应用上都有着自己的风格和特点；至于学术研究成果是真正创新而非简单抄袭的"学术伦理"，也只能由研究者的个人学术名誉来担保，集体不适合承担这样的学术责任。这让我们想起鲁洁先生，她的学问与人生是融合在一起的，做人的高度其实也是做学问的高度，学问做到最后靠的是人性与道德的力量。[2]因此，原创性教育研究需要研究者拥有个人独特的学术品格与学术风范。

从人的学习和生活经验角度来看，所有心有感觉的人都能体会到，永远"例行公事"（routine）是不可容忍的生命经验，如此思维会变得迟钝乃至僵化，只有创造才能拯救经验和思想，进而使得人类能够保持总会有更有意思的经验和观念可以感受和思考。这恰恰是思想产生的原创性要求。[3]与一般人相比较，拥有

① 姚大志. 学术研究的个人性和公共性[N]. 光明日报, 2012-01-31 (11).

② 鲁洁. 回望八十年: 鲁洁教育口述史[M]. 北京: 教育科学出版社, 2014: 370.

③ 赵汀阳. 思想的原创性要求[J]. 学术月刊, 2000 (1): 11-12.

学术使命特权的研究者，对于"创造才能拯救经验和思想"的感觉可能更为强烈。因此，教育研究者对于原创性教育研究的孜孜不倦，特别是对原创研究意识、原创研究能力和原创研究成果的不懈追求，理应成为每一位教育研究者基于自身生存经验，从不成熟逐渐走向成熟的必然的文化自觉。

事实上，衡量一个教育研究是否具有原创性，其实就看研究者能否很自豪、很自信地说："这是我的东西。"这句话看起来似乎很简单，但实际上却是非常之难。这样说意味着你是全世界第一个想到这个问题、观察到这个现象、描述了这个现象、解决了这个问题的人。[①]我们做研究的目的就是要做出其他人没有做过的东西，想出自己从来没有想到过的东西，说出自己从来没有说过的话，也就是要在研究中突破自己，超越自己。这还不够，还需要确认这一想法，论证这一想法的科学性，合理言说这一想法，并观察还有没有其他人想过、做过和说过，亦即还有没有其他人理论上表达过。

当然，学术研究和学术创新不仅是个人性的，也是公共性的，它让研究者个体能够站在巨人的肩上（学术积累，这是影响原创性教育研究的一个重要因素），走在学术研究的最前沿，去追求学术上的真理，也使研究者个体的学术成果能够经得起学术共同体的检验，保证学术研究和创新的质量。从这一层面来说，教育研究者的原创研究意识，及其综合而成的个人独特学术品格与学术风范的确立，与倡导原创性教育研究的学术文化氛围又有着直接的关系。从"原创与积累"的关系而言，尽管人类的精神发展大都是处在积累的过程中，只是偶尔不经意间才会出现原创的时段[②]，但是，我们依然需要转变"与其创造渺小的，不如理解伟大的"这一传统研究取向。就当今中国人文社会科学研究领域而言，人们正在深刻反省现行研究成果评价体系的不合理之处，并期望通过重视"原创性"学术研究成果的评价标准与评价机制创新[③]，解决研究者思想原创力不足的问题，以此鼓励"有思想的学问家"的诞生和"原创性"学术研究成果的涌现。

---

① 李连江. 不发表, 就出局[M]. 北京: 中国政法大学出版社, 2016: 66-67.
② 倪梁康. 原创与积累再议[J]. 探索与争鸣, 2018(5): 11-13.
③ 无论是"原创"还是"创新"，都是在人类进入资本主义时代后才出现的关键词，并与自然科学与技术的发展有关，人文社科领域的"原创"或"创新"是创造发明的范畴在人文社科领域中的移植。在中国思想史上，"原创"概念实际上也是随着"西学东渐"才开始进入思想界，并逐步成为现代思想家的自觉要求。参见倪梁康. 原创与积累再议——倪梁康教授在第四届"思勉原创奖"颁奖仪式上的演讲[J]. 探索与争鸣, 2018(5): 11-13.

换言之，我们需要在各个研究领域牢牢树立"原创性是好作品的标志"这一全社会的共识，以提升研究成果的精神高度、文化内涵和研究价值。[①]在这一方面，华东师范大学所设立的"思勉原创奖"[②]，特别鼓励原创性研究，坚持学术共同体评价，注重整个操作过程规范化和透明化，期望通过人文社会科学评价机制的创新树立真正学者的标准，净化学界的不良风气，进一步促进中国学术原创，这无疑有着积极的探索意义。

---

① 黄钟军. 原创性是好作品的标志[N]. 光明日报, 2019-12-04（14）.

② 到目前为止，"思勉原创奖"已经进行了四届评选。参见华东师范大学社科处. 第四届思勉原创奖颁奖仪式暨学术研讨会在校举行[DB/OL]. http://news.ecnu.edu.cn/ce/81/c1833a118401/page.htm[2018-09-12].

后　记

当在电脑键盘上敲下书稿"后记"两个字的时候，我的内心有一种比较复杂的感觉。

本书聚焦于中国本土教育问题，关注学生发展状况，应用原始调查数据（虽然不是为本研究专门设计的调查问卷以及亲自获取的研究资料），借助数学统计软件，形成了一些有关学生发展的独特认识，对于我们认识学生和理解教育有一定的助益。基于这一原因把本研究视为"原创性教育研究探索"是有一定道理的，哪怕它还仅仅是一种初步的探索与尝试，一种与我先前研究方式有所不同的探索与尝试。

本书本来并不在我的计划当中。虽然我对于 PISA（国际学生评估项目）一直给予适当的关注，但主要还是从教学的视角考虑较多，专门聚焦于 PISA 问题的研究也写过一篇文章，关注学生在学校的生活质量状况（文章发表于《教育科学研究》杂志）。我在研制"青少年科技素养提升"课程（小学 1—6 年级）（实质上是项目化的 STEM 课程）的过程中，留意到 PISA 2018 测试结果正式发布，以及后来看到 OECD 官网上的 PISA 2018 数据库，便思考着能否就学生生活质量问题再做一个相关研究，并由这个问题生发开来，便有了现在的这本著作。

本书的出版，首先要感谢国家社会科学基金项目"中小学 STEM 教育基本理论与本土实践问题研究"的支持。我深知中小学 STEM 教育相关问题研究还有许多工作要做，分心于《原创性教育研究探索——基于 PISA 2018 中国四省市调查数据的学生发展研究》也许真正源于基于 PISA 2018 数据的分析能给我们就学生发展问题例如学生的生活满意度问题、学生需要怎样的教学支持问题、学生的性别差异问题等带来一些不一样的认识，而这些认识又将反过来对中小学 STEM 教育相关问题研究起到促进作用。也正是在这一层意义上，本书可以作为上述国家社会科学基金项目的一个阶段性研究成果。

本书的出版，还要感谢南京师范大学教育科学学院、南京师范大学课程与教学研究所提供的教育教学科研平台。在这一平台里，我不仅能够经常受益于一些知名学者的学术智慧，更能感受到一些教育先知先觉者的忧国忧民情怀及其使命感，这一点是非常难得的。在这一平台里，我也因此结识了众多的研究生同学，在与他们分享教育思考的过程中获得启发与欢喜，同时也感谢陶倩倩、覃仁敏、郑梦娟等同学为本书编写提供的帮助。

本书能得以顺利出版，最后要感谢科学出版社的朱丽娜、乔艳茹等编辑，是他们的热心、耐心、细心以及对于出版事业的认真负责，提升了这本书的整体质量，并且使这本书能够更早与读者见面。

本书专门附录了我曾经发表的两篇期刊论文（感谢《教育理论与实践》和《苏州大学学报（教育科学版）》以及中国人民大学书报资料中心《教育学》的各位编辑老师），旨在为读者就教育研究者的问题意识生成和原创性教育研究何以可能的问题提供一些参考。

本书的思考与写作暂时告一段落了，但是，学生发展问题的研究还可以再继续和深入下去，基于 PISA 数据的深度挖掘也还可以做许多事。这些都有待于未来，以及对这一问题感兴趣的读者们。

由于笔者水平及时间有限，书中难免存在不足之处，例如，基于研究便利性的考虑（利用现有的 PISA 2018 调查数据）致使在提出原创性教育研究问题及相关概念上的原创性不足，研究对象的年龄限制和地域限制使得研究结论的生态效度受到影响，以及基于项目反应理论的评价模型应用和具体数据分析方法选择可能存在不当之处，所有这些都恳请读者批评指正。但是无论如何，原创性教育研究探索是每一位教育研究者都需要思考的问题。

何善亮